諸外国の教育動向 2017年度版

アメリカ合衆国
イギリス
フランス
ドイツ・欧州
中国
韓国
オーストラリア

平成30年8月

文部科学省生涯学習政策局

まえがき

　文部科学省では，教育政策の立案に資するために，諸外国の教育事情に関する調査研究を行っています。その成果については，これまで主に「教育調査」シリーズとして公表してきました。このシリーズは，昭和22年に第1集を刊行して以来，これまでに，153集を数えています。

　本書は，アメリカ合衆国，イギリス，フランス，ドイツ・欧州，中国，韓国，オーストラリアの教育事情について，教育政策・行財政，生涯学習，初等中等教育，高等教育，教師及びその他の各分野別に，主に2017年の主要な動きをまとめました。2017年は，調査対象国の多くに体制の変更があり，教育制度の根幹に関わる制度改編の動きもありました。日本においても幼児教育や高等教育の無償化等，大きな改革が検討されているところであり，諸外国の教育動向の把握が，より一層の重要性を増しています。

　本書の作成に当たっては，政府のプレスリリース，各種報告書及び新聞等を主な資料として使用しました。また，各国の動きに関する記述については，担当者が日常的な情報の収集作業において，新たな政策や各種資料が公表された時点で，業務の必要に応じてまとめたものを再度整理し，それに主要国については概観を加えました。

　本書を掲載各国の教育動向を理解するための基礎資料として御活用下さい。

平成30年8月

　　　　　　　　　　　　　　　　　　　　　　　文部科学省生涯学習政策局長
　　　　　　　　　　　　　　　　　　　　　　　　　　常　盤　　豊

執筆者及び執筆分担

岸本　睦久　文部科学省生涯学習政策局参事官付外国調査官
　　　　　　：アメリカ合衆国

古阪　　肇　同　専門職
　　　　　　：イギリス

小島　佳子　同　外国調査第一係長
　　　　　　：フランス

髙谷亜由子　同　外国調査官
　　　　　　：ドイツ・欧　州

新井　　聡　同　外国調査第二係長
　　　　　　：中　国・オーストラリア

松本　麻人　名古屋大学大学院教育発達科学研究科准教授
　　　　　　（前文部科学省生涯学習政策局参事官付外国調査第二係長）
　　　　　　：韓　国

※本著作の中で述べられている諸施策に関する見解や評価については，各担当者が当該国の調査を通じてまとめたものであり，文部科学省の公式な見解や評価を述べるものではありません。

諸外国の教育動向 2017年度版
◉
目　次

まえがき 3
　　執筆者及び執筆分担 4

アメリカ合衆国

1　概　観 14
2　教育政策・行財政 15
　2.1　第45代ドナルド・トランプ大統領が就任 15
　2.2　連邦議会上院がベッツィ・ディボス氏の連邦教育長官就任を承認 16
　2.3　トランプ大統領が施政方針演説を実施——連邦議会合同会議 17
　2.4　2018会計年度予算教書の骨子の公表 18
　2.5　2018会計年度予算教書の公表
　　　——前年比13.5％減の連邦教育省予算に教育関係団体等から批判 20
　2.6　2016会計年度州政府支出に関する年次報告書——全米州予算担当者協議会（NASBO）...... 23
　2.7　連邦の税制改正法が成立
　　　——州・地方の所得税に対する所得控除廃止で公立学校予算の削減懸念など 25
　2.8　全米教育統計センター（NCES）が創設150年 26
3　生涯学習 28
　3.1　見習い訓練に関する大統領令 28
　3.2　中等後教育段階の非学位資格取得プログラムに関する調査
　　　——American Academy of Arts and Sciencesの委託調査 29
　3.3　Coding Boot Campに関する年次報告——プログラミング教育に関する短期集中講座 31
4　初等中等教育 33
　4.1　10州とワシントンD.C.が州初等中等教育計画を連邦教育省に提出
　　　——「全ての児童・生徒が成功するための法律（ESSA）」に基づく補助金受給条件として 33
　4.2　「個に応じた学び」振興策を導入する州が増大傾向 34
　4.3　ホームスクーリングで学ぶ子供は5〜17歳児の3.3％
　　　——全米教育統計センターの統計調査速報 35
　4.4　不法移民の子弟である若者を対象とする救済措置の中止を決定——トランプ政権 37
　4.5　トランプ政権の初等中等教育政策の進捗状況——捗らない教育バウチャー導入 39
5　高等教育 40
　5.1　遠隔教育に関する規則——連邦教育省 40
　5.2　ニューヨーク州が州内の州立大学と市立大学を無償化
　　　——4年制の州立大学については全米初 42
　5.3　ミシガン大学（州立）が授業料無償化措置を発表——導入は2018年から 44
6　教　師 46

6.1　テスト成績による教師の評価に変化の兆し 46

イギリス

1　概　観 50
2　教育政策・行財政 51
　　2.1　教育を通した社会の流動促進を政府が計画 51
　　2.2　内閣改造で教育大臣が交代 52
　　2.3　援助を必要とする子供の支援計画を教育省が発表 53
　　2.4　2017年春における政府予算案の発表――前年比で3.9％増 54
3　初等中等教育 56
　　3.1　イングランドで3～4歳児の無償教育が週15時間から30時間に拡大 57
　　3.2　イングランドのGCSE（中等教育修了一般資格）試験に新たな評価方式を導入 58
　　3.3　2017年GCSE（中等教育修了一般資格）試験の結果公表 60
　　3.4　2017年GCE・Aレベル資格試験の結果公表 60
　　3.5　恵まれない子供を対象としたトップレベルの寄宿学校への入学支援を政府が強化 62
4　高等教育 63
　　4.1　イングランドにおいて医学教育の研修受入れ枠拡大を計画 63
　　4.2　2018年版世界大学ランキングの公表――QS及びTHEによる調査結果 65
　　4.3　ケンブリッジ大学出版局，中国政府の検閲要請受入れを撤回 66
　　4.4　専攻別大学授業料の導入案に学生の反対意見が多数 67
5　教　師 68
　　5.1　第一線で活躍する専門家を教師にする取組が活発化 69
　　5.2　教育大臣，教師の業務量軽減に向けた施策方針を表明 70
　　5.3　退役軍人の教師養成に4万ポンドを支援 71

フランス

1　概　観 74
2　教育政策・行財政 74
　　2.1　エマニュエル・マクロン大統領が就任――新内閣発足 75
　　2.2　国の2018年度教育及び研究予算が成立 77
3　生涯学習 79
　　3.1　政府，見習い訓練制度の見直しを発表 79
　　3.2　「経験知識認証（VAE）」制度の実施状況について――2016年は引き続き利用者が減少傾向 81

3.3　国立高等教育機関における継続教育の実施状況について
　　　――2015年度は約46万人が継続教育に参加 82
4　初等中等教育 84
　4.1　国民教育省，2017年度から取り組む4つの施策を発表 84
　4.2　幼稚園及び小学校における週当たり授業日数の柔軟化が可能に
　　　――2017年度から約3分の1の学校が週4日制を採用 86
　4.3　国民教育省がコレージュにおける宿題支援を開始――「宿題終わった」プログラム 87
　4.4　国民教育大臣，バカロレア改革を発表――2021年から新制度を導入予定 88
　4.5　マクロン大統領，幼稚園の義務化を発表――義務教育開始年齢を3歳へ引下げへ 89
　4.6　2017年のバカロレア試験の結果――同一世代における取得率は78.9% 90
5　高等教育 92
　5.1　政府，学生一人一人を成功に導くための「学生計画」を発表 92

ドイツ・欧州

1　ドイツ 96
　1.1　教育における連邦の協力の範囲を前提とした各党の選挙公約――連立交渉のキーポイントに ... 96
　1.2　第4次メルケル政権，教育における連邦と州との更なる協力を強調
　　　――キリスト教民主・社会同盟（CDU・CSU）と社会民主党（SPD）との連立協定 98
　1.3　ドイツ高等教育修了資格枠組み（HQR）が改訂 101
2　欧　州 104
　2.1　欧州委員会，見習い訓練のための欧州枠組みに関する提案を採択 104
　2.2　欧州委員会，2025年までに構築すべき欧州教育圏のビジョンを提示 106

中　国

1　概　観 110
2　教育政策・行財政 110
　2.1　より良い社会生活を実現するための教育改革を推進――第19回党大会の報告 111
　2.2　教育体制改革の一層の推進に向けて中国共産党中央委員会及び国務院が「意見」を公表 112
　2.3　教育部が2017年度の事業目標を発表 113
　2.4　全国的な枠組みの下での教科書開発を目的として国家教科書・教材委員会が創設 115
　2.5　2016年度の教育統計の公表――高等教育の総在学率が42.7%に到達 116
　2.6　2016年公財政支出教育費の対GDP比は5年連続で4%台を維持も，初めて3兆元を突破 118
　2.7　外国籍の児童・生徒や留学生などを対象とする支援措置や事務手続等を包括的に定めた管理規則の
　　　制定 120

2.8　国務院が「障害者教育条例」を改正 121
3　生涯学習 122
　　3.1　国務院が産業界と教育界の連携による職業教育の振興について「意見」を公表 122
4　初等中等教育 124
　　4.1　教育部が14年ぶりに高級中学の新しい課程基準を公表 124
　　4.2　2017年2月から全国の義務教育段階の教科書が無償に 125
　　4.3　新学年度より義務教育段階で「言語・文学」「道徳と法治」「歴史」の3教科で全国版教科書の
　　　　使用を開始 126
　　4.4　教育部が小学校の理科の課程基準を公表——小学校第1学年から理科を実施 128
　　4.5　教育部が「総合実践活動」の課程基準を公表
　　　　——小学校第1学年からの必修化や指導体制に関する方針を明示 128
5　高等教育 130
　　5.1　2017年の全国統一入学試験に前年と同数の約940万人が参加 130
　　5.2　教育部が学生管理規程を12年ぶりに改正 131
　　5.3　教育部が世界一流の大学及び学科を構築するためプロジェクトの認定校を公表 132
　　5.4　『中国週刊新聞』が高等教育改革の陰で生じた大学の地域間格差について報告 134
　　5.5　深圳市に国内有名大学の分校が集結——『中国週刊新聞』が同市の高等教育政策を特集 135
　　5.6　教育部が国内の優秀なMOOCの490課程を初めて選出 136
　　5.7　教育部が2016年の留学生統計を報告 137
　　5.8　政府が国内外で修士以上の学位を取得した留学生・外国籍学生の国内での就職を許可する
　　　　通知を公表 139
6　教　師 140
　　6.1　中国共産党中央委員会及び国務院が新時代の教師を育成するための意見を公表 140
7　その他 142
　　7.1　初等中等教育で国歌の学習が義務化——中華人民共和国国歌法が成立 142

韓　国

1　概　観 144
2　教育政策・行財政 144
　　2.1　第19代大統領に文在寅氏を選出——教育に対する公財政支出の引上げなどを公約 145
　　2.2　文在寅政権，教育政策における重点課題を発表——「文在寅政府の国政運営5か年計画」 146
　　2.3　教育改革推進のため，大統領諮問機関として国家教育会議を設置 147
　　2.4　教育省の組織を改編——生涯学習や職業教育などの政策立案機能を強化 148
　　2.5　教育省，2018年度予算案を発表——前年度比で10.6％増 152

2.6　教育省，「2018年度政府業務報告」を発表 153

3　生涯学習 154
　3.1　教育省，「第4次生涯教育振興基本計画（2018～2022年）」を発表
　　　──生涯学習機会の格差解消などを課題設定 154
　3.2　教育省，韓国版大規模公開オンライン講座（K-MOOC）の2017年度モデル事業計画を発表
　　　──公開講座数は300へ拡大 156
　3.3　短期職業教育・訓練プログラムの普及体制を強化──「韓国版ナノディグリー」の導入 157

4　初等中等教育 158
　4.1　教育省，幼児教育に対する公的支援の拡大プランを策定 158
　4.2　全国学習到達度調査を9年振りに悉皆調査から抽出調査へ変更 159
　4.3　教育省，全ての高校を単位制に転換する計画を発表──2022年度からの導入を目標 160
　4.4　教育省，専門高校の魅力度向上へ向けた施策を推進
　　　──「魅力的な専門高校育成事業」の発表 161
　4.5　教育省，「第5次特別支援教育発展5か年計画（2018～2022年）」を発表
　　　──障害者のキャリア教育，高等教育，生涯学習の強化など 163
　4.6　貧困層などを対象とする科学サークル事業が本格的に始動
　　　──「はしごプロジェクト」協力団体の決定 164
　4.7　外国人児童・生徒などを対象とする韓国語指導を改善──「韓国語教育課程」の改訂 165
　4.8　中等教育段階のスポーツ選手の教育機会を充実──e-School事業の運営成果発表会の開催 166

5　高等教育 167
　5.1　教育省，評価と連動した大学定員削減，統廃合促進策を更新
　　　──「第2期大学構造改革基本計画」の発表 167
　5.2　教育省，大学構造改革における評価などを改善
　　　──「2018年大学基本能力診断推進計画案」と「大学財政支援事業改編計画案」の発表 169
　5.3　大学構造改革に基づく大学閉鎖が進行──3大学に対し3年振りの閉鎖命令 171
　5.4　大学入学の全国統一試験改革を巡って混乱──「2021年度修能改革案」は見直し 172
　5.5　教育省，専門大学の自律性と競争力の強化を推進
　　　──「専門大学の制度改善推進プラン」の策定 174
　5.6　専門大学に対する政府支援事業が持続的に推進 175
　5.7　教育省，大学カリキュラムにおける現場実習の改善に向けて努力
　　　──「大学生現場実習運営マニュアル」の改訂 176
　5.8　教育省，大学発ベンチャーの拡大を積極支援
　　　──「大学起業ファンドの整備推進計画」の発表 177
　5.9　教育省，給付型奨学金の給付額の引上げや成績基準の緩和などを発表
　　　──「2018年国家奨学金運営の基本計画」 179
　5.10　貸与奨学金の利率は持続的に引下げ──2017年度後期から利率2.25％へ 180
　5.11　成績等優秀者に対する政府各種奨学金事業の2017年度計画の発表 181

| 5.12 | 学生の経済的負担の緩和のため，大学の入学金徴収額を段階的に縮小 | 182 |
| 5.13 | 多様な言語に関する教育振興計画を初めて策定
――「特定外国語教育振興5か年基本計画（2017〜2021年）」の発表 | 184 |

6 教 師 185

| 6.1 | 国公立学校の非正規教職員の待遇改善を促進――「教育分野の非正規職改善プラン」の発表 | 185 |

━━━━━━━━━━━ オーストラリア ━━━━━━━━━━━

1 オーストラリア 188

| 1.1 | 連邦政府が高等教育の持続的な発展を推進するための政策文書を公表――教育訓練省，授業料の学生負担分の増加や，奨学金返還開始の最低所得額の引下げなどを決定 | 188 |

━━━━━━━━━━━ 資　料 ━━━━━━━━━━━

資料1	見習い訓練の拡大に関する大統領令（仮訳）〈アメリカ〉	192
資料2	メディカルスクールにおける研修受入れ学生の予定人数（2016年度）〈イギリス〉	196
資料3	2016年度の各教育段階の公財政における教育事業費及び公用経費の支出状況〈中国〉	197
資料4	改正「障害者教育条例」（仮訳）〈中国〉	198
資料5	「普通高級中学課程プラン（2017年版）」に示された課程の設置・評価方法（抄訳）〈中国〉	207
資料6	改正「全日制高等教育機関学生管理規程」（抄訳）〈中国〉	209
資料7	教育省『2018年度政府業務報告』（要約）〈韓国〉	217
資料8	アメリカ合衆国の学校系統図	221
資料9	イギリスの学校系統図	222
資料10	フランスの学校系統図	223
資料11	ドイツの学校系統図	224
資料12	中国の学校系統図	225
資料13	韓国の学校系統図	226
資料14	日本の学校系統図	227

アメリカ合衆国

1　概　観 14
2　教育政策・行財政 15
3　生涯学習 28
4　初等中等教育 33
5　高等教育 40
6　教　師 46

1　概　観

　2017年1月に就任したドナルド・トランプ大統領は，実業家で，教育関連の優先政策である学校選択制度の推進論者でもあるベッツィ・ディボス女史を連邦教育長官に指名し，同年2月，連邦議会上院の承認を得た。同大統領は同月に行った施政方針演説で学校選択制度導入に強い意欲をみせると，5月に発表した2018会計年度予算教書でも学校選択関連諸事業に14億ドル（約1,400億円）を計上した。しかしながら，教育専門紙『Education Week』は，トランプ政権の1年間を振り返って初等中等教育政策の進捗状況を評価し，優先課題としていた「学校選択制度の導入」をはじめ，「コモン・コアの廃止」「連邦教育省の規模縮小」「保育減税の拡大」など，選挙期間中に言及された初等中等教育政策の多くが，達成できていない状態であることを指摘した。

　このほか，連邦の初等中等教育政策の最大の柱であり，各州の教育改革にも大きな影響を及ぼしてきた初等中等教育法の2015年改正法「全ての児童・生徒が成功するための法律」に関する補助金の受給要件である初等中等教育計画をコネチカット州やデラウェア州など10州とワシントンD.C.が連邦教育省に提出した。同法や各州の政策にみられるような，学校や学区のアカウンタビリティを重視して改善努力を引き出そうとする取組は，現在の初等中等教育改革の基本的な枠組みとなっているが，一方で2017年5月にミシガン州で制定された法律のように「個に応じた学び」を促進しようとする動きも現れている。また，連邦政府は不法移民の子弟の強制退去を猶予する救済措置を中止する意向を2017年9月に発表した。

　トランプ政権がスローガンとして掲げる「アメリカ・ファースト」「アメリカを再び最も偉大な国に」の実現に向けた取組として，2017年12月に税制改正法が制定され，法人税率の大幅引下げや設備投資に対する即時償却制度などによる国際競争力の向上が期待されている。同法では，大学進学を目的とする非課税預金の利用条件が緩和され，私立初等中等教育機関在学者も利用できるようになったほか，低所得地域の学校の改修の経費負担に向けた制度改正が規定された。ただし，州及び地方の所得税に関する所得控除が原則廃止されたことで州や地方に新規税負担軽減に向けた税率引下げの圧力を感じさせ，公立学校への支出が減少するのではないかという疑念が生じている。

　高等教育・中等後教育においては，大学授業料の高騰や大学等卒業者における貸与奨学金返還の負担が社会問題となる中，2017年4月にニューヨーク州が州内全ての州立大学の，6月にはミシガン州立のミシガン大学が，州内学部学生の授業料を無償とする方針を発表した。また，授業料高騰等と並んで，近年，政策課題として浮上しつつあるスキルギャップの解消に向けて，2017年6月，トランプ大統領は，職場で実践的な経験を積みながら学ぶ見習い訓練制度の振興に向けた大統領令に署名した。就職に結びつきやすい，実践的な教育プログラムが注目を集める傾向は，2017年7月に公表された中等後教育の全容を把握しようとする調査研究プロジェクトの報告書や，コンピュータ・プログラミングに関する短期集中講座であるCoding Boot Campに関する年次報告にも現れている。

2 教育政策・行財政

　2017年1月に第45代米国大統領に就任した共和党のドナルド・トランプ氏は，同年2月，連邦議会上院の承認を得て，実業家のベッツィ・ディボス女史を連邦教育長官に任命した。同大統領は，同月に行った施政方針演説で学校選択制度導入に強い意欲をみせると，5月に発表した2018会計年度予算教書でも学校選択関連諸事業に14億ドル（約1,400億円）を計上した。さらに，同年12月には，大統領が最重要課題としてきた税制改正法が制定された。こうした動きの中で，2017年11月，連邦教育省傘下の全米教育統計センター（NCES）が同省前身の教育局の時代を含めて創設150周年を迎え，その歴史を振り返る小冊子を公表した。

　このほか，2017年11月，州の予算担当官の全国組織（NASBO）から，州の公財政支出の状況をまとめた年次報告書が発表され，高等教育関連の資本的支出が前年比7％減となったことが明らかにされた。

2.1　第45代ドナルド・トランプ大統領が就任

　2017年1月20日，ワシントンD.C.の連邦議会において大統領就任式が行われ，ドナルド・トランプ氏が第45代米国大統領に就任した。宣誓に続いて行われた就任演説で同大統領は，既存の連邦政府の大幅な変革を唱えるとともに，アメリカ第一主義を改めて明言した。また，教育制度を含めて現行の内政を批判し，「こうした惨状は，本日，この場で終わる」と述べた。

　20分に満たない演説の中で，トランプ大統領は冒頭の就任式列席者に対する謝辞に続き，「（前略）…私たちは単なる政権間や政党間の権限移行をしようとしているのではない。私たちは権力をワシントンD.C.からあなたたち国民にお返ししようとしているのだ」と述べ，連邦政府が「国民」によって統制されることを強調した。そして，工場の海外移転や中流層の富が世界に再分配されたことを指摘し，「この日から以後，新たなビジョンがこの国を支配する。今日からはアメリカ第一主義（America First），アメリカ第一主義だけだ」と選挙期間中から訴えてきた基本方針を繰り返した。

　トランプ大統領によれば，このような新しい動きの根本にあるのは，国は，優れた学校や安全な近隣地域，良い仕事（就職口）を求めている国民に尽くすために存在するという信念であるという。しかし，「国民の多くが置かれた現実は異な」っており，都市部の貧困や生産拠点の海外移転，多発する犯罪や薬物問題などとともに，現行の教育制度を米国社会の問題状況の1つとして指摘し，「湯水のごとくお金を使って，若者や児童・生徒に何の知識も授けないままにしている」と批判した。そして，これらの問題状況はトランプ政権の誕生を契機に終わる，政権が国民とともに痛みや成功を分かち合うと決意を明らかにした。

　トランプ大統領による教育政策に関する発言は多くはないが，今回の就任演説における言及を含め，これまで示された方針には批判的な見方が一般的である一方で，理解を示す意見もある。連邦議会下院教育関係委員会で議員を補佐していた民主党関係者は「彼（トランプ大統領）は彼のアドバイザーである少数の大金持ちたちと一緒になって，より良い学校を作り出すと言っているが，疑わしい」と疑念を示している。一方で，今回の就任演説における米国の学校に関する指摘は誇張されているものの，「こうした見方は広く共有されている」（アーカンソー大学教授）とする指摘もある。

【資料】
　Washington Post, "Donald Trump's full inauguration speech transcript, annotated"（2017年1月20日）（https://www.washingtonpost.com/news/the-fix/wp/2017/01/20/donald-trumps-full-inauguration-speech-transcript-annotated/?tid=a_inl&utm_term=.264ed086e121）/ Education Week blogs（2016年1月20日）（http://blogs.edweek.org/edweek/campaign-k-12/2017/01/trump_american_schools_flush_w.html?qs=trump+daterange:2017-01-20..2017-01-25&print=1）

2.2　連邦議会上院がベッツィ・ディボス氏の連邦教育長官就任を承認

　連邦議会上院は2017年2月7日，トランプ大統領が連邦教育長官に指名したベッツィ・ディボス氏の長官就任に関する採決を行い，賛否同数となったものの，副大統領の投票によりこれを承認した。同氏については，1月31日の上院厚生教育労働年金委員会での承認後も，学校選択や学校民営化の急先鋒として知られる同氏に対して，野党民主党のみならず共和党からも長官就任を懸念する声が出ていた。ディボス氏は，上院における承認を受け，連邦教育省が一致団結して業務に当たることを訴えた。

　歴代の連邦教育長官は，州知事や学区教育長，大学の学長などの経験者であり，民主，共和両党から歓迎される人物が任用されてきたが，実業家であるディボス氏には教育政策の立案・実施を中心とする行政官としての経験はない。加えて，学校選択制度や教育バウチャーの普及を目指す民間団体（American Federation for Children）の議長として活動してきた経歴や連邦の教育政策に関する理解不足[注1]から，議員の間からは長官就任に強い懸念が示されていた[注2]。これを払拭するためディボス氏は，1月17日に行われた上院厚生教育労働年金委員会（Health, Education, Labor and Pension Committee）の公聴会において「承認されたら，公立学校の強力な擁護者になる」と，長官就任後の立場を強調するとともに，教育バウチャーの導入を各州に強制するつもりはないことを明言していた。このような中で1月31日に行われた同委員会の採決では12対11の僅差で承認されたものの，同委員会での裁決後に2名の共和党議員が本会議の採決で反対に回ることを表明したことから，その行方が注目されていた。

　2月7日に行われた上院本会議の採決は，共和党議員の反対票により50対50の賛否同数となったが，副大統領が賛成票を投じ，正式にディボス氏の長官就任が承認された。長官就任後，連邦教育省職員に対して行ったスピーチにおいて同氏は，「私たちは皆，協力して解決策を見つけ出し，それを実現させることができる」と述べ，省一体となって子供たちの学びを支えていくことを訴えた。上院による承認を受け，それまで同氏の連邦教育長官就任に反対していた教育関係団体の中には，利益・関心を共有できるところでは協力していこうと姿勢を軟化させているところがある一方で，教員団体や公民権運動家の中には，慎重な態度を崩さないところもある。

【注】
1. 1月17日の公聴会（confirmation hearing）では，障害のある児童・生徒に対する教育機会の提供に関する質問に「州や学区に任せるべき」と答え，障害のある児童・生徒に対する教育を支援する連邦法「障害のある個人に対する教育に関する法律」に対する理解不足を露呈させていた。このほか，第1回の公聴会で取り上げられた重要事項に対するディボス氏の対応は次のとおりである。
   - **初等中等教育法（ESSA）**：各州は4月に同法で求められている教育計画の連邦教育省への提出を開始する。これを認めるか否かは新教育長官の責任の下で決定される。ディボス氏は「議会が意図するように，そしてワシントン

D.C.からの規制の負担から地方を開放するように」議会とともに同法を運用したいと述べたが、民主党議員が指摘したように、すでに連邦教育省が決定した同法の施行規則は州教育長協議会（CCSSO）の支持を取り付けたものであり、さらに各州は同法の安定的な運用を望んでいるという。
- **財政上の利益相反**：オンライン教育プログラムを提供するK-12 Inc.等への自身の家族による投資など、同氏のビジネスと長官職との利益相反について尋ねられ、「相反が確認されれば、解消する」と回答した。また、夫とともに行っている共和党への献金については、教育長官の職に就いている間は行わないとした。
- **公民権関連**：大統領選挙中にトランプ候補（当時）が移民やイスラム教徒に攻撃的な発言を行ってきたことから、指名を受けた新教育長官がこうした子供たちに目配りできるか関心が注がれている。ディボス氏は公聴会の冒頭で「米国の全ての子供たちは差別のない安全な環境を与えられるべきである」と述べた。

2. 1月13日には、2大教員団体（NEA, AFT）を含む38の教育関係団体が連名で、連邦議会上院の厚生教育労働年金委員会宛に同女史の連邦教育長官任用に対する「強い懸念」を伝える公開書簡を送付した。

【資料】
Education Week［Web版］（2017年2月10日）／Education Week blogs（2017年1月17日、1月31日、2月1日）／The Chronicle of Higher Education（2017年1月17日）

2.3　トランプ大統領が施政方針演説を実施――連邦議会合同会議

　トランプ大統領は、2017年2月28日、連邦議会上下両院の合同会議において就任後初となる施政方針演説を行った。1時間にわたる演説の中で同大統領は、米国第一主義やインフラ整備、雇用創出、TPP撤退など、選挙公約として掲げた取組を推進していくことを強調した。教育の分野についても選挙期間中に打ち上げた学校選択制度の導入に強い意欲を示した。学校選択制度の提案は、共和党からは好意的に受け取られているものの、民主党や既存の教育関係団体からは公立学校の資金を奪うものとして懸念が示されている。

　演説の冒頭でトランプ大統領は、人種や宗教の違いによる分断が不安視されている現状に配慮して国として団結することを求めるとともに、国民に対して「米国精神の再生（the renewal of the American spirit）」を呼び掛けた。続けて、「過去数十年の過ち」として、富や雇用が海外に流出し、中間層が衰退したことや、国境の管理の甘さを上げ、米国民を第一に考えようとする動きが民衆の間からわき起こったことを指摘するとともに、インフラ整備や雇用の創出、TPPの撤退、テロとの闘いなど、選挙公約として掲げてきた政策の実績と必要性を訴えた。特に国家再建に向けたインフラ整備を始めるために、官民合わせて1兆ドル（100兆円）の投資を生み、数百万の雇用を作り出すための法案の採択を議会に要請した[注1]。

　教育については、前任の2人の大統領に倣って、「教育は、私たちの時代の公民権問題（Civil Rights Issue of Our Time）」と表現し、何百万人ものアフリカ系やラテン系などを含む恵まれない子供たちに対して学校選択を可能とする法案の成立を連邦議会に求めた。これにより、こうした子供たちの家庭が「公立学校や私立学校、チャータースクール、マグネットスクール、宗教系の学校、さらにホームスクールまで、彼らの権利となっているところから、自由に選ぶことができるようになるべきである」とした。さらに、学校選択制度の1つである教育減税（Tax Credit）と奨学金により修士号を取得する見込みとなった貧困家庭出身の学生を紹介し、貧困の連鎖を断ち切る上で学校選択の有効性を訴えてみせたが、制度の明確な枠組みは明らかにされなかった。また、高等教育に至っては言及もなかった。

　今回、教育については学校選択が唯一、演説の中で具体に提案されたことについて、これが選挙期

間中に唯一具体に提案された教育政策であることや，学校選択推進者であるディボス連邦教育長官が誕生したことから，平静に受け止められている[注2]。伝統的に学校選択を支持する傾向にある共和党は「親の住む場所で児童・生徒を落ちこぼれにしたくない」（バージニア・フォックス議員）などのように今回の提案を好意的に受け止めているが，教員団体等を支持基盤とする民主党からは，連邦政府の補助があるからといって，全ての子供たちが質の高い私立学校に入れるわけではなく，「私立学校が子供たちを選ぶ」（ボビー・スコット議員）状況になる可能性や，「米国民主主義にとって不可欠なもの」（ジャミー・ラスキン議員）である公立学校から金を奪う企て，と提案への憂慮を示している。既存の教育団体からも，「地方政府の監督がない学校に税金を投入することは，納税者の資金の使い方として適切ではないし，（公立学校で学ぶ）何百万人という子供たちの教育機会を弱体化させる」（全米学区教育委員会協議会），「トランプ氏とディボス女史が行おうとしていることは，失敗したアジェンダであって全国バウチャー制度を通じて公教育から私立学校に納税者の資金を奪い去るもの」（全米教育協会）と懸念を示した。

【注】
1．1ドル＝100円で換算。なお，事前に予告されていた大規模減税については，大統領の経済チームが企業や中間層を対象とする大幅な減税措置について検討していることを述べるにとどめられた。
2．学校選択について，トランプ大統領は選挙期間中に，児童・生徒1人当たり1万2,000ドルを上限とする総額200億ドル規模の連邦バウチャー制度を創設することを提案したが，より具体的な内容は明らかにされていない。

【資料】
　The White House (Office of the Press Secretary), Remarks by President Trump in Joint Address to Congress (2017年2月28日) (https://www.whitehouse.gov/the-press-office/2017/02/28/remarks-president-trump-joint-address-congress) ／NSBA, *NSBA Statement in Response to President Trump's Address to Joint Congress* (Press Release) (2017年2月28日) (https://www.nsba.org/newsroom/press-releases/nsba-statement-response-president-trumps-address-joint-congress) ／NEA, *NEA President Lily Eskelsen Garcia: Trump should stand up for students and families* (Press Release) (2017年2月28日) (http://www.nea.org/home/70065.htm) ／Education Week blogs (2017年2月28日) (http://blogs.edweek.org/edweek/campaign-k-12/2017/02/trump_education_choice_child_c.html?_ga=1.55948076.627224959.1488417835)

2.4　2018会計年度予算教書の骨子の公表

　トランプ大統領は，2017年3月16日，2018会計年度（2017年10月〜2018年9月）の予算教書の骨子を公表した。本文53ページの本資料は，アメリカの国益を第一に考える同政権の基本姿勢に基づく予算編成方針とともに，主要連邦政府機関の予算を見開きページで説明している。これによると，連邦教育省予算は前年比13％減の590億ドル（約5兆9,000億円）[注1]が計上されている一方，政権が公約として掲げていた学校選択事業については前年分予算を大幅に上回る14億ドルが上積みされている。なお，例年公表されている形式の予算教書は5月に公表予定であり，実際の予算は予算教書を参考としつつ連邦議会で立法化される予算法等によって決定する。

　公表された骨子（*America First: A Budget Blueprint to Make America Great Again*）は，教育省のほか，国防総省や健康福祉省，商務省，環境保護庁，連邦航空宇宙局（NASA）など，主要18機関の裁量的経費（discretionary spending）[注2]のみが示されている。ここで予算編成の基本方針とされているのが施政方針演説で強調された「米国第一」（America First）という考え方であり，具体的な最

優先課題として位置付けられたのが国民の「安心・安全」(the safety and security)の確保・維持である。この方針を反映して同骨子では、前年比0.3％減となる合計1兆654億ドルの裁量的経費が計上されているが、軍の再建を目的とする国防費の540億ドル（約5兆4000億円）増をはじめ、国土安全保障、移民関係事業などは大幅な増額となっている[注3]。

2018会計年度分の教育省予算（590億ドル）は前年度比13.5％、92億ドルの減であり、省庁の中で比率では国務省（－28.7％）、労働省及び農務省（－20.7％）、保健社会福祉省（－16.2％）、商務省（－15.7％）に次いで、実額では保健社会福祉省（－126億ドル）と国務省（－109億ドル）に次いで大きな下げ幅となっている。この中で、選挙公約として打ち出し、2月の施政方針演説でも導入を訴えた学校選択関連諸事業については14億ドル（約1,400億円）の増となる計200億ドル（約2兆円）が提案されており、このうちチャータースクール振興事業について前年比1億6,800ドル（約170億円）の増額（現在の予算規模は3.33億ドル）、新規の私立学校選択事業には2億5,000万ドルが計上されている。また、初等中等教育段階における連邦事業の最大の柱で、貧困地域への財政支援を内容とするタイトルⅠ事業予算を10億ドル増額し、支援を受ける学区での公立学校選択制（open enrolment）導入を促すとしている。これらの学校選択事業関連予算は、州や学区がマッチング・ファンドとして拠出する資金を合わせると年間1,000億ドル（約10兆円）になると推計されている。

このほか、教育省予算として骨子の中で提案された主な内容は、次のとおりである。

○効果的な教育活動の支援を目的とする州補助金事業（タイトルⅡ事業。現在の予算規模は22億5000万ドル）及び地域の公立学校で実施される放課後プログラムや早朝プログラム、サマープログラムを援助していた21世紀コミュニティ学習センター事業（現在の予算規模は10億ドル）を廃止。
○ペル奨学金の受給者を対象に、更に厚い援助を提供することを目的とする補助的教育機会奨学金（給付型）を廃止。
○上記のほか、教員の資質向上や読解力向上、国際理解教育振興など、連邦の取組として優先順位が低い、あるいは重複している20以上の事業を廃止あるいは縮小する。
○大学の指定した労働を行い、賃金を得るワークスタディ事業を縮小し、最も恩恵を受ける学部学生が利用できるようにする。

今回の骨子について、ディボス連邦教育長官は「機能する教育事業への投資の一歩」と表現するとともに、「全ての児童・生徒に質の高い教育を均等に提供するもの」と学校選択関連諸事業の大幅増の意義を強調した。野党民主党からは「中所得層、労働者層を支えてきた事業の予算を削ることは、我々の価値への攻撃」と批判的な声が上がっているが、大統領の出身政党である共和党出身の上院予算委員長も骨子に示された大胆な削減案を慎重に見極める必要を唱えている。また、全米最大の教員団体である全米教育協会（NEA）や全国学区教育長協議会（AASA）は大幅削減を強く非難している。

【注】
1．1ドル＝100円で換算。
2．連邦予算は、議会が毎年分野ごとに各省庁の運営や個別事業について定める13本の予算歳出法に基づいて支出される裁量的経費と、低所得者や身体障害者を対象とする公的医療保険制度（Medicaid）や高齢者対象の公的医療保険制度（Medicare）、公的年金のように特定の法律により支出が義務付けられている義務的経費（mandatory spending）

に大別される。前者が連邦予算全体の約3分の2を占め，一度法律が制定されると改正されるまで規定に基づいて一定額が計上されるのに対して，後者は毎年法律が制定されることで時宜に適した取組を連邦政府に可能とする。
3. 今回掲載された各省庁の裁量的経費は，次のとおりである（金額の単位は10億ドル）。

省庁名・機関名	2017会計年度（決定額）	2018会計年度（要求額）	前年度からの増減 実額	前年度からの増減 比率
農務省	22.6	17.9	−4.7	−20.7%
商務省	9.2	7.8	−1.5	−15.7%
国防総省	521.7	574.0	+52.3	+10.0%
教育省	68.2	59.0	−9.2	−13.5%
エネルギー省	29.7	28.0	−1.7	−5.6%
保健社会福祉省	77.7	65.1	−12.6	−16.2%
国土安全保障省	41.3	44.1	+2.8	+6.8%
住宅・都市開発省[1]	46.9	40.7	−6.2	−13.2%
内務省	13.2	11.6	−1.5	−11.7%
法務省[1]	28.8	27.7	−1.1	−3.8%
労働省	12.2	9.6	−2.5	−20.7%
国務省	38.0	27.1	−10.9	−28.7%
運輸省	18.6	16.2	−2.4	−12.7%
財務省	11.7	11.2	−0.5	−4.4%
退役軍人省	74.5	78.9	+4.4	+5.9%
Corps of Engineers	6.0	5.0	−1.0	−16.3%
環境保護庁（EPA）	8.2	5.7	−2.6	−31.4%
一般調達局（GSA）	0.3	0.5	+0.3	N/A
連邦航空宇宙局（NASA）	19.2	19.1	−0.2	−0.8%
中小企業局	0.9	0.8	−[2]	−5.0%
社会保障庁	0.3	9.3	+[2]	+0.2%
その他	29.4	26.5	−2.9	−9.8%
合計	1,068.1	1,065.4	−2.7	−0.3%

表注1：調整額（減額）を除く。
表注2：増減額が5億ドル未満。

【資料】
 OMB, *America First: A Budget Blueprint to Make America Great Again*（2017年3月16日）（https://www.whitehouse.gov/sites/whitehouse.gov/files/omb/budget/fy2018/2018_blueprint.pdf）／Education Week blogs（2017年3月16日，3月27日）／The Chronicle of Higher Education（2017年3月16日）

2.5 2018会計年度予算教書の公表
——前年比13.5％減の連邦教育省予算に教育関係団体等から批判

　トランプ大統領は，2017年5月23日，2018会計年度（2017年10月～2018年9月）の予算教書を連邦議会に提出した。前年比0.8％増となる歳出総額4兆900億ドル（約410兆円）規模の予算[注1]は，3月に公表された骨子で示されたように，国防関連予算が増額される一方で，教育省を含め，ほとんどの省庁の予算は減額されている。連邦教育省予算の大半を占める裁量的経費は分野ごとに立法化される予算法によって決定されるため，今回の予算教書が提案通りに予算化される保障はないものの，関

係者の間からは批判や不安の声が上がっている。

　『偉大な米国のための新たな基盤（New Foundation for American Greatness）』と題された今回の教書は，3月公表の骨子（America First: A Budget Blueprint to Make America Great Again）で示された方針を踏まえたもので，連邦政府の役割（支出）を抑制する一方，雇用を拡大し，人々の収入を引き上げるよう経済を好転させることを目指す。このため，低所得者を主たる対象とする医療費補助制度や食料スタンプ事業などを見直し，国務省や環境保護庁をはじめとする連邦機関の予算を削減するとともに，税制の簡素化や効率化，社会インフラ整備への大規模投資を行い，10年後の連邦財政の黒字化を図る。また，ほとんどの政府機関予算が減額となる中で，国防や退役軍人，国土安全保障などは増額予算が組まれており，裁量的経費で政府全体でみると前年比1.4％減となっている。

　連邦教育省についても，他省庁と同様，裁量的経費で前年（682億ドル）比，13.5％減となる590億ドル（約5兆9,000億円）の減額予算が計上された。趣旨が別の事業と重複している，効果が小さい，あるいは州や学区，民間に任せた方が良いと判断されて廃止が提案された事業は20以上に上る。この中には放課後プログラムの支援などを内容とする21世紀コミュニティ学習センター事業（2017年度予算は約12億ドル），効果的な学習プログラム実施支援のための州補助金（同23億ドル），英語運用能力向上のための競争的資金（同1億9,000万ドル），ペル給与奨学金受給者のうち一定の所得水準に満たない家庭の出身者に支給される給与奨学金（SEOG）（同7億3,000万ドル）等が含まれる。

　選挙期間中に教育政策として訴えていた学校選択関連諸事業については14億ドル（約1,400億円）が計上され，このうち，10億ドルは貧困学区に対する財政支援であるTitle I事業の増額分として公立学校選択制（Open Enrollment）に個々の児童・生徒に予算を割り当て配分する仕組みを導入あるいは実施している学区への補助金（Furthering Options for Children to Unlock Success：FOCUS）に充てられる。また，低所得家庭出身の児童・生徒に私立学校を含む学校選択を可能とする奨学金事業の効果の検証を目的として，事業主体を対象とする競争的資金である教育革新研究事業（Education Innovation and Research：EIR）予算に2億5,000万ドルが充てられている。このほか，各州におけるチャータースクールの設置振興を図る補助金についても1億7,000万ドルの増額要求としている。

　連邦奨学金事業の柱であるペル給与奨学金については10年間で163億ドル（約1兆6,000億円）を増額し，拡充を図る一方，連邦貸与奨学金については所得連動型の返還方式を簡素化して返還の効率を高めるほか，公立学校教員など公的職業に就いた連邦貸与奨学金受給者を対象とする免除規定を廃止することが提案されている。また，大学の指定した労働を行い，賃金を得るワークスタディ事業を縮小し，最も恩恵を受ける学部学生に利用者を限定する。このほか，貧困家庭出身者を対象とする中等後教育進学支援等を目的とするTRIO事業とGEAR UP事業については合計で前年比1億9,000万ドルの減額要求となっている（**表**参照）。

　連邦教育省予算の大半を占める裁量的経費は，毎年分野ごとに各省庁の運営や個別事業について議会が制定する予算法によって決まることから，今回の予算教書で提案された内容が必ずしも実際の予算となる保障はない[注2]。それでも，ディボス連邦教育長官は，声明の中で，緊縮予算の苦労を述べつつ，「児童・生徒への支援に省予算の優先順位を置くことで，想像力や創意工夫が求められる新しい時代において我々が先導役となるとともに，偉大な米国の基礎を築くことができる」と編成された予算の内容に自信をみせた。

表：連邦教育省所管の主な教育事業予算[1]　　　　　　　　　　　　（単位：1,000ドル）

	2017会計年度（支出額）	2018会計年度（大統領案）	前年度からの増減 実額	前年度からの増減 比率
貧困地域等支援関係予算	16,013,291	16,347,558	334,267	2.09%
Title I Part Aに基づく貧困学区支援	14,881,458	15,881,458	1,000,000	6.72%
うちFOCUS補助金	0	1,000,000	1,000,000	新規
学校改善事業関係予算	4,331,387	697,231	−3,634,156	−83.90%
21世紀学習コミュニティ学習センター事業	1,164,455	0	−1,164,455	−100.0%
学校安全・シチズンシップ教育関係予算	254,331	134,857	−119,474	−46.98%
教育革新改革関係予算	1,235,866	1,208,026	−27,840	−2.25%
Education Innovation Research事業	119,772	370,000	250,228	208.92%
教員研修支援（SEED）	93,815	420,000	−51,815	−55.23%
チャータースクール振興	332,539	500,000	167,461	50.36%
Advanced Placement振興	28,429	0	−28,429	−100.0%
教育改善基金				
うちPreschool for All事業	249,525	0	−249,525	−100.0%
うちJavits G&T Education事業	11,977	0	−11,977	−100.0%
英語未習熟児童・生徒関係予算	735,998	735,998	0	0%
特別支援教育関係予算	12,952,189	12,942,126	−10,063	−0.08%
リハビリテーションサービス関係予算	3,301,627	3,563,008	261,381	7.92%
職業教育・成人教育関係予算	1,717,415	1,476,441	−240,974	−14.03%
奨学金事業関係予算	24,152,209	22,932,626	−1,219,583	−5.05%
ペル給与奨学金	22,432,626	22,432,626	0	0%
（1人当たり年間最高支給額：ドル）[2]	($4,860)	($4,860)	(0)	(0%)
（受給者数：千人）	(7,143)	(7,281)	(138)	(1.93%)
Campus-based programs	1,719,583	500,000	−1,219,583	−70.92%
うちSEOG	731,736	0	−731,736	−100.0%
うちWork Study	987,847	500,000	−487,847	−49.38%
中等後教育事業関係予算	1,978,417	1,545,305	−433,112	−21.89%
教育調査研究関係予算	616,839	616,839	0	0%
連邦教育省予算総額（権限額）	8,133,954	58,989,424	−9,144,530	−13.42%

表注1：各分野・事業の「関係予算」は連邦教育省所管の主な分野・事業に関する裁量的経費であって，「連邦教育省予算総額」は表中の「関係予算」の合計ではない。また「関係予算」の下にある事業は，当該予算の下にある主要事業や今回の予算教書において重視された（廃止された）事業の予算であり，「関係予算」の内訳ではない。
表注2：義務的経費を含めた最高額は2017会計年度，2018会計年度とも5,920ドル。

　しかし，主要な教育関係団体等からは不満の声が上がっている。連邦の初等中等教育政策に強い影響力を持つ州教育長協議会（CCSSO）は「連邦の重要な教育事業についてこれほどの削減を求めた現政権の提案を受け入れることはできない」と予算教書の内容を強く批判している。また，全国的な高等教育団体の1つであるアメリカ教育協議会（American Council on Education）も声明の中で，「カレッジも大学も，そして学生も連邦奨学金事業と研究資金を確保するため歴史的かつ超党派の支援を継続するために，連邦議会と協力する」と，提案された予算削減に抵抗する意思を示している。

【注】
1. 1ドル＝100円で換算。歳出には，通常の予算手続に含まれないOff-budgetによる支出（郵便事業と社会保障信託基金）に関するものも含まれる。なお，通常の予算手続による支出であるOn-Budgetでみると，前年（3兆2,500億ドル）比0.8％減となる3兆2,300億ドルとなっている。
2. 今回の連邦教育省予算に関して保守系シンクタンクの関係者からも連邦議会の予算審議においては「完全に無視される」であろうとみられている。なお，連邦政府予算は，裁量的経費のほか，低所得者や身体障害者を対象とする公的医療保険制度（Medicaid）や高齢者対象の公的医療保険制度（Medicare），公的年金のように特定の法律により支出が義務付けられている義務的経費（mandatory spending）がある。連邦教育省予算は前者が大半を占めるが，連邦予算全体では後者が約3分の2を占め，一度法律が制定されると改正されるまで規定に基づいて一定額が計上される。

【資料】
U.S. Department of Education, *Fiscal Year 2018 Budget: Summary and Background Information*（2018年5月23日）／U.S. Department of Education, *Education Budget Prioritizes Students, Empowers Parents, Saves Taxpayer Dollars*（2017年5月23日）（https://www.ed.gov/news/press-releases/education-budget-prioritizes-students-empowers-parents-saves-taxpayer-dollars）／U.S. Department of Education, FY 2018 President's Budget（2017年5月23日）／Education Week blogs（2017年5月23日）／The Chronicle of Higher Education blog（2017年5月23日）

2.6　2016会計年度州政府支出に関する年次報告書
——全米州予算担当者協議会（NASBO）

　州政府の予算担当官の全国団体は，2017年11月，2016会計年度（2015年10月～2016年9月）を中心とする州の公財政支出の状況をまとめた年次報告書を公表した。この報告書によると，地方政府に支給される連邦補助金を含む同会計年度の全50州の公財政支出は約1.9兆ドル（約190兆円）[注1]となった。このうち約2割を占める初等中等教育費は前年度比2.5％増，約1割を占める高等教育費については3.8％の増であった。州公財政支出における施設設備費等の資本的支出については2016会計年度は前年度比3.1％増であったが，このうち高等教育に関する資本的支出は7.0％の減であった。

　全米州予算担当者協議会（National Association of State Budget Officers：NASBO）の『州公財政支出報告書（State Expenditure Report）』は，1987年の創刊以降，「州の支出全体の99％以上」を反映したデータを毎年公表している。報告書は9章から構成され，上述した初等中等教育や高等教育のほか，社会保障，メディケイド（Medicaid）[注2]，矯正（刑務所等），交通，及びその他を含む7分野についての分野別支出，各分野における資本的支出をまとめた分析，及び財源に関する分析を内容とする。今回の報告書は，2015会計年度と2016会計年度については実額ベース，2017会計年度は推計額として，2016会計年度を中心とする2年間の支出の変化と，1987年以降の長期推移について述べている。

　報告書によると，2016会計年度の州の公財政支出総額は連邦からの補助金を含めて1.886兆ドルに上り，前年度比2.2％の増であった。これは平均5.7％といわれる従来の前年度比よりも低い数値であったが，推計値（1.983兆ドル）から翌年度は5.2％に上昇するとみられている。連邦補助金を除いた州のみの公財政支出でみると上昇率はやや低くなる（1.9％，4.9％）ものの，同様に前年比は上昇する見込みである。

　公立学校を設置運営する学区への財政支援を主とする初等中等教育への支出は，従来，州の公財政支出の中で最大の比率を占めてきたが，近年は2010年制定の医療保険改革法（Affordable Care Act）の影響によりメディケイドに関する州の負担が急増して順位が逆転した。それでも，2016会計年度

において連邦補助金を含む州公財政支出全体の19.6％に相当する3,703億ドル（約37兆円）が同分野に費やされた。これは，前年比2.5％増であり，初等中等教育費の約14％を占める連邦補助金を除いた州のみによる負担でみると2.9％の増となっている[注3]。

　主に州立機関の運営費に充てられる高等教育への支出は，メディケイド及び初等中等教費に次いで州公財政支出の中で3番目に大きな支出項目であり，全体の約1割を占めている[注4]。2016会計年度は，連邦補助金を含めて，州の公財政支出全体の10.5％に相当する1,984億ドル（約20兆円）が高等教育費として支出された。これは，前年度から3.8％の増大であるが，高等教育への支出増はリーマンショック後の2009会計年度から2012会計年度までの4年間で減額された139億ドルの回復に向けて，2013会計年度以降継続している傾向である。

　州の公財政支出に占める資本的支出の6～7割は交通インフラの整備に充てられるが，これに次ぐのが高等教育分野であり，2016会計年度は資本的支出全体1,070億ドルの10.6％，高等教育費全体1,984億ドルの5.7％に相当する113億ドル（約1兆1,300億円）が充てられた。高等教育における資本的支出は2015会計年度が前年比9.6％増であったのに対して，2016会計年度は7.0％の減となった。報告書は，高等教育のみに焦点を当てているわけではないものの，開発事業（資本的支出）が州ごとに複数年計画が組まれ，場合によっては期間が延長されたりすることで，年度ごとに支出が大きく異なる結果となると指摘している。

図：高等教育に関する資本的支出と前年比の推移

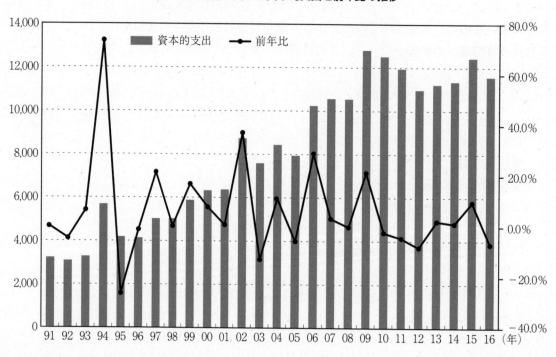

図注：縦軸の第1軸（左）は資本的支出の実額（百万ドル），第2軸（右）は前年比（％）。横軸は会計年度（1991年度～2016年度）。
（出典）NASBO, *State Expenditure Report*, 各年版。

【注】
1．1ドル＝100円で換算

2. メディケイドは1965年に創設された民間の医療保険に加入できない低所得者や身体障害者を対象とする公的医療保険制度。
3. 州の初等中等教育費のうち連邦補助金を含まない州支出分は，公立学校行政を専門とする地方政府である学区（school district）を対象とする補助金であり，通常，学区の課税能力に応じて州内全ての学区に支給される。州の初等中等教育費の14％を占める連邦補助金は貧困家庭出身者が多い学区や障害のある児童・生徒を対象とした教育サービスに関するものである。
4. 州の高等教育費のうち連邦補助金を含まない州支出分は，基本的に州立高等教育機関の運営費（人件費，光熱水費，施設維持費等）である。州支出分は州の高等教育費の約9割（89.8％）を占めるが，このうち州の一般会計からの支出は約4割（全体の37.7％）であり，残りの多く（全体の49.6％）は学生が支払う授業料や手数料など「その他の州の支出」である（州によっては「その他の州の支出」に授業料等を含めていないところもある）。高等教育費の10.2％を占めている連邦補助金は連邦奨学金事業及び連邦政府機関が支出する研究開発費（州によっては連邦補助金を計上していないところもある）。

【資料】
NASBO, *State Expenditure Report: Examing Fiscal 2015-2017 State Spending*, Nov., 2017

2.7 連邦の税制改正法が成立
――州・地方の所得税に対する所得控除廃止で公立学校予算の削減懸念など

　トランプ大統領は，2017年12月22日，連邦税制を改正するための法律に署名した。およそ30年振りとなる今回の改正は，法人税率の大幅引下げや個人所得税の基礎控除額増大などにより，好調な経済を後押しする狙いがある。教育分野については私学在学者がいる家庭に対する教育減税などの直接的な規定はないものの，大学進学を目的とする非課税預金の利用条件の緩和や，連邦や州・地方の初等中等教育予算削減への影響が懸念される所得控除の廃止などが定められた。

　トランプ大統領が最重要課題として位置付けてきた税制改正を実現する今回の改正法（「減税と仕事に関する法（Tax Cuts and Jobs Act [P.L.115-97]）」）は，2018年1月から法人税を従前の35％から21％に大幅に引下げるほか，中小企業を対象とする税控除や設備投資に対する即時償却制度の導入等により，企業の投資を刺激し雇用を促進する。さらに，個人所得税の税率の引下げや標準基礎控除額の増大，相続税の引下げ等も行うことで，米国経済の活性化を図る。同法による減税額は，法人税分のみでも今後10年の総額は6,500億ドル（65兆円）[注1]に上る。

　教育については，トランプ政権が公約として掲げてきた私立学校への就学支援につながる教育減税のような直接的な規定が新たに設けられてはいないものの，それ以上に影響を懸念されているのが，州及び地方による所得税に対する所得控除の変更である。従来の規定では，州及び地方が課税する財産税，売上税，所得税等については所得控除の対象としていたが，このうち，今回の法律では州及び地方の所得税に関する所得控除を原則廃止し，例外規定として1万ドルを上限に財産税と所得税との合計についての所得控除を認めるとした[注2]。この変更は，州や地方に対して新規の税負担の軽減に向けた税率引下げの圧力を感じさせることになり，公立学校に対する支出減につながるのではないかという懸念が公立学校関係団体等の間から生じている[注3]。

　また，大学進学のための預金口座に対する非課税制度である529プラン（529 college savings plan）については預金の使途制限が緩和された。従来，同プランにおける預金引き出しの目的は，各州が認めた大学や中等後教育段階の職業教育機関への進学に限定されていたが，今回の税制改正法により初等中等教育機関についても年間1万ドルを上限として使用が認められることとなり，私立学校の授業

料支払いも同制度下の預金口座から引き出して行うことが可能となった。この点について，ディボス連邦教育長官は「正しい方向への第一歩」と述べ，自身が提唱してきた学校選択の拡大方針に沿うものとして評価するとともに，今回の変更がこの方針を促進する上では，限定的な内容であるとの見方を示した。

このほか，低所得層出身者が多く通う公立学校が施設改修等を行う際に発行される公債について，債権者となる金融機関等を減税することで債券発行元の所管学区の利払いを抑え，改修経費の負担軽減を図る制度（Qualified Zone Academic Bonds）が廃止された。また，教師が教室で配付するものを自身の資金で購入した場合の購入経費分（上限250ドル）の税額控除について，下院法案では廃止，上院法案では，従来の倍（500ドル）に上限を引き上げることが提案されていたが，最終的には従来どおり変更なしとなった。

【注】
1. 1ドル＝100円で換算。
2. 財産税に関する所得控除は引き続き認められている。納税者は財産税のみで所得控除を受けるか，所得税と財産税の合計で受けるか，納税者自身の状況に応じて選択しなければならない。
3. 2017年11月には，43の教育関係団体が上院に対して今回の税制改正法が連邦の初等中等教育予算に及ぼす長期的な影響を懸念する書簡を送付した。

【資料】
House Ways and Means Committee and Senate Finance Committee, *Tax Cuts and Jobs Act: Policy Highlight* (https://waysandmeansforms.house.gov/uploadedfiles/12.15_tcja_policy_highlights.pdf)（2017年12月26日閲覧）／ Education Week blogs（2017年12月22日）

2.8　全米教育統計センター（NCES）が創設150年

連邦教育省傘下の全米教育統計センター（NCES）が，2017年11月，前身である教育局時代を含めて創設から150年を迎えた。これを記念して，同センターは連邦の教育統計事業の足跡を辿る小冊子を公表した。また，2017年11月17日付けの教育専門紙『Education Week』（Web版）は，同センターの歴史を遡って，教育統計及び同センターが教育政策の立案に果たしてきた役割を振り返った。

NCESの誕生は，1867年，教育局（Department of Education）を設置する連邦法制定にまで遡る。以後，教育を所管する連邦政府機関は変遷し，1979年の連邦教育省組織法により翌1980年に連邦教育省が設置されて今日に至っている。NCESの名称を持つ組織は1962年，当時の保健教育福祉省内の教育局下に設けられたが，それ以前から種類や規模を拡大してきた連邦の教育関連業務の中で，教育局設置当初から主要業務として続けられてきたのがNCES所管の教育統計事業である[注1]。

NCESが2017年11月に公表した小冊子『Federal Education Data Collection: Celebrating 150 years』は，こうした教育局や教育統計センターの組織や役割に関する歴史のほか，『Condition of Education』をはじめとする年次報告書の歴史と統計データにみる教育実態の変遷等について述べている。これによると，同局の発足に伴い始まった連邦の教育統計事業は，分権的な制度の下，統計事業を扱う人員の配置もない状況の中で骨の折れる作業であったが，1962年のNCES設置を契機として，従来の基礎的データの収集・分析に加えて，NAEPをはじめとする全国的な学力調査や，特定年度のハイスクール卒業者を対象とする長期追跡調査も開始された。1970年代後半からは，公立学校に関

する基本事項について詳細な情報を集める公立学校基本統計調査（CCD）と，大学を含む中等後教育機関について広範な情報を収集する中等後教育総合調査（IPEDS）を柱とする教育段階・分野別の体系的な統計プログラムの確立が図れ，現在ではデジタル化されたデータを一般市民も目的に合わせて利用できるようになっている[注2]。

『Education Week』では，2017年11月17日付けの記事「What 150 years of Education Statistics say About Schools Today」において，現役や元職のNCES幹部に対するインタビューを交えながら，19世紀後半から今日までのNCESの活動や役割を振り返っている[注3]。そのうちの1人である元センター長は，今日の統計データのデジタル化について，デジタル・データはCD等の物理的データに起きるような紛失のリスクを防ぐ一方で，ハッカーによる盗難等の危険にさらされるとし，政策立案者や研究者のニーズへの対応と調査対象者のプライバシーへの配慮のバランスをとることが必要とした。また，構造化されていない統計データを目的に応じて利用していく重要性を指摘した。

【注】
1. 教育局創設の2年後には内務省（Department of Interior）の1部局（Office of Education）として移管され，その後1939年には連邦安全保障庁（Federal Security Agency）に，1953年には当時新設された健康教育福祉省（Department of Health, Education and Welfare）に移された。
2. 教育統計事業の成果は事業開始直後から刊行物として公表されてきたが，時代とともに調査項目や対象，報告の内容・方法は変わってきた。1950年代末に多様な調査結果を1つにまとめた資料の必要性が認識されるようになったことを受けて1962年に刊行された『Digest of Education Statistics』は，掲載統計表を増やしながら現在も継続するNCESの主要年次報告書の1つである。1974年からは，教育分野では初めての連邦議会の要請に基づく年次報告書として，統計指標を用いながら特定の教育分野の実態を捉えたCondition of Educationの公表を開始しており，Digest of Education Statisticsに並んでNCESを代表する主要資料として今日まで継続している。これらの年次報告書を含めて，NCESによる主要教育統計に関する報告書刊行年・調査開始年は，次のとおりである。

1962年	Digest of Education Statistics創刊
1969年	全米学力調査（NAEP）を実施
1972年	1972年ハイスクール卒業生長期追跡調査開始
1975年	Condition of Education創刊
1978年	公立学校基本統計調査（CCD）を開始
1980年代	中等後教育総合統計調査（IPEDS）の構築
1987年	学校教職員統計調査（SASS）開始（2011年まで）
1991年	全米家庭教育調査（NHES）開始
1995年	第1回国際数学理科学力調査（TIMSS）実施
1998年	就学前児童長期追跡調査開始
2000年	第1回OECD生徒の学習到達度調査（PISA 2000）実施

3. 記事によると，当初は初等中等教育の普及状況の把握を主な目的としていたが，第二次大戦後は退役軍人援護法（通称G.I.Bill）によって戦場から戻ってきた軍人の多くが大学や職業訓練機関で学ぶようになったことを受けて，中等後教育に関する情報収集にも力を入れるようになった。

【資料】
NCES, Federal Education Data Collection: Celebrating 150 years (https://nces.ed.gov/surveys/annualreports/pdf/Fed_Ed_Data_Collection_Celebrating_150_Years.pdf)（2017年12月8日閲覧）／Education Week（Web版）（2017年11月17日）

3 生涯学習

2017年6月、トランプ大統領は、見習い訓練制度の振興に向けた大統領令に署名した。見習い訓練のように就職に結びつきやすい、実践的な教育プログラムが注目を集めており、2017年7月には中等後教育の全容を把握しようとする調査研究プロジェクトの報告書や、コンピュータ・プログラミングに関する短期集中講座であるCoding Boot Campに関する年次報告が発表された。

3.1 見習い訓練に関する大統領令

トランプ大統領は、2017年6月15日、教育機関で座学を受けつつ、職場で訓練を受ける見習い訓練プログラム[注1]の拡大を目指す大統領令に署名した。これは、優れた見習い訓練のプログラムを増やすため、産業界による独自の承認制度の創設に向けた検討を連邦労働長官を中心に行い、具体案を明らかにしようとするものである。産業界からは今回の大統領令を好意的に受け止める声がある一方、訓練プログラムの質的低下への懸念も示されている。

連邦労働省が所管する現行の登録見習い訓練制度（Registered Apprenticeship）は1937年制定の法律（The National Apprenticeship Act）[注2]に起源を持つもので、訓練時間や授業時間などの基準を登録の要件とすることで、訓練を受ける者の労働条件を適切に維持するとともに、プログラムの質（修了証の価値）も保証し、連邦奨学金をはじめとする多様な連邦の支援を受給するための要件としても利用されている[注3]。また、プログラム提供者が制度に登録することで、訓練を希望する者は専用サイト等から情報にアクセスすることが可能となる。労働省によると、2016会計年度における登録プログラム数は2万1,339、在籍者数は50万5,371人であり、いずれも2012年度以降は増大化傾向にある。

しかしながら、同制度による見習い訓練の普及は必ずしも進んでいるわけではなく、高等教育専門紙の報道によると、登録見習い訓練制度のプログラム在籍者数は労働力全体の1%未満であるという。また、研究者の中には見習い訓練全体からみたとき、登録プログラムは半数程度ではないかという見方をする者もいる。この現状に対して大統領令は、急速に変化する経済情勢の中で新たに創出される労働需要を満たすために連邦の教育事業や労働力開発事業が機能していない、と評価している（第1条）。

こうした現状認識の下、今回署名された大統領令では、見習い訓練の拡充に向けて、規制緩和や効果の低い事業の縮小等を進めるとしている（第2条）。このため、産業団体や企業、非営利団体、組合など連邦政府以外の第三者機関が承認した見習い訓練制度（産業界承認見習い訓練制度）の創設、同制度における承認機関の要件、現行制度との関係等について成案を得るべく、労働長官は教育長官や商務長官と協議を行う（第4条）。さらに、具体的作業のために労働省内に作業部会を設置し、見習い訓練振興に向けた基本方針や法令改正、上記承認制度創設に向けた検討を行う（第8条）。

署名に当たってトランプ大統領は「伝統的な4年制大学に通うときのように身動き出来なくなるような負債を追うことなく、実習生は良い仕事に就くことができる」と見習い訓練の意義を強調した。また、「インターンシップや見習い訓練のような労働と学習を結びつけたモデルは、スキルギャップを埋め、我が国の労働力のニーズを満たす強力なツールとなる。我々としては大統領の挑戦を応援するものであり、最高のタレントを生み出す経路の再建に向けてあらゆるレベルで政府とパートナー

シップを組むことを楽しみにしている」(ビジネス・ラウンドテーブル) というように，産業界や職業訓練等の専門家の間では今回の見習い訓練拡大策を積極的に評価する声が少なくない。また，成人学習者に多様な職業教育プログラムを提供しているコミュニティカレッジの全国団体(AACC)も今回の大統領令を歓迎している。

　一方で，訓練機会の提供者の拡大について，基準や要件の緩和によって混乱が生じたり，訓練機会の内容にばらつきがでるのではないかと懸念を示す者もいる。特に提供されるプログラムの質的水準については「高水準の基準と厳格さが確実に継続すること」(見習い訓練を振興する非営利団体Jobs for the Future)が望まれている(**資料1**参照)。

【注】
1. 今回の大統領令では，見習い訓練について「有給労働である要素，及び教育的あるいは指導的要素を含むもので，個人が職場で重視される知識及び技能を得る場として配列されたもの」(第3条(a))と定義している。連邦労働省の解説(https://www.doleta.gov/OA/apprenticeship.cfm)(2017年7月11日閲覧)によると，プログラムの期間は1～6年と多様であるが，4年とする場合が多い。この間，有給の実地訓練は能力に応じて給与増がある。
2. 施行規則では，職場での実地訓練の最低基準として計2,000時間以上，あるいは訓練時間と関係なく，知識・技能の習得程度によって修了認定を行うコンピテンシーに基づくアプローチ，あるいは訓練時間とコンピテンシーに基づくアプローチとの併用による修了認定のいずれかを用いること，教育機関における年間144時間以上の受講が推奨されることが定められている。この他同規則では，雇用条件や訓練内容などを定めた実施計画が策定されていることも要件として規定されている。
3. 連邦政府による支援として，例えば連邦奨学金の1つである「ワークスタディ」は雇用者が見習い訓練における職場訓練の賃金として利用可能である。このほかにも職場訓練にかかる費用の一部を支援する制度がある。また，受講者が政府の承認を受けた職業教育訓練プログラムを受講する場合，受講に係る費用に充てることができる個人訓練勘定や連邦奨学金の1つペル給与奨学金のように，受講者を対象とする支援もある。

【資料】
　The White House, "Executive Order: Expanding Apprenticeships in America," June 15, 2017 (https://www.whitehouse.gov/the-press-office/2017/06/15/presidential-executive-order-expanding-apprenticeships-america)／労働省サイト(法律)(https://www.doleta.gov/oa/history.cfm#origina),(統計)(https://www.doleta.gov/OA/data_statistics.cfm)(いずれも2017年10月17日確認)／Inside Higher Education, "White House seeks to expand apprenticeships with a bigger role for industry," (https://www.insidehighered.com/news/2017/06/16/whi te-house-seeks-expand-apprenticeships-bigger-role-industry)(2017年6月16日)／The Chronicle of Higher Education, "Trump Signs Order to Ease Federal Restrictions on Apprenticeships," (http://www.chro nicle .com/article/Trump-Signs-Order-to-Ease/240355)(2017年6月15日)

3.2　中等後教育段階の非学位資格取得プログラムに関する調査
——American Academy of Arts and Sciencesの委託調査

　2017年7月，中等後教育段階の非学位資格取得プログラムの全容に迫ることを目的とする調査報告書が発表された。この調査は，全米最古の学術団体の1つ(American Academy of Arts and Sciences)[注1]から委託を受けて，中等後教育に関する調査研究を専門とするシンクタンク(Ithaka S+R)が行ったものである。報告書では，非学位資格取得プログラムを5種類に分類し，それぞれの分析を通じて共通した特徴を探るとともに，これらに基づく政策提言を行っている。

　今回発表された報告書(*The Complex Universe of Alternative Postsecondary Credentials and Pathways*)は，急速な変化を続ける現在の中等後教育の全容を把握し，多くの人々がアクセスでき

るようにするための政策提言を行うことを目的とする3年プロジェクトの一環として委託された調査研究の成果である。報告書では，非学位資格取得プログラムを①修了証取得プログラム，②職場訓練，③技能取得のための短期集中コース，④MOOCs及びオンライン学習プログラム修了証，⑤コンピテンシーに基づく教育プログラムの5つに分類し，それぞれについて歴史的背景やプログラム提供者，他のプログラムとの関わりや今後の見通しについて分析している。これによると，各プログラムに共通した特徴として，多くのプログラムの歴史は古いものの，急速に拡大するようになったのは2000年以降であること，伝統的な学位取得課程と比べると資格取得までの時間が短く，履修形態も柔軟で，学習内容は雇用者が求めるものにより近いものであることなどが挙げられている。さらに，質保証の仕組みが確立されていないものの，学位取得課程の中にはこれらを課程の一部として取り込もうとする動きもみられるという。

　5つの非学位資格取得プログラムの分析結果の概要は，次のとおりである。

①修了証取得プログラム（Certificate Programs）
　これは，通常，修業年限を2年未満とするもので，主に営利の2年制非学位取得課程提供機関，営利の2年制及び4年制大学，州立のコミュニティカレッジ（2年制）によって提供される。連邦政府の統計によると2013年度において連邦奨学金の受給要件を満たした中等後教育機関のうち修了証取得プログラム提供機関は4,845機関である（ただし，受給要件を満たしていない機関の中にもこうしたプログラムを提供する機関が数多くあるとみられている）。分野別に見ると，保健福祉（health care）分野の人気が高く，3分の1以上の修了証は同分野で授与される。修了証取得者の給与は分野によって多様であり，学士取得者の多い情報テクノロジー分野の場合は学士取得者の平均と同等であるが，保健福祉や美容の分野はハイスクール卒業者と変わらない。授与件数をみると2000年度の55万8,265件から2013年度には96万6,084件へと73.1％の増となっている（連邦奨学金の受給要件を満たした機関に関するデータ。同時期の増加率は学士48.7％，準学士78.2％）。

②職場訓練（Work-based Training）
　職場訓練には，職場での実地訓練と教育機関での座学を組み合わせた見習い訓練や新入社員等を対象とする職場研修が含まれる。通常，学習者（訓練生）は被雇用者として，訓練の場となる企業等に雇用される。また，入門レベルの企業研修や労働力開発プログラムでは特定の企業や職業分野に関する能力証明が授与される。こうした訓練を受ける者は，主に，伝統的な学位取得プログラムに在籍経験のない成人である。

③技能取得のための短期集中コース（Skills-based Short Courses）
　これは，①修了証取得プログラムの短期プログラムとして捉えることも可能である。2012年以降，数週間という短期間に，プログラム開発やウェブデザイン，データ分析等の知識や技術を集中的に学ぶCoding Boot Campが急速に拡大し，大きな関心を集めるようになった。2016年度のCoding Boot Camp在籍者は約1万8,000人で，このうち8割以上の者が学士以上の学位を取得している。①や②に比べると在籍者の構成は多様である。また，学位授与機関である大学やコミュニティカレッジとパートナーシップを組んで，学位取得課程の一部を構成するような事例も現れている。

④MOOCs及びオンラインプログラム受講証明（MOOCs and Online Micro-credentials）
　MOOCs（大規模公開オンライン講座）は，無償あるいは低廉な受講料で，誰でも閲覧できるイ

ンターネット上の講座として2008年[注2]に導入されて以降，2016年3月時点で，プロバイダの数は少なくとも80件に，登録者数は3,500万人にまで増大した。登録者の4人のうち3人は学士取得者である。また，登録者のうち，最後までプログラムを履修する者は6％に過ぎない。プロバイダの中には，提供プログラム（科目）を内容に基づいて1つのまとまりとして専門性を持たせ，修了者に「ナノ学位(nano degree)」を授与したり，伝統的な学位取得課程の一部となるように大学とパートナーシップを組んだりする事例もみられるようになっている。

⑤コンピテンシーに基づく教育プログラム（Competency-based Education）

これは，学位や学位以外の資格取得に結び付くプログラムのうち，弾力的な運用が可能で，学生の要望や能力に応じて個別化されたものであり，過去の学習経験を学位や資格取得要件として承認したり，学生の学習成果に応じたペースで学習を進めることを可能とする。2年制及び4年制の，営利及び非営利の私立大学及び州立大学で提供される。導入例が多い分野として，ビジネス，保健福祉，工学などが挙げられる。

報告書では，これらの分析結果に基づき，政策立案者や高等教育関係者を対象とする政策提言として，▽質保証の仕組みと連邦奨学金受給資格の確立，▽教育プログラムの提供者や資格授与者とともに学習者も対象とした包括的なデータ収集・分析システムの構築，▽教育プログラムや資格への投資と収益に関する調査研究への支援の3点を挙げている。

【注】
1．American Academy of Arts and Sciencesは1780年創設。マサチューセッツ州ケンブリッジに本部を置く。創設者の中には2代大統領のジョン・アダムズ（John Adams）や独立戦争の時期に独立を支持する有力な指導者の一人であったジェイムズ・ボーディン（James Bowdoin）が含まれる。人文学，芸術，教育，科学，工学，テクノロジー，国際問題と安全保障など多様な分野における調査研究や出版，その他の活動を通じて，政府や学術界，民間部門の意思決定を支援する助言を行っている。
2．報告書（p.33）ではマニトバ大学において2008年，無償制，開放制のオンラインコースとして公式に開始したとしている。

【資料】
Jessie Brown and Martin Kurzweil, Ithaka S+R, *The Complex Universe of Alternative Postsecondary Credentials and Pathways*, 2017／Inside of Higher Education（2017年7月27日）

3.3 Coding Boot Campに関する年次報告
——プログラミング教育に関する短期集中講座

2017年7月19日，プログラミング教育に関する短期集中講座であるCoding Boot Camp（以下「CBC」という。）に関する年次報告が，インターネット上の専門サイトで公表された。これによると，2017年のアメリカとカナダにおけるフルタイムのCBC修了者の数は推計で2.3万人となり，前年から1.5倍の増大となる見込みとなった。CBCは2012年に始まった取組であるが，急速に規模を拡大しつつある。

年次報告を発表しているCBC専門サイトCourse Report（https://www.coursereport.com/）によると，CBCは，コンピュータ言語を使ったプログラミングを短期間で集中的に指導する民間の教育プログラムであり，2012年2月，カリフォルニア州サンフランシスコに設けられたDev Bootcampを嚆

矢とする。学位取得課程ではないものの，通常州の許可を得て運営されるものであり，就職率の良さや給与の高さなどから学位取得者を含めて広く人気を集めている[注1]。また，講座によっては適格認定（accreditation）を受けているところもあるほか，大学と連携してプログラムを提供したり，学士取得課程（コンピュータ科学専攻）の授業の一部を担ったりするところも現れている。

今回で5回目となる年次報告は，アメリカ及びカナダにある全てのフルタイムのCBCを対象に行った調査に基づき，修了者数のほか，講座数[注2]や市場規模，指導で用いられるコンピュータ言語の種類，講座がある州・市町村などについて報告している。調査の対象となったのは，ウェブや携帯電話のサイト開発を目的とするコンピュータ・プログラミングに特化した40時間以上のフルタイム非学位取得課程である。これによると，2017年の修了者数は推計で2万2,949人（うち，カナダの講座修了者数は1,304人。）で，前年（1万5,077人）比52.2％の増大となった。2013年の修了者数2,178人から4年間で約10倍に拡大したことになる[注3]。

このほか報告における主な内容は，以下のとおりである。

○市場規模（講座の授業料収入合計）は推計2億6,600万ドル（約266億円）[注3]と，前年の1億9,900万ドルから33.7％増となった。
○CBCの講座数は95講座（うち，今回の調査で回答が得られたのは93講座）であった（前年は91講座）。なお，前年調査で調査対象となったCBCのうち6講座が閉鎖され，4講座は要件を満たさなくなったことから，調査対象から外された。
○CBCが設けられているのは，アメリカの40州74市とカナダ5州8市。米国内で最も多く設けられている州はカリフォルニア（36講座），次いでニューヨーク（23講座），テキサス（16講座）の順，市ではニューヨーク（22講座）が最も多かった。
○修了までの受講期間は8週間から，長い講座では104週間と多様であるが，平均すると14.1週間であった。前年（12.9週間）と比べると，約1週間長くなった。
○授業料は55％の講座が1万ドルから1万5,000ドルの間とし，1万ドル未満は28％，1万5,000ドル以上は13％であった。平均は1万1,469ドル（約115万円）であり，前年（1万1,451ドル）とほぼ同じであった。4％は就職後に給与から一定比率（18.0〜22.5％）を1〜3年かけて返還する後払い方式であった。
○指導で用いられるコンピュータ言語は，Full-Stack JavaScript（39％）で，次いでRuby on Rails（20.4％），C#/.NET（14.3％）の順であった。

【注】
1. Course Reportが2016年修了者を対象に行った調査によると，プログラム開発者としてフルタイムの職に就いた修了者の比率は73％，パートタイムを含む平均給与上昇率は64％（約2.6万ドルに相当）であった。また，学士以上の学位取得者は修了者の76.4％であった。今回の調査によると，修了者の就職に関して，講座によっては雇用者から斡旋料を徴収しているほか，提供する就職支援プログラムを通じて就職した修了者，あるいは就職することができなかった修了者に対して，払戻金（数千ドルから授業料全額まで，講座により異なる）を支払うところもある（払戻金を受け取った修了者は2017年の調査で全体の5％，払戻金額は平均で授業料44.5％）。
2. 「講座数」はCBC提供主体の数。提供主体の多くは民間の営利団体であるが，いくつかの非営利団体も含まれる。なお，1つの講座が複数の場所でCBCを提供している場合もある。
3. なお，4年制及び2年制大学の学士，準学士取得課程のコンピュータ科学専攻の2016年卒業者数はCBC修了者の2倍

以上に当たる7万9,650人であった。
4．1ドル＝100円で換算。

【資料】
　Course Report, *2017 Coding Bootcamp Market Size Study*（Jul., 19, 2017）（https://www.coursereport.com/reports/2017-coding-bootcamp-market-size-research）／Inside Higher Education（2017年8月29日）

4　初等中等教育

　連邦の初等中等教育政策の最大の柱であり，各州の教育改革にも大きな影響を及ぼしてきた初等中等教育法の2015年改正法「全ての児童・生徒が成功するための法律」に関する補助金の受給要件である初等中等教育計画をコネチカット州やデラウェア州など10州とワシントンD.C.が連邦教育省に提出した。同法や各州の政策にみられるような，学校や学区のアカウンタビリティを重視して改善努力を引き出そうとする取組は，現在の初等中等教育改革の基本的な枠組みとなっているが，一方で2017年5月にミシガン州で制定された法律のように「個に応じた学び」を促進しようとする動きも現れている。また，連邦政府は不法移民の子弟の強制退去を猶予する救済措置の中止する意向を2017年9月に発表した。こうした動きがある中，教育専門紙『Education Week』は，トランプ政権の1年間を振り返り，初等中等教育政策の進捗状況を評価した。
　このほか，2017年9月，全米教育統計センター（NCES）からホームスクーリングの実施状況に関する統計調査速報が公表された。

4.1　10州とワシントンD.C.が州初等中等教育計画を連邦教育省に提出
　　　──「全ての児童・生徒が成功するための法律（ESSA）」に基づく補助金受給条件として

　コネチカット州やデラウェア州など10州とワシントンD.C.は2017年4月初旬までに，初等中等教育法の2015年改正法である「全ての児童・生徒が成功するための法律（Every Student Succeeds Act：ESSA）」の補助金受給条件となる州の初等中等教育計画を連邦教育省に提出した。この計画提出は，旧法（「落ちこぼれを作らないための初等中等教育法（NCLB）」）からの切替えに合わせて行われたもので，計画には到達目標や目標達成までのスケジュール，低迷校に対する改善策などについての州の政策が連邦教育省が定めた書式に従って記入されている。連邦教育省による計画の募集は本年秋にも予定されている。
　初等中等教育法は州や学区に対する初等中等教育段階の財政支援事業を包括的に定めた授権法[注1]で，1965年の制定以降，数年おきに改正が繰り返されてきた。2002年に定められた前回の改正法（NCLB）は，補助金の受給要件（州の教育計画）として，2013年度までに目指すべき学力水準に全ての児童・生徒が到達することや教育成果が上がらない学校を対象とした各州共通の改善策を一律に計画の中に盛り込むこと，目指すべき学力水準の到達者の比率を目標年度まで年度別に定めた教育改革達成指標（AYP）[注2]を設定して計画に含めることなど，学力向上を目指す取組が確実に推進されるように厳格な規定がされていた。13年ぶりとなる今回の改正法（ESSA）では，こうした規定は設けられず，各州がそれぞれの裁量に基づき教育計画を策定することが可能となった。
　今回提出された各州の教育計画においては，実際，到達目標の設定の仕方や改革達成の目標年度な

どに州間の違いが現れている。例えば、コネチカット州の場合、到達目標については州内統一の学力テストにおける児童・生徒の成績の伸びを重視し、2029年度（2030年6月終了）までに成績の伸びについて定めた目標を完全に達成することを目指すとしている。デラウェア州では、2015年を基準年として、英語と数学の州内統一の学力テストにおいて州が求める学力水準に到達していない児童・生徒を2030年までに半減させるとしている。ワシントンD.C.では、期待される学力水準の到達者の比率を2038年度までに85％にまで引き上げるとしている。

連邦教育省では今回のほか、本年秋にも計画の募集を行う予定であり、ほとんどの州は秋に提出を予定している。2002年制定のNCLBの補助金支給要件が各州の教育改革の進捗にそぐわなくなってきたため、オバマ政権2期目の2011年からは連邦教育省が示す条件[注3]を満たせばNCLBで規定された要件と異なる内容の教育計画の策定も認められるようになった。今回提出された計画はこの時の焼き直しの感が強いものの、秋の募集時に計画提出を予定している多くの州が時間をかけて従来の計画を大きく変更する可能性があるという見方がある。

【注】
1. 初等中等教育法の場合、連邦教育長官に予算運用（補助金支出）の権限を会計年度を限定して認めている。
2. 教育改革達成指標（Adequate Yearly Progress：AYP）は、州が定める学力水準の到達者の比率が目標年度である2013年度終了までに100％となるよう、年度ごとに定められた到達者の比率で、全ての児童・生徒に関する比率のほか、人種や民族等のマイノリティ集団、障害を持つ児童・生徒、英語運用能力が低い児童・生徒、貧困家庭出身の児童・生徒など、下位集団別にも設定されることが求められた。初等中等教育法のTitle Iに基づく補助金を受けた学校の場合、AYP未達年数に応じてNCLBが求める改善策を講じることが必要とされた。NCLBとESSAにおける最大の違いは、AYP関連規定の有無と言われている。
3. NCLBの補助金支給要件の免除を申請するに当たり州は、免除によって得られる効果を州独自の改革目標の設定やその達成手段、タイムスケジュールなどを通じて明確にし、実行しなければならず、また、免除を受ける州は全て、①大学進学や就職につながる州の教育スタンダード、②下位15％に含まれる要改善校に対する対策、③受持ち児童・生徒の学力に基づく教員評価の指針の3つの原則を策定・導入しなければならないとされた。

【資料】
Education Week［Web版］（2017年4月17日）／Education Week blogs（2017年4月10日）

4.2 「個に応じた学び」振興策を導入する州が増大傾向

ミネソタ州では2017年5月、初等中等教育段階の包括的な財政支援法が制定され、その中で児童・生徒の特性や関心に応じて革新的な教育活動を実施することを選ばれた学区に認めることが規定された。この規定によって、選ばれた学区は州の法令の適用を免除されて、調査研究で効果が十分に実証されていないような最新の取組も実施できるようになる。同州の規定のように、児童・生徒の能力や関心に合わせて最適な水準、ペース、指導（学習）形態を考慮して提供される「個に応じた学び」（personalized learning、以下「PL」という。）を振興する州の法令や取組は2012年以降、少なくとも15州で導入されている。

PLが注目される背景には、90年代以降、連邦及び各州が公立学校の教育成果に焦点を当てたアカウンタビリティ重視の学力向上策を進める中で、教育テクノロジーの発展に伴い、個々の児童・生徒の学習履歴やテスト成績を記録し、活用することが容易になったこと、さらに近年では児童・生徒の習熟度に合わせた指導案作成やテストの出題をコンピュータが支援できるようになってきたことがあ

る。用語に関する定義は確立されていないが，個々の児童・生徒の教育的ニーズを重視し，学年ごとに設定された教育課程基準が求める学習ペースに捉われないという点については大凡の合意があるといわれ，このためコンピテンシーに基づく教育（competency-based education，以下「CBE」という。）はPLを実現するアイディアの1つと考えられている。現在，多くの教育関係者の関心を集めており，教育専門紙『Education Week』の調べでは2012年以降に限っても振興策を導入した州は15州に上るとみられている。

　ミネソタ州の新法（規定）はこうした事例の1つである。同州教育局の資料によると，新法（H.F. No.2）で定められた規定（Sec. 52　Innovative Research Zones Pilot Program）は州内の公立学校在学者が21世紀社会において最高の労働力となるように最も革新的な教育モデルを探し，実践することを目的とするもので，選ばれた学区に必要に応じて州の法令の適用を免除する。これにより，PLやCBE，探求型学習，教科の枠を超えた学習，学力差是正を目指す就学前教育などに関する教育モデルを発展させることを目指す。希望する学区が州教育局に申請し，助言委員会の審査を経て採否が決定されるが，採用されても，追加的な資金提供等は行われない。

　ネバダ州では，2017年6月，授業履修時間に代えて，予め設定された学力や能力の獲得を確認することで単位や修了証を授与するCBEの振興を目的とする法律（AB110）が制定された。同法では，CBEに関する専門家コミュニティの形成と作業委員会の設置を州教育局に求めているほか，州内の学区がハイスクールの卒業認定にCBEを活用するよう，法令の適用免除等を認めている。同州では，2015年に改正された連邦の初等中等教育法（「全ての児童・生徒が成功するための法律」）の財政援助の受給要件となっている州教育計画に関しても，PLやCBEの振興策を盛り込むことを検討している。

　このほか，ユタ州（2016年）ではPEの振興を目指してコンピュータを利用した学習や評価に関する実験的取組を行う学区を対象とする財政支援が立法化された。また，アイオワ州（2013年）ではCBEを試行する州内学区への財政支援を定めた法律が制定され，フロリダ州（2016年）では州内の一部の公立学校においてCBEに関する試行が開始された。

【資料】
　Education Week（2017年11月7日）／Minnesota Department of Education, *Innovation Research Zone Pilot Program: Background and Application Instructions*, 2017 ／iNACOL, *Nevada Enacts Significant New Legislation to Advance Competency-Based Education*, June 20, 2017

4.3　ホームスクーリングで学ぶ子供は5〜17歳児の3.3%
——全米教育統計センターの統計調査速報

　連邦教育省所管の全米教育統計センター（NCES）は，2017年9月，ホームスクーリングを含めた家庭における子供の教育への関わり方に関する調査の速報を発表した。これによると，2015年度（2015年7月〜2016年6月）にホームスクーリングで学んだ子供は初等中等教育就学年齢人口に相当する5〜17歳児全体の3.3%であった。このほか，今回の速報においては，多くの保護者は将来自分の子供が修士相当の学歴を取得すると考えていること，多くの保護者が学校集会等の活動に参加しており，これは保護者の学歴や家庭の経済状況に関係なく共通にみられる傾向であることなどが報告された。

　この調査は，2016年1月から8月にかけて行われた全米家庭教育調査事業（National Household Education Survey Program：NHES）の一環として実施されたもので，今回が5回目となる（これま

で1996年，2003年，2007年，2012年に実施）[注1]。全米50州及びワシントンD.C.から抽出された子供を持つ家庭の保護者を対象に質問紙により行われ（一部対象者にはウェブ調査を実施），1万4,075人から回答が寄せられた。このうち，子供が初等中等教育機関に在学する保護者は1万3,523人，ホームスクーリングを行っている保護者は552人であった。

これによると，2015年度にホームスクーリングで学んだ子供たちの5～17歳人口（5,320万人）に対する比率（推計値）は約3.3%であり，約170万人に相当する。居住地の特性からみると都市（3.0%）や郊外（2.9%）よりも，農村地域（4.4%）の方が実施率が高かった。また，ホームスクーリングで学ぶ子供たちの保護者は，安全や薬物，児童・生徒からの圧力など校内環境に対する憂慮（80%），道徳教育を受けさせたいという希望（67%），学校における教科指導に対する不満（61%）をホームスクーリング選択の理由として挙げた（**表1**，**表2**参照）。

表1：ホームスクーリングによる学習者数の推移[1]

	1999年	2003年	2007年	2012年	2016年
	千人	千人	千人	千人	千人
ホームスクーリング学習者[2] (a)	850	1,096	1,520	1,773	—[3]
就学年齢人口[4] (b)	50,188	50,707	51,135	51,657	51,644
比率 (a/b)	1.7%	2.2%	2.9%	3.4%	3.3%

表注1：年度表記は調査実施年。
表注2：ホームスクーリングによる学習者とは，公立学校あるいは私立学校に在学せず，自宅等を基本的な学習の場として学んでいる者で，公立学校や私立学校でのパートタイム就学時間数が週25時間を超えない者である。
表注3：2016年は，比率のみで学習者数は公表されていない。
表注4：就学年齢人口は公立学校在学者，私立学校在学者及びホームスクーリング学習者の合計。
（出典）NCES, *Digest of Education Statistics 2015*, tab.206.10, NCES, *Digest of Education Statistics 2012*, tab.40, NCES, *Parent and Family Involvement in Education: Results from the National Household Education Surveys Program of 2016* (NCES2017-102), Sep., 2017, p.18.

表2：ホームスクーリングを選んだ理由[1]

	2003年	2007年	2012年	2016年
宗教教育を受けさせたいから	72%[2]	83%[2]	64%	51%
道徳教育を受けさせたいから	72%[2]	83%[2]	77%	67%
学校の学習環境が心配だから	85%	88%	91%	80%
学校の教科指導に満足しないから	68%	73%	74%	61%
非伝統的な指導を受けさせたいから	（調査項目に含まれていない）	65%	44%	39%
子供の特別のニーズに対応するため	29%	21%	17%	20%
子供に身体的／精神的な障害があるため	16%	11%	15%	14%
子供が一時的に病気になったため	（調査項目に含まれていない）			4%
その他	20%	32%	37%	22%

表注1：年度表記は調査実施年。
表注2：これらの年度の質問は「宗教教育若しくは道徳教育を受けさせたいから」であった。
（出典）Office of Non-public Educaion (U.S. Department of Education), *Statistics About Nonpublic Education in the United States* (http://www2.ed.gov/about/offices/list/oii/nonpublic/statistics.html)（2015年8月3日閲覧）及びNCES, *Parent and Family Involvement in Education: Results from the National Household Education Surveys Program of 2016* (NCES2017-102), Sep., 2017, p.19.

今回の速報においては，ホームスクーリングに関する過去の調査との比較・分析は行われていないが，これまで実施された4回の調査（1999年，2003年，2007年，2012年）では，いずれもホームスクーリング学習者の比率が増大してきたが，今回初めて増大傾向に歯止めがかかった。ホームスクーリングの拡大に歯止めがかかった理由として，大学のホームスクーリング研究者は，70年代から90年代

にかけて公立学校選択制度や私立学校就学支援（教育バウチャー），チャータースクールなど，保護者にとって教育機会の選択肢を増やすアイディアが制度化され，定着してきたことを挙げている。また，経済的背景から共働き家庭が増え，保護者が家庭で子供を指導することが困難になってきているのではないかという指摘もある。

　ホームスクーリングに関することのほか，今回の速報で報じられた主な内容は，以下のとおりである。

○自分の子供の学歴について，修士以上の学位を取得すると考えている親が最も多く（39％），次いで学士（29％），コミュニティ・カレッジ等2年以上の中等後教育（15％）で，ハイスクールを卒業しないと考える親は1％であった（現在，標準の修業年限である4年間でハイスクールを卒業する者は83％，修士以上の学位取得者は成人の10人に1人）。
○学校で実施される活動で最も多くの保護者が参加したのは，学校集会や教員と保護者による会合など（89％）で，他のクラスの行事や学校行事への参加も多かった（79％）。これよりも少ないが，学校で設けられている委員会のメンバーとなったり（43％），募金活動への参加（59％）もみられた。
○ほとんどの子供たち（94％）は学校外で宿題を行っており，このうち86％の子供たちは自宅に宿題を行う場所を持っている。また，66％は行った宿題を確認する大人が家庭内にいる。こうした傾向は，在学する学校の種類や家庭の経済状況，保護者の学歴等に関係なく共通している。
○全ての保護者を対象に学校から配信・配布されるeメールやニューズレターを受け取っているとする保護者は89％。自分の子供のことに関するeメール等の連絡を受けたことがある保護者は62％，同様に電話での連絡を受けた保護者は42％であった。

【注】
1．全米家庭教育調査プログラム（NHES）は，家庭を対象として，およそ2～5年おきに実施される（実施年：1991年，1993年，1995年，1996年，1999年，2001年，2003年，2005年，2007年，2012年，2016年）。今回の教育への家庭の関与のほか成人教育など8つのテーマが設定されており，各テーマについて定期的に調査が行われているが，調査実施年はテーマによって異なる。

【資料】
　NCES, *Parent and Family Involvement in Education: Results from the National Household Education Surveys Program of 2016 (NCES2017-102)*, Sep., 2017／Education Week blogs（2017年9月26日，10月2日）

4.4　不法移民の子弟である若者を対象とする救済措置の中止を決定
　　──トランプ政権

　トランプ政権は，2017年9月5日，子供の頃に不法移民の親とともに入国し，米国で育った若者について，入国時に16歳未満であったことやハイスクール卒業などを証明できる場合に強制退去を猶予する救済措置を中止する方針を明らかにした。これにより，既に同措置の対象となるための登録を済ませている者は，救済措置中止の決定後，少なくとも6か月間は影響がないものの，連邦政府は新たな登録を受け付けない。トランプ政権と連邦議会は6か月以内に移民受入れに関する包括的な制度改正を行うことで合意しているが，制度が変わらなかった場合，公立学校在学者や教師を含む救済措置の適用者は従来のように救済措置の更新ができなくなる。

現在，中南米出身者を中心に1,100万人超の不法移民が米国に滞在している[注1]が，こうした不法移民は，それが明らかになった場合に本国に送還される。ただし，子供の頃に両親等とともにやって来た不法移民の若者の中には長年米国で暮らしたことで，英語以外の言語を話せないことなどから，帰国後困難を抱えることが懸念される者も少なくない。こうした不法移民の子弟についてオバマ前政権は，入国時に16歳未満であったことや，ハイスクール卒業あるいはそれと同等の資格を持っていること，若しくは大学等に在学していることなど一定の条件を満たす場合，事前に登録していれば強制退去を2年間猶予する救済措置（Deferred Action for Childhood Arrival：DACA）を2012年6月15日付けの国土安全保障省長官名の覚書（memorandum）によって導入した[注2]。「dreamer」と呼ばれる救済措置（DACA）の適用者は全米で80万人に上り，うち就学年齢人口はおよそ25万人と推計されている。また，その多くが通っているとみられる公立学校で教師として働く適用者は，中南米出身の児童・生徒を対象とするバイリンガル教育に大きな役割を果たしている[注3]。

　今回の救済措置（DACA）の中止は，国土安全保障省長官充ての2017年9月4日付け司法省長官通知にあった，現在進行中の訴訟で同措置が撤廃されるべきであることが明らかにされているので措置の実施を命じた覚書を撤回すべき，という助言に対応したものである[注4]。この決定により連邦政府は救済措置に関して新たな登録の受付を中止する一方，トランプ大統領は連邦議会が6か月以内に同様の救済措置を含む移民関連法の制定を行うのを待つことを明らかにした。これにより，既に登録済みの者の強制退去は少なくとも中止決定後6か月間は実施されないこととなったが，法律が制定されなかった場合，国土安全保障省は強制退去に向けた取組を段階的に実施していくこととなり，登録済みの者も救済措置の更新ができずに退去の対象となる。

　決定発表の数時間後，オバマ前大統領は自身のフェイスブックで「我々の精神にも，常識にも反するもの」と述べ，救済措置（DACA）の中止を強く批判した。また，「公立学校の使命は一部の子供たちだけではなく，全ての子供たちに機会をもたらすもの」（Council of Greater City Schools事務局長）というように，民間の教育団体等からも決定に対する非難が相次いだ。このほか，ホワイトハウス周辺やデンバー学区（コロラド州）など各地で今回の決定に抗議するデモが行われた。

【注】
1．連邦政府の統計によれば，不法移民の数は推計で1,143万人（2012年）。このうち6割以上の672万人がメキシコ出身であり，そのほかエルサルバドル（69万人），グアテマラ（56万人），ホンジュラス（36万人）を加えた合計（833万人）は全体の7割以上を占める（*ProQuest Statistical Abstract of the United States 2017*（2016），table 46）。
2．このほか，31歳未満であること，覚書以前に5年以上連続して米国内に居住していること，重大な犯罪歴や国の安全を脅かす行為を行っていないことが条件となる。延期措置の期限は2年間であり，それを超える場合は更新手続が必要とされる。
3．救済措置（DACA）の適用者以外を含めると，就学年齢の不法移民の子弟は数百万人に上るとみられるが，公立学校は一般に，正規の手続に基づく移民か不法移民であるかに関わらず就学年齢の子供を受け入れ，米国民と同様の無償で教育を提供している。
4．不法移民の子弟については，以前より州立大学等の授業料を他の地域住民と同様に安価に抑えることや合法的な滞在を認める法律の制定が連邦議会において模索されてきたが実現に至らなかったため，オバマ政権が強制退去の実施延期を行政措置として導入した。ただし，同措置については，オバマ政権は移民制度改正までの一時的措置と位置付けていた。こうした経緯で始まった救済措置について，司法省長官の通知では「適切な法的根拠や終了期日を欠く」ものであり，移民関連法令における結論なき回避の手立ては行政による違憲行為と指摘している。

【資料】
　U.S. Department of Homeland Security, *Frequently Asked Questions: Rescission of Deferred Action for Childhood Arrivals（DACA）*, Sep.5, 2017／Letter from Attorney General Sessions to Acting Secretary Duke on the Rescission of DACA（https://www.dhs.gov/sites/default/files/publications/17_0904_DOJ_AG-letter-DACA.pdf）／Education Week（2017年9月7日）／Education Week blogs（2017年9月5日）

4.5　トランプ政権の初等中等教育政策の進捗状況
——捗らない教育バウチャー導入

　2016年11月8日の選挙によってトランプ大統領が選出されてから1年が経過したが，選挙公約として掲げた政策の中には，TPP離脱や気候変動に関するパリ協定離脱のように実行されたものがある一方で，国内インフラの整備やオバマケアの撤廃など達成されていないものも少なくない。11月15日付の教育専門紙『Education Week』はトランプ政権の1年間を振り返り，初等中等教育分野における公約の達成状況を評価した。同紙によると教育分野における政権の方針は思惑どおりには進んでいない。

　トランプ大統領が選挙期間中に教育分野で唯一自ら公表した公約は，学校選択の支援・拡大を目的とする教育バウチャー制度の新規導入である。同制度は，児童・生徒（利用者）1人当たり年間1万2,000ドル（約120万円）[注1]を上限として，私立学校など授業料やその他の経費を必要とする学校を選択・就学する者に配分するものである。予算規模は200億ドル（約2兆円）とされているが，財源については明らかにされていない。

　トランプ大統領は，民間教育団体のトップで教育バウチャー推進論者であるディボス女史を連邦教育長官に就任させたものの，教育バウチャー制度導入に向けた推進力とはなっていない。政権として同制度の詳細を未だ明らかにしておらず，連邦議会は予算教書で提案された2.5億ドル規模の教育バウチャーと10億ドル規模の公立学校選択支援事業についても受け入れていない。加えて，2017年12月に成立した税制改正法においてはディボス長官が望んでいた教育減税に関する規定は含まれていない[注2]。

　このほかの公約の内容と現状は，次のとおりである。

○コモン・コアの廃止

　ほとんどの州が開発に参加し，導入した英語と数学に関する教育課程基準モデルであるコモン・コア（Common Core State Standards）について大統領は「最悪だ」と述べ，一掃する意向を示していた。しかしながら，現在も7割の州は自州の基準として導入しているほか，コモン・コアから撤退を表明した州の中には教育課程基準としてコモン・コアと同様の内容を定めているところもある。なお，トランプ大統領誕生前に成立した「全ての児童・生徒が成功するための法律」では連邦による州の教育課程行政への関与を禁じている。

○連邦教育省の事業規模等の縮小

　連邦教育省については，その事業を縮小し，予算を削減するとしていたが，教育長官を指名し，同省の組織体制を整えようとしている。ただし，省予算は前年比13％減という大幅削減を提案している。なお，ディボス長官は同省の規則やガイダンスを100以上見直す意向を10月に示している。

○**保育減税の拡大**

　働く女性に6週間の産休を保証すること，低所得家庭に対して所得減税による還付金を私立学校への授業料支払いにも利用できる専用口座に積み立てる制度，就学前児童を持つ家庭に対して税額控除による還付金を新規に導入する保育口座に積み立てる制度などの実現を目指していた。しかしながら，教育減税同様，共和党提案の税制改正法案の中にこうした取組は盛り込まれていない。

○**不法移民子弟の保護**

　不法移民の子弟として米国にやって来た者の強制退去を遅らせ救済する制度 (Deferred Action for Childhood Arrivals：DACA) について，同制度の撤廃を訴えていたが，2017年9月，同制度に関する新たな申請を受け付けない方針を明らかにした[注3]。連邦議会は2018年3月5日までに移民制度の改善に向けた法律の制定が求められているが，法律が制定されない場合，現在同制度に登録して2年ごとの更新で強制退去を免れている場合であっても，更新ができなくなる可能性がある。

【注】
1. 1ドル＝100円で換算。
2. ただし，現行規定では大学進学に際し，利用されている教育減税 (529 plan。積立金，利回り及び引き出し金に対する課税の免除) を初等中等教育段階にまで拡大し，私立学校就学支援に充てることは，同法の中で規定された。
3. DADCはオバマ政権が2012年6月，2010年に連邦議会で提案され，廃案となった法案に基づき，16歳前に米国内に到着した証明があること，5年連続で米国内の居住証明を持っていること，ハイスクール卒業若しくはそれと同等の資格 (GED) を有していることあるいは大学に在学していることなど，特定の条件に一致する若い不法滞在者の国外退去処分を停止するとしたもの。同制度に登録した「Dreamer」と呼ばれる移民子弟は約80万人，うち約25万人が就学年齢の子供たちであるとみられている。

【資料】
Education Week (2017年11月7日)

5　高等教育

　連邦教育省は2016年12月，遠隔高等教育プログラムに関する規則を公表し，プログラム在籍者の連邦奨学金の利用要件等を明らかにした。大学授業料の高騰や貸与奨学金の返還負担が社会問題となる中，ニューヨーク州は2017年4月，州内全ての州立大学 (SUNY，CUNY) における州内出身の学部学生の授業料を無償とする方針を発表した。6月にはミシガン州の州立大学の1つであるミシガン大学が，州内出身の学部学生の授業料を無償にすることを明らかにした。

5.1　遠隔教育に関する規則——連邦教育省

　連邦教育省は2016年12月16日，遠隔高等教育プログラム在籍者の連邦奨学金利用資格に関する規則を発表した。今回の規則は，プログラム提供機関が承認を受けた州以外に居住する学生にプログラムを提供する場合，その州の承認を得る必要があること，ただし，当該州がすでにプログラム承認に関する互恵協約の締結州である場合は，協約に基づいて利用資格を認めることなどが定められている。政権移行により同規則の効力が継続するか否かは不明であるが，すでに任意の非営利組織として運営されている遠隔教育に関する州間相互承認協約の関係団体からは今回の規則制定は歓迎されている。

　高等教育機関が提供する遠隔教育プログラムについては，2006年の法改正により制約が取り除か

れた[注1]ことを受けて，在籍する学生が急増している。連邦教育省の統計によれば，現在，遠隔教育のみで学位や資格の取得が可能な課程（遠隔教育プログラム）に在籍している者は全高等教育機関在学者の8分の1から7分の1（13～14％）に上り，このうち約4割（全体の5～6％）は自分が居住する州以外にある高等教育機関が提供する課程に在籍している（**表**参照）。さらに設置者別にみると，州立（2年制も含む。以下同）については全在学者の10分の1以下であるが，私立全体では4分の1，営利私立に限れば半数を超える学生が，こうした遠隔教育プログラムに在籍している（2014年度で53.9％）。

表：高等教育機関在学者における遠隔教育プログラム・科目履修者

	在学者合計	遠隔教育未履修者	遠隔教育プログラム及び科目履修者（表注）	遠隔教育プログラム在籍者			
					居住する州内にある機関が提供	他州の機関が提供	提供機関の所在不明
2013年度 人数 比率(%)	20,375,789 100.0	14,853,595 72.9	5,522,194 27.1	2,659,203 13.1	1,388,195 6.8	1,119,577 5.5	151,431 0.7
2014年度 人数 比率(%)	20,207,369 100.0	14,456,952 71.5	5,750,417 28.5	2,824,334 14.0	1,510,779 7.5	1,154,608 5.7	158,947 0.8

表注：原則として遠隔教育のみで学位や資格が取得可能な課程の在籍者のほか，在籍する課程において1科目でも遠隔教育による科目を履修した者が含まれる。
（出典）Digest of Education Statistics 2015, tab.311.15.

　ペル給与奨学金を含む高等教育法のTitle IVに基づく各種連邦奨学金は，学生が利用しようとする場合，高等教育機関が所在する州政府の承認を得た機関であることが前提条件となることが同法により規定されている。これに対して遠隔高等教育プログラムを提供する高等教育機関の場合，学生が居住する州の外からプログラムを提供することが可能であるものの，このようなケースにおける連邦奨学金利用資格について法令上の定めはなかった。このため，消費者保護等の観点から提供機関に関する規則の制定が求められていた。
　今回定められた規則の主な内容は，次のとおりである。

○学生が居住している州が遠隔教育プログラムを提供する高等教育機関に対してその州の承認を求めている場合，当該高等教育機関はその州の承認を得ることが必要となる。ただし，その州がメンバーとなっている相互承認協約に当該高等教育機関の所在州もメンバーとして入っている場合，その州（学生の居住する州）の承認を得たこととして認められる。
○遠隔教育プログラムを提供する高等教育機関は，苦情申し立てを行った学生に対応するため，州の手続に従って書類の提出等の対応をすることが必要となる。
○遠隔教育プログラムを提供する高等教育機関は，プログラム在籍者やプログラム在籍を希望する者に対して，広く情報公開を行う，あるいは個別の情報提供を行うことが必要となる。こうした情報の中には，高等教育機関に対して起こされた反対運動や機関の返金方針，各プログラムが州の免許や資格の取得申請要件を満たしているか否かなどが含まれる。また，プログラムの提供機関が承認されていない州に学生が転居した場合にどうなるのか，さらにその場合，連邦奨学金の受給資格を失うか否かについても，説明することが求められる。

○海外にある支部キャンパスについては，その国の適切な政府機関によって承認されていること，提供されるプログラムの半分以上が当該海外支部キャンパスにおいて完結するものである場合，適格認定団体によって認定されていること及び本部キャンパスのある州に報告されることが必要とされる。

　遠隔教育プログラムの州間相互承認については，民間団体の出資により2013年に全国組織（National Council for State Authorization Reciprocity Agreements）が創設され，すでにカリフォルニア，フロリダ，マサチューセッツを除く47州とワシントンD.C.が協約に加盟している。同組織の関係者は今回の規則について「協約に参加する1,300以上の機関が喜んでいることを確信している」とコメントした。ただし，高等教育専門紙 The Chronicle of Higher Education は2017年1月19日付けのブログにおいて，共和党主導の連邦議会が今回の規則を無効にする可能性を示唆している。

【注】
1. 高等教育機関が提供する遠隔教育プログラムについては，1992年の高等教育法改正により，履修量の50％以上を遠隔通信（telecommunication）教育で履修している場合，当該学生は連邦奨学金の受給資格を持たないこと，並びに提供されるプログラムの50％以上が遠隔通信教育による高等教育機関及び在学者の50％以上が遠隔通信教育のプログラムに在籍している高等教育機関は，在学者がペル給与奨学金をはじめとする連邦奨学金制度（貸与奨学金を含む）を利用できないこととされていたが，2006年の法改正（Deficit Reduction Act of 2005〔P.L.109-171〕, Title VIII, sec.8002）により，この制約（50％ルール）が撤廃された。

【資料】
　The Chronicle of Higher Education blog（2017年1月19日）／連邦教育省プレスリリース（2016年12月16日）

5.2　ニューヨーク州が州内の州立大学と市立大学を無償化
──4年制の州立大学については全米初

　ニューヨーク州のクオモ知事は，2017年4月7日，一定の年収以下の家庭出身者である学生について，州内にある州立大学システムと市立大学システムの学部生の授業料を無償化することで州議会と合意に達したことを明らかにした[注1]。これにより，年収12万5,000ドル以下の家庭の出身で両システム内いずれかの大学の学部在学生は，授業料が不要となる。これまで，2年制州立大学であるコミュニティカレッジの無償化は一部の州で実施されているが，4年制大学については全米最初の取組となる。

　州立大学（SUNY）システム及び市立大学（CUNY）システム[注2]の無償化措置は，昨年の大統領選でヒラリー・クリントン上院議員と党指名候補を争ったバーニー・サンダース上院議員が提唱した取組で，同議員を支持したクオモ州知事が2018会計年度（2017年4月～2018年3月）の州予算法案の中に組み込んだものである。前年比2％増となる981億ドル（約9.8兆円）に上る経常予算（州の予算全体から連邦補助金と資本的経費に関する支出を除いたもの）[注3]は，ミドルクラスの生活を支えることを重視し，所得税減税や保育減税，都市部再活性化事業をはじめとする経済成長策などが盛り込まれている。中でも教育分野に対する予算は手厚く，公立学校支援事業予算を中心に初等中等教育段階については前年比11億ドル増となる258億ドル（約2.6兆円）が計上されている[注4]。

　「エクセルシオール奨学金」（Excelsior Scholarship）と呼ばれる無償化措置は，ミドルクラス支援を謳う今回の予算の目玉施策の1つに位置付けられている。同奨学金では，州立大学システムあるいは

市立大学システムに属する4年制大学あるいは2年制大学の州内学生のうち，出身家庭の年収が12万5,000ドル（約1,250万円）以下の者を対象に年間5,500ドルを上限とする給与奨学金を支給する[注5]。上限額で授業料を賄えない場合は各大学が差額分を免除する[注6]。

奨学金を受給する学生は，フルタイムで就学し，1学期当たり12単位以上履修し，年間30単位以上を取得すること，卒業要件を満たす平均成績得点を維持することが条件であり，これにより標準の修了年限である4年間での学士取得を目指す[注7]。また，学生は無償化措置を受けたのと同じ年数を大学卒業後に州内で居住することが求められるほか，その間に就業していた場合，同じ年数を州内で働くことが必要となる。これらの条件が満たされなかった場合，同奨学金は給与からローンに切り替えられる[注8]。

導入は，2017年秋の新学年度から，年収10万ドル以下の家庭を対象に開始される。以後2019年度まで3年かけて，対象家庭の年収の上限を11万ドル（2018年度），12万5,000ドル（2019年度）へと引き上げる。最終的に奨学金の受給資格を得る家庭は，州内で大学就学年齢の子供を持つ家庭の4分の3に相当する94万世帯以上になるとみられている。

このほか，今回の予算では，州内の非営利私立大学在学者を対象とする給与奨学金も設けられた。この奨学金（Enhanced Tuition Award）は年間最大3,000ドル（約30万円）を支給するものであるが，同奨学金受給者を受け入れる私立大学はマッチングファンドとして同額を支給する（これにより，実際に学生に支給される上限額は6,000ドル）とともに，支給期間中の授業料値上げを行わないこと[注9]が求められている。導入時期や受給資格となる家庭の年収はエクセルシオール奨学金と同様である。

これまでに州立の2年制大学（コミュニティカレッジ）を無償化する制度は，テネシー州やオレゴン州など一部の州・地域において導入されているが，4年制大学を含めて州内全ての州立高等教育機関の無償化を導入したのはニューヨーク州が最初である。今回の無償化導入に関して，これを主導したクオモ知事は「世界水準にある我々の州立・市立大学（public universities）を無償にすることで，我々は高等教育へのアクセスに関する全国モデルを確立した」と先進性を強調した。SUNYやCUNYの関係者は大学進学者や学位取得者の増大につながるとして今回の導入を高く評価している。

ただし，無償化の条件とされている州内での居住や就労を，納税者たる州住民の州立大学授業料は低額に設定するという伝統的な考え方を覆すものとして憂慮する向きがある。また，同州にある私立大学関係者からは入学者の減少を危ぶむ声が上がっている。

【注】
1. 州政府機関に関する予算法案は2017年4月8日に下院で，同9日に上院で承認された。州知事主導の予算編成を行っているニューヨーク州では，州憲法（第7章4条）により，州知事が均衡予算を予算計画及び予算法案として策定し，州議会に提出する。州議会は提出された予算法案について審議，採決するが，項目の削除・追加を除き，原則修正はできない。また，州議会が承認すれば州知事の署名なしで立法化される（参考：州予算管理局サイト（https://www.budget.ny.gov/citizen/process/process.html）など。2017年5月10日閲覧）。
2. 大学システムとは意思決定機関である大学理事会及び執行機関である総長の下に複数の大学（campus）が設けられたものであり，各大学には学長が置かれている。ニューヨーク州立大学（SUNY）はニューヨーク市を除く州全域に4年制及び2年制を合わせて64キャンパス，約130万人（うち単位取得科目履修学生は約60万人）の学生を抱える全米最大規模の州立大学システムである。ニューヨーク市立大学（CUNY）はニューヨーク市内に4年制及び2年制を合わせて25キャンパス，約55万人（うち単位取得科目履修学生は約27万人）の学生を擁する大学システムである。

名称は「市立大学」(City University)であるが，財政的には州によって維持されている。
3. 連邦補助金や資本的経費含む予算総額は1,531億ドル（約1.5兆円）。1ドル＝100円で換算。
4. 高等教育予算は前年比6.3％，4億4,800万ドル増の総額75億ドル（約7,500億円）。
5. ここでいう「州内学生」の条件は無償化措置を受ける直前の12か月間，連続して同州内の住人であったことを指す。なお，支給額は当該学生が受給する連邦奨学金のペル給与奨学金や同州が実施する別の奨学金（TAP）からの受給額を差し引いた額となる。
6. 4年制大学のフルタイム学部学生の授業料（tuition）については各大学システム内で共通に設定されており，2017年前期入学の州内学生については，SUNYで年間6,470ドル，CUNYで同6,330ドルであった。2年制大学は大学によって異なり，年間4,000〜5,000ドルである。なお，4年制，2年制のいずれについても，学内サービス料や運動施設利用料などの納付金が別途求められる。
7. ただし，学生が何らかの理由で就学が困難になった場合は，科目履修を一時停止することや1学期間の履修科目数を通常より減らすことも認められている。
8. このほかの条件として，2つ目の学位取得に同奨学金を利用することは認められていない。
9. 同一年度入学者の授業料を卒業まで値上げしないこと。すなわち入学年度によって徴収される授業料が異なることになるため，同奨学金受給者を受け入れる私立大学は事務手続が煩雑になるものとみられている。

【資料】
　　NYS, "Governor Cuomo Announces First-in-the-Nation Excelsior Scholarship Program Will Provide Tuition-Free College to Middle-Class Families," (April 8, 2017) (https://www.governor.ny.gov/news/governor-cuomo-announces-first-nation-excelsior-scholarship-program-will-provide-tuition-free) ／ Inside Higher Education (2017年4月10日，4月13日) ／ The Chronicle of Higher Education blog (2017年4月12日)

5.3　ミシガン大学（州立）が授業料無償化措置を発表──導入は2018年から

　ミシガン大学は，2017年6月15日，年収6万5,000ドル以下の家庭出身の州内学部学生の授業料を，2018年より無償にすると発表した。2018年1月1日（2017年度後期）から導入され，現在在学している学部学生にも適用される。州立高等教育機関の授業料無償化については，2年制のコミュニティ・カレッジの無償化を実施する州や地域が現れており，4月にはニューヨーク州が他州に先駆けて州内にある全ての4年制州立・市立大学の授業料無償化の導入を発表していた。

　労働需要の変化により高等教育の重要性が増す中，大学授業料の高騰が社会問題となっている。州の財政支援を受け，本来であれば納税者である州民に対して安価に高等教育の機会を提供するはずの州立大学においても，州財政の逼迫や機関運営の必要から，特に旗艦大学（flagship）と呼ばれる，研究や大学院教育に重点を置いた州立大学の授業料は年間1万ドルを大きく超えるようになっており，ミシガン州の旗艦大学であるミシガン大学アナーバー校の州内学生の授業料は2017年度も1，2年生で1万4,826ドル（約150万円），3，4年生で1万6,696ドル（約170万円）が設定されている[注1]。こうした状況の中でニューヨーク州は2017年4月，州内にある全ての州立大学（SUNY）及び市立大学（CUNY）の学士課程在学者のうち出身家庭の年収が基準に満たない州内学生の授業料を，2017年秋に始まる新学年度から無償化することを明らかにした。

　今回ミシガン大学が発表した授業料無償化措置は，同日に大学理事会が承認した同大学アナーバー校の2018会計年度（2017年7月1日〜2018年6月30日）予算の一部として導入が認められたものである。ミシガン大学（University of Michigan）は，アナーバー校のほか，フリント校とディアボーン校の計3キャンパスから構成されるが，無償化措置はアナーバー校のみに関するものであり，ミシガン大学以外の18の4年制州立大学も対象ではない[注2]。今年度（2017会計年度）比5.9％（約1億1,400万ドル）

の増[注3]が見込まれる同校の2018会計年度一般財源予算20.5億ドル（約2,050億円）のうち，授業料無償化措置を含む学士課程在学者を対象とする奨学金予算は1億7,670万ドル（約180億円，一般財源予算の8.6％）であり，これは今年度比9.5％（1,530万ドル）の増となっている。

今回の無償化措置（Go Blue Guarantee）の対象となるのは，出身家庭の年収が6万5,000ドル（約650万円）以下[注4]であり，さらに銀行預金や投資，不動産，商取引などの資産が合計5万ドル未満である学士取得課程に在学する州内学生である。入学者あるいは在学者が奨学金を申請し，出身家庭の年収と資産に関する要件が満たされていれば，連邦のペル奨学金やミシガン州優秀者奨学金などの給与奨学金を授業料から差し引いた残りの金額が，大学によって自動的に補充される仕組み（last dollar program）である。なお，6万5,000ドル以上の収入がある家庭の出身者についても既存の財政支援は継続される見込みである[注5]。

研究大学として国内外で評価が高い同校[注6]の無償化措置導入に対して，授業料の負担のみを無くすものであって，書籍費や宿舎費，食費など大学生活を送るのに必要な学費全体の負担を減らすものではないので，必ずしも低所得家庭からの進学者増大には直結しないという批判がある。しかし，アナーバー校の学長は，授業料だけが学費ではないと認める一方で，4年間の無償化は6万ドルの価値に相当するものであり，その恩恵に感謝しつつ，進学や学位取得におけるギャップを埋める方策を探るべきと，今回の決定を高く評価している。

【注】
1. 1ドル＝100円で換算。大学によれば，学費以外に必要な寮費と食費の合計は年平均1万1,198ドル（約110万円），書籍費は年平均1,048ドル（約10万円）である（https://admissions.umich.edu/costs-aid/costs）。なお，州外学生の授業料は州内学生の約3倍（1，2年生で4万7,476ドル，3，4年生で5万808ドル）である。
2. ミシガン大学（University of Michigan）は3つのキャンパス（大学）から構成される州立大学システム。ミシガン州には同大学を含め21の4年制大学（州立大学システムはミシガン大学のみ）と27の2年制大学がある。ミシガン大学を構成する3キャンパスのうち，アナーバー校は「高度研究型」に分類（カーネギー高等教育分類）され（ディアボーン校とフリント校は修士授与大学），大学ランキングでもカリフォルニア大学のバークレー校やロサンゼルス校と並んで常に上位に位置付けられる州立大学屈指の4年制総合大学である。なお，同州には，ミシガン大学のほか，同大学と同様，「高度研究型」の大学として国内外で評価が高いミシガン州立大学（Michigan State University）もある。
3. 収入増の内訳は，州補助金が前年比1.9％増，連邦政府等からの研究開発費に関する間接経費収入が同5.5％増，授業料等学生納付金収入が同6.8％増となっている。
4. 6万5,000ドルは2015年のミシガン州の年収の中央値6万3,893ドルを参考に定められた。
5. 同校によれば，同校は経済的な必要性を認められた全ての州内学生に何らかの財政支援を提供する方針を持った州内唯一の州立大学であり，学士課程に在学する全州内学生のおよそ70％が何らかの財政支援を受けている。例えば，出身家庭の年収が6.5〜9.5万ドルの学生が給与奨学金に申請した場合，9割以上が認められ，平均で授業料の9割に相当する額を受給しているという。
6. 雑誌『U.S.News & World Report』誌が毎年公表している大学ランキングでは，2017年度の全米総合大学ランキングの部（National University Rankings）において，ミシガン大学アナーバー校は310大学中27位であるが，同校よりも上位の州立大学はカリフォルニア大学バークレー校（20位），同ロサンゼルス校，バージニア大学（いずれも24位）の3大学のみである（https://www.usnews.com/best-colleges/best-colleges/rankings/national-universities）。また，ハーバード大学やイエール大学など，東部の名門私立8大学から構成されるアイビーリーグに準えて，優れた州立大学を8〜30大学ほど列挙したPublic IVYというリストが複数の作成者によって作られているが，同校は，カリフォルニア大学バークレー校やバージニア大学とともに，常にリストの中に含まれている。

【資料】
The Chronicle of Higher Education, "Will Michigan's Free-Tuition Guarantee Change the Game for Low-Income

Students?," June 16, 2017 (http://www.chronicle.com/article/Will-Michigan-s-Free-Tuition/240385?cid= wcontentlist_hp_latest) (2017年6月19日閲覧) ／ Inside Higher Education, "Free Tuition for Low-Income Families at Michigan," June 16, 2017 (https://www.insidehighered.com/quicktakes/2017/06/16/free-tuition-low-income-families-michigan) (2017年6月19日閲覧) ／ Michigan News, "U-M unveils tuition guarantee for Michigan students with need," June 15, 2017 (http://ns.umich.edu/new/releases/24912-u-m-unveils-tuition- guarantee-for-michigan-students-with-need) (2017年6月19日閲覧) ／ University of Michigan, Go Blue Guarantee (http://goblueguarantee.umich.edu/) (2017年6月19日閲覧) ／ Office of Financial Aid (University of Michigan), "The U-M Go Blue Guarantee: Eligibility & Conditions" (http://finaid.umich.edu/go-blue-guarantee-eligibility/) (2017年6月19日閲覧) ／ Office of the Provost (University of Michigan), Table 1 The University of Michigan - Ann Arbor, General Fund Budget, Fiscal Year 2017-18 in *Budget Presentation to the Board of Regents*, June 15, 2017 (http://provost.umich.edu/budgeting/Table1-2018.pdf) (2017年6月26日閲覧)

6 教　師

6.1　テスト成績による教師の評価に変化の兆し

　ケンタッキー州では，2017年3月22日，初等中等教育における包括的な制度改革のための法律が制定され，この中で州内統一の学力テストの成績を重要な評価基準としてきた州の教師の評価制度から，今後は州の枠組みを守りつつも，学区がテスト成績の伸びを判断基準として用いることなく，独自の方法で実施できることが定められた。また，アーカンソー州でも教師の評価制度から州内統一の学力テストの成績を判断基準の1つとする要件が外された。これらのように，2016年以降，いくつかの州で教師の評価から児童・生徒のテスト成績を判断材料とする要件を廃止したり，評価における比重を減らそうとしたりする州が現れている。

　1990年代から続く学力向上を目標とする教育改革において各州は，教育課程基準とその習得状況を判断する州内統一の学力テストによって各学校の教育成果を明らかにすることで改善努力を引き出すアカウンタビリティ重視の政策を実施してきた。こうした中で2009年以降，児童・生徒の学力における教師の指導力の影響が注目を集めるようになると，州は教師の評価の有り方を見直し，従来は校長がほぼ単独で行ってきた評価に，州内統一の学力テストの成績など児童・生徒の学力水準を示す客観的データを加えて，総合的な評価を行うようになった[注1]。このため，教師の評価にこうした客観的なデータを用いていた州は2009年時点で15州であったが，2015年には42州とワシントンD.C.にまで増大した[注2]。

　ところが，2015年12月，教育改革の振興を目的とする連邦法「全ての児童・生徒が成功するための法律（Every Student Succeeds Act）」が制定され，補助金の受給要件として連邦政府から求められてきた様々な要件が州の裁量に委ねられることとなった。これにより，オバマ前政権の要請等に基づいて州内統一の学力テストの成績を評価基準に取り込む方向にあった各州の教師の評価制度に変化がみられるようになってきた。教師の評価制度は伝統的に，州が定めた枠組みや基準から外れないように各学区が実際に適用される制度を定めているが，学区に評価基準として州内統一の学力テストの成績の導入を求めることを止めたり，評価の比重を減らしたりする州が現れるようになったのである。

　ケンタッキー州とアーカンソー州のほか，2017年10月までに，アラスカ，カンザス，ノースカロライナ及びオクラホマの4州が教師の評価の判断基準から州内統一の学力テストの成績を外し，何を判断基準とするかは学区の裁量に委ねることを州法で定めた。また，コネチカット，ネバダ，ユタの

各州では，児童・生徒の学力を評価基準とするものの，学力テストの成績を用いることを禁じたり，評価における比重を減らしたりする州法が成立した。このほか，フロリダ州では評価の3分の1を児童・生徒の学力に関するデータとするものの，学力の伸びを測定する方法を州内統一的なものから，各学区の裁量で決定できるとする法改正を行った。ワイオミング州では児童・生徒の学力水準が校長の評価基準とされてきたが，法改正によりこの要件は廃止された[注3]。

こうした変化に対して，州の教育政策に詳しい専門家は，児童・生徒の学力の伸び（student growth, value-added）に基づく「厳格な教師の評価から後退する兆候」と指摘している。また，2018年に予定されている中間選挙では児童・生徒の学力を教師の評価の基準として用いることに否定的な教師団体が支持する民主党出身の州知事や州議会議員が数多く誕生するとみられており，こうした後退現象は一層進むという見方もされている。

【注】
1. 教師の指導力に対して注目が集まるきっかけの1つは，都市部や貧困地域における公立学校教師の指導力向上を目指す非営利団体（TNTP，旧称：The New Teacher Project）が2009年6月に発表した報告書（The Widget Effect）において，教師の評価が厳格でない（「満足」「不満」の2択で評価した場合に99％の教師が「満足」と評価される）ことが調査によって明らかにされたことにあるという。さらに教師や校長の学力向上に向けた手腕を引き上げる仕組みが審査材料に組み込まれたオバマ政権による教育改革に向けた競争的資金「頂点を目指す競争」は，2009年末に公募が開始され，2010年に18州とワシントンD.C.に資金が提供された。加えて，2011年9月には，連邦政府が「落ちこぼれを作らないための初等中等教育法（No Child Left Behind act）」に基づく補助金支出条件等の免除を認め，免除を認める条件の1つとして児童・生徒の学力に基づく教師の評価が求められた。8割以上の州はこの免除を受けていた。
2. 児童・生徒の学力を教師の評価の判断基準として用いていた州のうち，「優勢な」基準として用いていた州は2009年に4州であったのに対して，2015年には17州にまで増大した。
3. アリゾナ州やメイン州，ニューメキシコ州でも児童・生徒の学力を教師の評価の判断基準から外したり，評価における比重を減らしたりする法案が提出されたが，成立には至らなかった。ただし，最も厳格な教師の評価を実施しているといわれるニューメキシコ州では児童・生徒の学力水準が教師の評価に占める割合を州教育長の裁量により50％から35％に減じた。

【資料】
　Education Week（2017年11月28日）／ECS, *2017 State Policy Review: School and District Leadership*, Oct. 2017

イギリス

1 概　観 ……………………………50
2 教育政策・行財政 ……………51
3 初等中等教育 …………………56
4 高等教育 ………………………63
5 教　師 …………………………68

1　概　観

　2016年7月に就任したテリーザ・メイ首相は，2017年6月8日，急遽解散・総選挙を実施した。次回の総選挙は，2011年議会任期固定法に基づき，前回から5年後となる2020年の実施予定であったが，メイ首相は議会の3分の2以上の賛成を得た場合，解散権を行使して選挙を前倒しできるとする規定に基づき，EU離脱の強硬派と慎重派に二分されている議会をまとめ直す意図から，解散・総選挙に踏み切った。総選挙では単独過半数の議席を獲得することができなかったため，民主統一党の閣外協力を得て，2017年6月11日に第2次メイ内閣を組閣し，ジャスティン・グリーニング氏を第1次メイ内閣から継続して教育大臣に任命した。さらに，2018年1月の内閣改造により，グリーニング氏に代えて，前労働・年金担当大臣のダミアン・ヒンズ氏を新教育大臣に任命した。

　第1次メイ内閣下の2017年3月，2017年度の予算案が発表された。2017年現在，イギリスは高い経済成長率を維持しているが，2019年3月に予定されているEU離脱に向けて歩みを進めており，2017年度の予算については経済的な安定が第一に考慮されたものとなった。また，若者支援や新設校への援助，教育政策等に力点を置く方針も予算案に反映された。2017年12月，当時教育大臣であったジャスティン・グリーニング氏は，出自や境遇に関わらず，全ての若者に対して確実に教育機会を与える方針を表明した。2018年1月に就任したヒンズ新大臣も前大臣の教育政策を継承し，援助を必要とする子供の支援を計画するなど，弱者支援や若者支援に力点を置いた教育政策を推進している。

　初等中等教育に関しては，2017年8月，中等教育修了一般資格（GCSE）及びGCE-Aレベル資格試験の結果が公表された。GCSEでは試験の難易度を上げるため，2017年から2019年にかけて段階的に新しい評価方式が導入されることとなっており，今回も一部変更が行われた。また教育省は，恵まれない子供を対象に，国内で最高の教育を提供する寄宿学校への入学を支援する計画を立ち上げ，独立学校との連携も図られることとなった。就学前教育に関しては2017年9月より，3〜4歳児が受けられるイングランドの無償教育の時間が，条件付きで拡大されることとなった。

　高等教育に関しては，Times Higher Educationのランキング発表において1位がオックスフォード大学，2位がケンブリッジ大学となり，同ランキング調査において初めてイギリスの大学が1位と2位を独占した。2017年8月には世界で最も歴史のある出版局であるケンブリッジ大学出版局が，海外で初めて中国政府による言論統制を受けたと報道された。翌2018年2月には，ヒンズ教育大臣が，学士課程の専攻別大学授業料の導入を示唆した。しかしイングランドの学部学生への意識調査では，専攻ごとに大学授業料を多様化する案に，調査対象者の6割以上が反対していることが分かった。

　教師については，理数系科目の担当を中心に人材不足の問題が続いている。その対応策の一環として，2018年1月，ニック・ギブ学校水準大臣は，第一線で活躍する経験豊富な専門職従事者を教師にする取組に，政府が公財政で支援することを明らかにした。また同年3月には教育省が，退役軍人を教師として再教育するための奨学金制度を支給する計画を発表した。さらにヒンズ教育大臣が教師の業務軽減策を打ち出すなど，様々な取組が導入された。

2 教育政策・行財政

　第1次メイ内閣下の2017年3月，財務省により2017年度の予算案が発表され，予算総額は，前年度比3.9％増であった。2017年現在，イギリスは高い経済成長率を維持しているが，EU離脱に向けて歩みを進めており，今年度の予算については経済的な安定が第一に考慮されている。政府は，公共財政を福祉に還元し，更なる発展に着手する予定であると発表した。また若者支援や新設校への援助，教育政策等にも力点を置く方針が予算案に反映されている。2017年12月，グリーニング教育大臣（当時）は，「才能開花・潜在力発揮計画」等を発表し，出自や境遇に関わらず，全ての若者に対して確実に教育機会を与える方針を表明している。社会の流動性を促進することによってより多くの雇用を創出し，収益力を高めることによって国の生産性を上げようとする戦略である。2018年1月には内閣改造が実施され，グリーニング氏に代わって，ダミアン・ヒンズ氏が教育大臣に任命された。後任のヒンズ新大臣もグリーニング前大臣の教育政策を継承し，弱者支援や若者支援に力点を置いた教育政策を推進している。

2.1　教育を通した社会の流動促進を政府が計画

　2017年12月14日，ジャスティン・グリーニング（Justine Greening）教育大臣は今後の実施計画について演説を行い，どのコミュニティも取り残しのないよう，全ての若者に対して確実に教育機会を与えるという「才能開花・潜在力発揮」計画を明らかにした[注1]。政府は社会の流動性を促進するため，より多くの雇用を創出し，収益力を高めることによって国の生産性を上げようとする産業戦略を打ち出している。今回の教育大臣が表明した計画は，このような政府の活動の一環として位置付けられる[注2]。

　演説の中で，教育大臣は，これまでの政府の改革によって教育水準が上がり，より多くのチャンスが子供たちに開かれたことに言及した。2017年現在，学校監査で「優」か「良」の評価を受けた学校[注3]に在籍する児童・生徒が2010年に比して190万人以上増加しており，また恵まれない生徒が大学進学を果たす機会も増えているという。さらに，イギリスの9歳児の読解力はアメリカ，カナダ，オーストラリアの同年齢児に比してはるかに優れていることも明らかになった。しかしグリーニング大臣によると，居住地域を問わず，全ての子供たちに平等な機会を提供するための取組が，全て十分に進められている状況ではないという。

　そこで今回，同氏は全ての若者に確実に教育機会を与えるため，「才能開花・潜在力発揮」計画によって，最も支援を必要とする関係各所に8億ポンド（約1,104億円）[注4]の政府資金を投入し，子供間の格差を是正するための措置を取ることとしている。同計画の目標を同氏は，改善を諦め，見放されていると感じている地域を重点的に支援することに据えている。子供間の格差是正措置の骨子は，次のとおりである。

〇初等教育の初期の段階で子供間の言語習得や読み書き能力のギャップを埋める。
〇教育水準を向上させ，地域間格差及び家庭の経済格差による教育のギャップを埋める。
〇16歳以降の生徒の教育機会に対する地域間格差及び家庭の経済格差をなくす。
〇家庭の経済格差にかかわらず，全ての若者が確実にキャリア形成の機会を得られるようにする。

グリーニング氏は同計画に取り組むに当たり、次のように発言した。「現代のイギリスでは、どこで生まれ、どこに住んでいるか、またどこの学校に行き、どこで働くかが、人生を歩む方向性に直接影響を与える。多くの才能が国内の至るところに存在しているが、問題はそれを生かす機会がないという点である。私たちには制度改正が必要だが、そのためには政府、雇用主、教育専門家、市民社会、全ての人々の協働が肝要となる。協働を通して社会の流動化が機能することになる」。

【注】
1. 2018年1月10日の内閣改造により、教育大臣がジャスティン・グリーニング氏からダミアン・ヒンズ氏に交代したが、本計画における基本方針は新教育大臣に受け継がれている。詳細については本稿の「内閣改造で教育大臣が交代」を参照。
2. 最近の調査では、英語圏の全ての恵まれない生徒から、ロンドンの全ての恵まれない生徒と同様の成果が得られた場合、現在の金額ベースにして約200億ポンド（約2兆7,600億円）の経済的利益がもたらされると試算されている。
3. OfSTEDによる学校監査の結果は4段階で表され、grade 1が優（outstanding）、grade 2が良（good）、grade 3が可（requires improvement）、grade 4が不可（inadequate）となっている。
4. 1ポンド＝138円で換算。

【資料】
GOV.UK *Plan to boost social mobility through education*. 14.12.2017（https://www.gov.uk/government/news/plan-to-boost-social-mobility-through-education）／Department for Education *Unlocking Talent, Fulfilling Potential – A plan for improving social mobility through education* December 2017

2.2　内閣改造で教育大臣が交代

2018年1月10日、メイ首相は内閣改造を実施し、ジャスティン・グリーニング（Justine Greening）教育大臣に代わって、前労働・年金担当大臣であった保守党下院議員ダミアン・ヒンズ（Damian Hinds）氏を新教育大臣に任命した[注1]。同氏は最長で2022年まで教育大臣を務めることとなる。

昨年の2017年6月の総選挙により第2次メイ内閣が発足したが、今回の内閣改造の狙いは、それ以降後退しつつあった党勢を再び拡大し、ブレグジッド（EU離脱）交渉を含む重要政策課題を乗り切る新たな体制を構築することにある。ただし、財務大臣や内務・外務両大臣、EU離脱大臣といった主要閣僚は留任し、内閣改造による閣僚の顔ぶれの刷新は限定的なものに留まった。

ヒンズ新大臣は、1969年11月27日、ロンドンに生まれ、グラマースクール（現在出身校はアカデミーになっている）を経てオックスフォード大学を卒業した。トリニティカレッジに所属し、在学中はPPE（政治・哲学・経済）を専攻した。また、歴代の著名な政治家を多く輩出した討論クラブ、オックスフォード・ユニオン・ソサエティの会長を務めた。18年間、国内外のパブ、醸造所、ホテルにて働いた経験を持つ。2005年にストレットフォード・アームストン選挙区から初出馬して落選するも、2010年よりイースト・ハンプシャー選出の国会議員を現在まで3期連続で務めている。2016年7月から2018年1月までは労働・年金担当大臣を務めた。

ヒンズ新大臣は2018年1月18日に声明を出し、成績の振るわない学校を支援し、最も支援が必要とされる地域の子供たちへの教育機会を増やすことで教育水準を向上させることを方策の中心とすると発表した。これは、どの地域も取り残されないよう教育支援を行うという目標を掲げ、特に支援を必要とする脆弱な地域を選定して取組を強化してきた前教育大臣グリーニング氏の意志を、概ね引き継いだ形になっている。なお声明の中で、特に脆弱な地域に対する政府の支援として、具体的に以下

の措置が提示された。

○学術財団に4,500万ポンド以上（約62億1,000万円）[注2]を投資することによって，成績不振の学校を支援する。
○学校支援を促進するため2,500万ポンド（約34億5,000万円）を投入している75のプロジェクトによって，児童生徒の読み書き能力と数値処理能力を伸ばす。
○要開発地区（Opportunity Area）として6地区を選定し，教育向上計画を広く公表する。イギリスの全ての子供たちに世界水準の教育を受けさせ，学校監査で「優」や「良」の成績を得た学校をサポートするとともに[注3]，支援が必要な恵まれない地域にも焦点を当て，未来に相応しいイギリスの構築を目指す。

【注】
1．前教育大臣のグリーニング氏はメイ首相から新たに労働・年金大臣のポスト就任への打診を受けたが，これを固辞し，キャメロン内閣以来続いていた内閣閣僚の座から退く結果となった。それは同氏が教育大臣を続投し，引き続き教育改革に従事していくことを希望していたためである。ただし，同氏は，今後も政治家として教育改革に従事する意向を示している。
2．1ポンド＝138円で換算。
3．OfSTEDによる学校監査の結果は4段階で表され，grade 1が優（outstanding），grade 2が良（good），grade 3が可（requires improvement），grade 4が不可（inadequate）となっている。

【資料】
GOV.UK *Damian Hinds appointed Secretary of State for Education* 12.1.2018（https://www.gov.uk/government/news/damian-hinds-appointed-secretary-of-state-for-education）／GOV.UK *Drive to raise education standards in areas most in need* 23.1.2018（https://www.gov.uk/government/news/drive-to-raise-education-standards-in-areas-most-in-need）／UK Parliament, *MPs, Lords & offices, Damian Hinds MP* 12.1.2018（https://www.parliament.uk/biographies/commons/damian-hinds/3969）

2.3　援助を必要とする子供の支援計画を教育省が発表

2018年3月16日，ヒンズ教育大臣は，普通学校で教育を受けるに当たり困難があり，代替支援を必要としている子供を対象にしたオルタナティブ教育を改善し，彼らの成績向上につなげる計画を発表した。教育省は今回対象となっているオルタナティブ教育について，「学校からの排除や疾病その他の理由により，普通学校で教育を受けることが困難な子供に対して地方当局がアレンジする教育，あるいは停学になった子供や，学校の監督の下，更生を目的として校外の環境で学ぶ子供のために，学校がアレンジする教育のこと」としている。

政府による教育改革や教師の努力によって既に教育水準は上昇しているものの，ヒンズ教育大臣は学校に対して，一部の成績優秀者のみならず，全ての子供たちの発展に力点を置くよう呼び掛けている。それでも依然として非常に多くの子供たちの教育状況の改善が遅れており，保護者の悩みの種となっているという。特に，普通学校で教育を受けることが困難で，特別指導施設（Pupils Referral Units：PRU）などでオルタナティブ教育を受けている子供たちは，GCSEの成績や16歳以上の教育，雇用，訓練においても良い成果を望みにくいという分析がなされている。また，過去の調査研究では，学校から締め出された子供は犯罪に走る傾向が示されている。

今回発表された計画では，政府がこのような不平等に取り組み，特別支援教育（Special Needs Education：SEN）を必要としていたり，障害や疾病などにより保護やケアを必要とする子供など，通常学校で学ぶことが困難な状況にある全ての子供が直面する問題に焦点を当てる方針が示された。
　同計画では，具体的に以下の4点が提案されている。

○教育省の閣外大臣である子供・青年・家庭大臣を2012年から2017年まで務めたエドワード・ティンプソン（Edward Timpson）氏に委託して，学校から排除される可能性の高い子供に焦点を当て，学校によってどの程度，またどのように排除行為がなされているのか，その差異について調査を開始する。
○援助を必要とするそれぞれの子供のニーズに合わせ，質の高いティーチングと教育を確実に提供できるよう，政府がオルタナティブ教育の在り方をどのように変容させていくか筋道を立てる。
○子供の教育に対する親やケアラー（Carers）[注1]の関与を促すとともに，普通学校や特別支援を必要とする学校で子供を支援するプロジェクトを試行・開発するため，400万ポンド（約5億5,200万円）[注2]のオルタナティブ教育イノベーション基金を立ち上げる。本投資により，オルタナティブ教育をきっかけに，16歳以上を対象とした訓練や継続教育へ移行する際の援助も含め，全ての若者が人生において次のステップを踏み出せるよう支援を実施する。
○ケア（介護）を含む特別な援助や保護を必要とする子供たちの成績を向上させるためのエビデンスとして，学校の指導者やソーシャルワーカー，その他の専門家から最良の実践例を収集する。

【注】
1．若年者，疾病者，高齢者を世話する者。
2．1ポンド＝138円で換算。

【資料】
　GOV.UK *New action to improve outcomes for children with additional needs* 2018年3月16日（https://www.gov.uk/government/news/new-action-to-improve-outcomes-for-children-with-additional-needs）

2.4　2017年春における政府予算案の発表――前年比で3.9％増

　2017年3月8日，財務省により2017年度（2017年4月～2018年3月）の予算案が発表された。予算総額は，昨年度の7,720億ポンド（約108兆円）から300億ポンド増額され，前年度比3.9％増の8,020億ポンド（約112兆2,800億円）[注1]となっている（予算は国と地方の合計額）（**表**参照）。現在イギリスは高い経済成長率を維持しているが，EU離脱に向けて歩みを進めており，今年度の予算については経済的な安定が第一に考慮されている。また公共財政を福祉に還元し，更なる発展に着手する予定であると政府は発表している。産業戦略を立て，生産性向上を目指すと同時に，若者支援や新設校への援助，教育政策等にも力点を置いて予算が組み立てられている。

表：2017年度政府予算分野別割合　　　　　　　　（単位：10億ポンド）

予算総額	社会保障	医療	運輸	教育	国防	産業農業雇用	住宅環境	治安	国債利子	その他
802	277	149	37	102	48	23	36	34	46	50

　予算責任局（The Office of the Budget Responsibility；OBR）によると，2017年の経済成長率の見

通しを，昨年11月時点の1.4％から2.0％に上方修正する形となった。EU離脱の条件交渉の中で景気は減退すると予測し，来年度から2020年までの経済成長率については下方修正し，GDPの見通しもそれぞれ2018年は1.6％，2019年は1.7％，そして2020年は1.9％に下方修正した。EU離脱前という状況であるものの，2017年については経済状況が良好であり，これを反映して今年度の予算案の総額は前年度比で3.9％増となっている。なお，前年に比して割合の増減が大きく変化した項目は特になく，全体予算に占める教育費の割合についても，昨年度と同様13％に留まっている（図参照）。

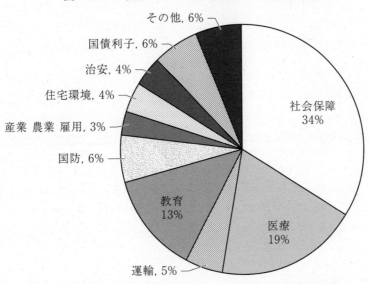

図：2017年度における予算演説時の分野別歳出割合

図注：分野別予算であり，教育には教育省以外の教育予算を含む。「社会保障」には「社会的保護（social rotection）」と「対人社会サービス（personal social service）」を含む。「その他」は文化，スポーツ，メディア，レクリエーションなどを含む。

政府が提示している，教育を含む予算案全体の特徴として，具体的に次のような事柄が挙げられる。まず，英国における平均的な労働者世帯出身の若者を対象に，将来的により高収入かつ熟練技術の必要な職に就けるよう，教育支援を行う。次に社会保障に関して，十分な追加融資を伴った社会的ケアシステムを助成し，加齢に伴って必要となるケアを国民が安心して受けられるようにする。そして，最新技術革新に投資し，イギリスの世界的な技術革命の中心的地位を維持・確保することも重要課題として挙げられている。さらに，「優」レベルの学校（outstanding school）及び「良」レベルの学校（good school）へより多くの子供を通わせることも特徴として挙げられる[注2]。

2017年度の予算案に関して，フィリップ・ハモンド財務相は2017年3月に議会において予算演説を行い，具体的な教育政策として次の5点に言及した。

1. 16歳から19歳までの継続教育を受ける生徒のため，専門技能教育への投資を5億ポンド（約700億円）以上に引き上げる[注3]。
2. 学術研究のための人材育成のポストを新たに増やすため，3億ポンド（約420億円）の投資を行う。これには1,000人分の博士課程の新規ポストに加えて生物化学，生物工学，量子技術，宇宙工学といった分野の世界的な研究者を受け入れるためのプログラムも含まれている。

3．2018年から，パートタイムの学位プログラム及び博士課程に入学する学生を対象にし，1人当たり上限2万5,000ポンド（約350万円）のローンを設置する。
4．新たに開校する110のフリースクールと既存の学校に5億3,600万ポンド（約750億4,000万円）の予算を付ける[注4]。
5．無料給食の受給者，あるいは保護者の所得税の税額控除が最大となっている11歳から16歳までの経済的に恵まれない家庭の子供を対象に，条件が整えば最寄りの選抜制の選抜制学校へ，無償で転校することを許可する。

予算に関して，全国民に有効な経済を築いていくことが政府の方針であり，特に健康やソーシャルケアをサポートするサービスに力点を置いているようである。教育費の予算額に関しては昨年度に続き，本年度も1,020億ポンドとなっているが，現メイ政権はフリースクールや進学校であるグラマースクールへ多くの予算を割いており，大多数の一般生徒を対象とする教育については優先的ではないと批判の声も出ている。

【注】
1．1ポンド＝140円で換算。
2．学校監査を実施している教育水準局（the Office for Standards in Education, Children's Services and Skills：OfSTED）の，各校に対する評価は上から outstanding（優），good（良），require improvements（要改善），inadequate（不十分）となっている。
3．16～19歳の技術系専門学生を対象に，2019年秋から新「Tレベル」試験を導入する。生徒は建設業，デジタル，農業など15のコースから選択する。また訓練の時間が従来より50％以上増加し，全生徒が就業体験を行うことになる。
4．3億2,000万ポンドを110の新しいフリースクール及びグラマースクールに，また2億1,600万ポンドを既存の学校維持に費やす予定である。なお，フリースクールとは国の基金によって助成されている学校であるが，設置は親や慈善団体，コミュニティや宗教団体によるものである。

【資料】
　HM Treasury, *Spring Budget 2017* 2017年3月8日／GOV.UK, *Spring Budget 2017: 21 things you need to know* 2017年6月21日（https://www.gov.uk/government/news/spring-budget-2017-21-things-you-need-to-know）／INDEPENDENT, *Budget 2017: £320m for new free schools 'fails to address majority needs'* 2017年3月8日

3　初等中等教育

　2017年8月，中等教育修了一般資格（GCSE）及びGCE-Aレベル資格試験の結果が例年通り公表された。2017年8月に公表されたGCSEの試験から，新しい評価方式が一部の科目で導入された。今回新たな評価方式が導入された背景の1つに，イギリス教育省（DfE）が試験問題を作成する資格授与機関に対し，設問の難易度を上げるよう求めてきたことがある。2017年度のイングランドのGCSE試験では，3科目で新評価方式が導入されたが，2018年には20科目，そして2019年には他のほとんどの開設科目の評価が新しい段階評価方式に移行する予定である。また2017年9月1日から，イングランドで3～4歳児が受けられる無償の就学前教育が，条件付きで週15時間から30時間に拡大した。イングランドでは，従来3～4歳児に加えて，経済的に困難な状況にある家庭の2歳児にも教育が無償で提供されているが，今回の措置により就学前教育の無償化サービスがさらに拡充された。2017年12

月には，教育省が恵まれない子供を対象に，国内で最高の教育を提供する寄宿学校への入学を支援する計画を立ち上げた。

3.1 イングランドで3〜4歳児の無償教育が週15時間から30時間に拡大

イングランドでは従来全ての3〜4歳児と，一部の経済的に困難な状況にある家庭の2歳児を対象に，年間で38週間，週当たり15時間の就学前教育が無償で提供されていたが，2017年9月1日より，仕事を持つ保護者を対象に，3〜4歳児[注1]に対する無償教育の時間が週15時間から30時間に延長されることとなった[注2]。学校種や設置形態を問わず，全ての教育機関が対象となる[注3]。

義務教育は5歳から始まるが，これまで3〜4歳児を対象とする就学前教育は，週15時間，年間570時間を上限として無償で受けられることとなっていた[注4]。この上限が2017年9月より週30時間となり，年間の時間数も570時間から1,140時間に拡大した。無償の条件としては，保護者が①就労していること，あるいは育児休業中，病気療養中，年次休暇中であること，及び②収入額の基準として，国が定める最低賃金あるいは最低生活賃金の収入を得ていること[注5]が定められている。本人でなくとも配偶者が就労している場合や，本人が重度障害手当(Severe Disablement Allowance)，就労不能給付(Incapacity Benefit)，介護者手当(Care's Allowance)，雇用及び生活支援手当(Employment and Support Allowance：ESA)のいずれかを受給している場合には適用の対象となる。

ただし，自営業者や1年以内にビジネスを立ち上げた保護者については，②の条件を満たしていても，適用の対象とならない。また，普段子供と同居していない場合や，子供が里子(your foster child)であるケース[注6]，自分若しくは配偶者に10万ポンド(約1,400万円)以上の所得がある場合も，週30時間の無償教育は適用されない。

今回の変更により，30時間の無償教育該当者として登録された家庭にとっては，1世帯当たり年間約5,000ポンド(約70万円)の負担が軽減されることになる。30時間の無償教育延長の恩恵を受ける世帯は，約39万世帯に上るとみられている。政府は，教育省が所管する就学前教育・保育のために60億ポンドに上る投資を行っており，そこには2020年までに政府が実施する年間10億ポンドの給付金制度の投資分も含まれている。1996年から開始された就学前教育無償化に関する施策は，現政権においても依然重要視されている(**表**参照)。

表：就学前教育の無償化に関する取組の推移

実施年	政 策 事 項
1996	4歳児を対象とする就学前教育のバウチャー制度を開始[1]
1998	4歳児を対象として週に12.5時間，33週間の教育無償化を開始
2004	4歳児から3歳児へ無償化の対象を拡大
2006	3〜4歳児の無償教育の時間を33週間から38週間に延長
2009	3〜4歳児の無償期間を2歳児の一部の最貧困層に対象拡大 (2歳児の無償時間は週に10〜15時間)
2010	無償期間を週に3〜5日，15時間へ変更
2012	無償期間を週に2〜5日，15時間へ変更
2013	「2歳児の一部」から2歳児の貧困層下位20％に無償の対象を拡大
2014	2歳児の貧困層下位20％から下位40％に無償の対象を拡大
2015	3〜4歳児を対象に，児童特別補助(Pupil Premium)を開始[2]
2017	38週間・15時間の条件から30時間(該当世帯)へ無償化サービスを延長

表注1：義務教育就学前の4歳児を対象に，試験的に実施した制度。1996年4月に導入されたが，1997年5月の総選挙により政権に就いた労働党が廃止を決定。1999年6月に廃止。
表注2：無料学校給食の対象児童の人数に応じて補助金を支給し，各学校が学力などの格差是正のための独自事業に取り組む。

【注】
1. 3～4歳児が対象の場合，3歳の誕生日を迎えた後の4月1日，9月1日，翌1月1日のタイミングで当該児に対する無償の就学前教育が適用される。
2. 本記事では，イングランドで適用されている施策を扱っており，ウェールズ，スコットランド，北アイルランドではそれぞれ異なる施策が適用されている。例えば，ウェールズでは「フライングスタート」と呼ばれる幼児プログラムがある。ウェールズの貧困地区に住む全2～3歳児を対象とし，1日2.5時間，週に5日，年間39週を上限に保育支援を行っている。また，スコットランドでは現在2～4歳児を対象に，政府が年間600時間の無償保育を実施している。その他，政府とは別に地方自治体でも別の無償教育を提供している。
3. 該当するのは，誕生から5歳までの乳幼児基礎段階について政府が規定したガイドライン（Early years foundation stage：EYFS）へ，遵守が義務付けられている全学校及びOfSTED（教育水準局）に登録されている教育機関。公立・私立，慈善団体立といった設置形態も問わず，全て無償化の対象となっている。学校種としては，チャイルドマインダー（childminder：自宅等で小規模な保育を提供），プレスクール（preschools：通学準備を目的としており，ナショナルカリキュラムに準拠。通常3歳以下及び5歳以上は受入れ不可），ナーサリー（nurseries：いわゆる保育所，デイケアを提供），レセプションクラス（school reception classes：初等学校に併設される就学1年前の幼児を対象とする学級）などが挙げられる。
4. イングランドでは3～4歳児のほか，2歳児が就学前教育を無償で受けられる場合もある。無償となる家庭は，例えば▽低所得者向けの所得補助，▽所得基準による求職者手当，▽所得関連の雇用及び生活支援手当，▽所得補助，所得を基準とした求職者手当，雇用及び生活支援手当；就労税額控除，児童税額控除，住宅補給付といった給付や手当，控除を1つにまとめた「ユニバーサルクレジット」と呼ばれる補助を受けていること等が条件となっている。
5. 週16時間以上労働していることが条件。25歳以上で週収120ポンド（約1万6,560円，1ポンド＝138円で換算）。毎年4月に国定の最低賃金が更新される。2017年は，以下のとおりである。

年齢	25歳以上	21～24歳	18～20歳	18歳未満	見習い訓練
時給	£7.5	£7.05	£5.6	£4.05	£3.5

6. 法律上家族となる養子縁組とは異なり，里子は将来的に家族復帰を目指し一時的・代替的に血縁関係や法的つながりのない家庭で養育されている場合が多い。

【資料】
GOV.UK Help paying for childcare, 2017年11月21日／GOV.UK 30 hours free childcare launches, 2017年11月21日

3.2 イングランドのGCSE（中等教育修了一般資格）試験に新たな評価方式を導入

2017年8月24日に公表された中等教育修了一般資格（GCSE）試験の結果において，新しい評価方式が導入された。従来の方式では，科目ごとに試験とコースワークによって評価され，成績は高い順にA*（Aスター），A，B，Cと続き，Gまでのアルファベットによる8段階評価であったが，今回導入された評価方式では，成績の高い順に上から9～1の数字による9段階評価となった。これは，GCSE試験を管理しているイングランドを管轄する行政機関，資格・試験監査機関（The Office of Qualifications and Examinations Regulation：Ofqual）[注1]に対し，イギリス政府がGCSEの改善を指示していたもので，2017年度のイングランドのGCSE試験では，英語・英文学・数学の3科目でこの新たな評価方式が導入された。新方式と旧方式の指標は単純比較はできないものの，概ねAが7，Cが4，Gが1に相当する（図参照）。

イギリスでは課程修了者に学校が卒業証書を出すという仕組みはなく，一般に生徒は各教育段階の最後にそのレベルに応じた外部資格試験を受験し，それぞれの科目の資格を取得するシステムを採っている。GCSEは，通常，第10，11学年（15，16歳）の2年間履修し，フルタイム義務教育が終了するキーステージ4の終わり（16歳，第11学年）に受験する科目別試験の成績に基づいて授与される資格である。2017年6月実施のGCSEの受験者数をみると，義務教育終了時の16歳で受験する者が大半

を占めている（**表**参照）。GCSEには50程度の科目別試験が設けられており、各試験を受けて資格を取得する。第10，11学年は前述のように全国共通カリキュラムのキーステージ4に当たることから、生徒は、英語、数学及び理科の3科目を基本として、外国語、数学、地理、生物、科学、ビジネス、情報、音楽等々を履修する。この中から通常8〜10科目、多い場合には12〜13科目受験する。

今回新たな評価方式が導入された背景の1つに、試験問題を作成する資格授与機関（Exam Board）[注2]に対し、イギリス教育省（DfE）が、設問の難易度を上げるよう求めてきたことがある。このためGCSEの基礎となっているナショナル・カリキュラムの再検討に伴い、2011年より順を追って評価・水準面での見直しが行われてきた。今回の新評価方式による試験科目のカリキュラムは、2015年度から開始されたものである。2017年度に新方式の下で実施された試験の問題は、資格授与機関が従来の試験問題に比して質を維持しつつ、難易度を引き上げた。

2018年には20科目が、さらに2019年には他のほとんどの開設科目の評価が新しい9段階評価方式に移行する予定である。Ofqualによると、2020年までにイングランドにおける全てのGCSEが新評価方式で採点されることになる。一方、ウェールズおよび北アイルランドでは、今後新評価システムを導入していく可能性もあるが、2017年は旧来の評価方式の採用を継続している。また、北アイルランドでは、イングランドの新評価における5に相当するC*（Cスター）を2019年から導入する予定である。

図：GCSE資格試験の新・旧評価比較表

旧評価	A*	A	B	C	D	E	F	G	U
新評価（2017〜）	9	8　7　6	5　4	3	2	1			U

↑合格ライン

評価高 →　評価低

図注：評定U（＝Unclassified）は不合格を表す。

表：イギリス（イングランド）における2017年度GCSE受験者の内訳

	全体	15歳以下	16歳	17歳以上
英語・英文学・数学（新評価方式）のGCSE受験者数（千人）	1,741	38	1,580	123
上記以外の科目（従来の評価方式）のGCSE受験者数（千人）	3,231	78	2,920	233

【注】
1. Ofqualはイギリス政府から独立した行政機関である。中等教育までの教育資格、職業関連資格及び職業資格について、2011年よりOfqualがGCSEをはじめとするイングランドにおける教育資格の基準や信頼性について監査している。それ以前は当時の資格・カリキュラム総局（Qualifications and Curriculum Authority：QCA）が一括管理していた。
2. 資格授与機関の代表的なものに、AQA、Edexcel、OCRなどがある。Ofqualがこれらの資格授与機関の管理を行っている。

【資料】
JCQ Results 2017 GCSE、GOV.UK *Guide to GCSE results for England, 2017*、2017年8月25日／BBC *GCSE results: How the new grading system works*、2017年8月23日

3.3　2017年GCSE（中等教育修了一般資格）試験の結果公表

　2017年8月24日，「中等教育修了一般資格試験」（GCSE）の結果が公表された。イギリスの公共放送局であるBBCは，昨年度の結果公表時には近年で一番の「記録的低下」と報じたが，本年度は中間層以上の成績分布をみると，昨年度から更に成績が低下する結果となっている。なお，成績上位層については微増し，下位層の割合に大差はなかった。

　イギリスの生徒は基本的に，義務教育や後期中等教育の終了時にそのレベルに応じた外部資格試験を受験し，各科目の資格を取得する。GCSEは，通常第10～11学年で履修した教科を，義務教育が終了する16歳（第11学年）で受験する科目別試験である。GCSEは一般教育科目を中心とするが，エンジニアリングやホスピタリティといった応用系科目も含まれている。従来のシステムでは，GCSEの成績は高い順にA*～Gまでのアルファベットによる8段階評価であったが，2017年度からは科目ごとにGCSEのコース内容が修正され，評価方法も9～1の9段階評価へと，数年かけて順次変更されることが決まっている。

　教育資格や職業資格の主要団体組織であるJCQ[注1]によると，今回は英語，英文学，数学の3科目が9段階で評価され，同3科目の受験者数は174万8,361人，合格率は98.3％であった（**表1**参照）。また従来のA*～Gの8段階方式で評価された残りの科目は，総受験者数が369万4,711人，合格率は98.5％であった。また，A*及びAの成績を収めた割合は21.3％と，2016年より0.8ポイント上がったものの，A*からCの上位4段階の成績の割合は1.5ポイント下がって65.4％となった（**表2**参照）。

表1：GCSE資格試験（英語，英文学，数学）の9段階評価成績別分布（2017年）　　　（単位：％）

延べ受験者数	評　定	9	8	7	6	5	4	3	2	1	U
1,748,361人	成績別分布	2.9	5.6	8.8	14.0	18.7	18.3	16.4	8.9	4.7	1.6
	各成績累積	2.9	8.5	17.3	31.3	50.0	68.3	84.7	93.6	98.3	99.9

表注：小数点以下の算出処理上，各成績の累計が100.0になっていない。評定U（＝unclassified）は不合格。

表2：GCSE資格試験受験者の英語，英文学，数学以外の平均成績別分布（2017年）　　　（単位：％）

延べ受験者数	評　定	A*	A	B	C	D	E	F	G	U
3,694,711人 (5,240,796人)	成績別分布	7.1 (6.5)	14.2 (14.0)	20.6 (21.4)	23.5 (25.0)	16.8 (16.9)	9.3 (8.3)	4.7 (4.2)	2.3 (2.1)	1.5 (1.6)
	各成績累積	7.1 (6.5)	21.3 (20.5)	41.9 (41.9)	65.4 (66.9)	82.2 (83.8)	91.5 (92.1)	96.2 (96.3)	98.5 (98.4)	100.0 (100.0)

表注：イングランド，ウェールズ及び北アイルランドの値。スコットランドは別制度。（　）内は2016年の値。評定U（＝unclassified）は不合格。上記はFull Courseの値。このほか，Short Courseなどもある。

【注】
1. JCQ（Joint Council for Qualifications）は，GCSE，Aレベル試験，Scottish Highersのほか，職業系の国家資格を授与する7つの国内最大の団体（AQA, CCEA, City & Guilds, OCR, Pearson, SQA, WJEC）を代表する組織である。

【資料】
　JCQ *GCSE (Full Course) Results Summer 2017*, 2017年8月24日／GOV.UK *GCSE results day*, 2017年8月24日

3.4　2017年GCE・Aレベル資格試験の結果公表

　2017年8月17日，大学入学の基本的な資格である「GCE・Aレベル資格試験」（以下「Aレベル試験」という）の2017年の結果が公表された。本年度の結果は，昨年度と比して成績上位層の割合は微増し，

中間層以下は大差がなかった。Ａレベル試験を管理する資格・試験規制機関（Ofqual）は，カリキュラム改訂の過渡期にある同試験の成績について，中短期的にみて大きな変動はないとしている。

後期中等教育に当たる２年間のシックスフォーム（17～18歳，第12～13学年）の修了段階では，試験機関が提供するＡレベル試験を通じて科目別に修了資格を取得するのが一般的であり，受験者は通常，大学で志望する専攻に関連する３科目程度を取得する[注1]。Ａレベル試験で扱われる試験科目は，数え方により100科目以上あるが[注2]，全てのシックスフォームが全ての教科目を提供しているわけではなく，学校により受験できる科目は異なる。下表は，Ａレベル試験の受験者の成績別分布及び各成績の累積結果である。

表：GCE・Ａレベル資格試験受験者の全科目の平均成績分布（2017年） （単位：%）

延べ受験者数	評定	A*	A	B	C	D	E	U
828,355人 (836,705人)	成績別分布	8.3 (8.1)	18.1 (17.8)	26.8 (27.0)	24.3 (24.7)	14.5 (14.6)	5.9 (5.9)	2.1 (1.9)
	各成績累積	8.3 (8.1)	26.4 (25.9)	53.2 (52.9)	77.5 (77.6)	92.0 (92.2)	97.9 (98.1)	100.0 (100.0)

表注：イングランド，ウェールズ及び北アイルランドの値。スコットランドは別制度。（ ）は2016年の値。合格は最高A*からEの6段階。U（＝unclassified）は不合格。

2017年におけるＡレベル試験の延べ総受験者数は82万8,355人，合格率は，前年2016年より0.2ポイントが下がって97.9%であった。試験の成績は，合格判定である6段階のうち，最高のA*（Aスター）が2016年より0.2ポイント上がって8.3%，A*及び次のAの割合が26.4%で，2016年より0.5ポイント上がった。さらにA*～Bの上位3レベルの合計の割合は，53.2%となり，こちらも2015年より0.3ポイント上がっている。前年度からの変化は限定的であるが，成績上位者の割合はいずれも微増する結果となった。

なお，2015年からのカリキュラム改訂に伴い，今年度以降，Ａレベル試験を含む各種資格取得試験の問題は，新たなカリキュラムに準拠して，試験科目ごとに水準を引き上げる方向で見直される予定となっている。2017年に改訂版のＡレベル試験が実施された科目は，アート・デザイン，生物，ビジネス，化学，コンピュータ科学，経済，英語（English language），英文学（English literature），英語・文学（English language and literature），歴史，物理，心理学，社会学であった。資格・試験規制機関（Ofqual）は，この過渡期にあって，18歳の生徒による改訂版の成績は，昨年度の同科目の成績と比して若干低いものの，改訂版，旧来版共に変動は少ないものであったと述べている。また直近の数年を概観しても，Ａレベル試験のスコアに大きな変動はみられないとしている。

【注】
1. 義務教育終了時点（16歳，第11学年）で通常生徒はGCSE（中等教育修了一般資格）試験を受験し，大学進学希望者は通常，シックスフォーム修了時（18歳，第13学年）にＡレベル（Advanced level）試験を受験する。また1年目修了時点（17歳，第12学年）にはASレベル（Advanced Subsidiary level）試験も実施されている。現在ASレベル試験の結果は，大学側が受験者に求めるＡレベル試験の結果とは異なり，直接的に大学受験に影響を与えることはない。しかし，ASレベル試験結果はシックスフォーム1年修了時での自己評価や，1年後に受験するＡレベル試験の結果予測に役立ち，受験する大学の選定時の判断材料になる。
2. Ａレベル試験を実施している資格授与団体は全国で5つある。開設科目数は団体により異なり，科目数も数え方により異なる。例えば，英語にはEnglish Language, English Language and Literature, 数学にはMathematicsやFurther Mathematicsなどがある。

【資料】
　JCQ *Results 2017 GCE A-Level*, *A-level results remain stable*, 2016年8月18日／GOV.UK *A level results day*, 2017年8月17日／GOV.UK *Get the facts: AS and A level reform*, 2017年3月31日

3.5　恵まれない子供を対象としたトップレベルの寄宿学校への入学支援を政府が強化

　2017年12月24日，教育省は恵まれない子供を対象に，国内で最高の教育を提供する寄宿学校への入学を支援すべく，新たなサービスを立ち上げた。「独立学校パートナーシップ情報サービス」と呼ばれるこのサービスは，独立学校協会（the Boarding Schools' Association）と協力し，福祉施設で養護の対象となりそうな，恵まれない状況にある子供が奨学金や支援金を受給し，国内有数の優れた寄宿学校に入れるよう援助を行う取組である。支援体制を構築するため，教育当局と子供の慈善団体も連携させる。

　経済的に恵まれない子供とより経済的に恵まれた家庭の子供の成績を比較した場合，2017年のデータでは2011年に比して初等学校修了時（11歳）の試験で10％以上，中等学校修了時（16歳）のGCSE試験で7％，点数差は縮小している。しかし，福祉施設で養護されてきた者やその必要があるような者を含む，恵まれない子供たちの成績は依然として芳しくなく，政府は，生い立ちに関わらず全ての子供たちが自身の可能性を発揮できるよう努めている。この援助の中には，キャメロン政権下に貧困対策として立ち上げられたPupil Premium（学校特別配当予算）を通して，公立校を対象に総額25億ポンド（約3,450億円）[注1]近くを支援する基金の一部も含まれている。また，2017年12月14日には，政府は子供間の格差是正を目指し，全若年者を対象に教育支援を行う「才能開花・潜在力発揮」計画も発表している[注2]。

　今回，政府が立ち上げた「独立学校パートナーシップ情報サービス」は，一連の取組をより推し進めるために，恵まれない子供の成績向上には寄宿学校の環境が良いという調査結果に基づき，実施されることとなったものである。現在，慈善団体や寄宿学校からの協力で，既に1,000人の恵まれない子供が寄宿学校で学べるよう財政支援を受けているが，今回立ち上がったサービス支援計画は，さらに多くの子供に寄宿学校での教育機会を与える狙いがある。同サービスにより，教育当局の担当者は，▽支援対象となる子供たちに寄宿学校の空席があるかどうか，▽空席の提供機会に対する妥当性を評価する材料となる情報や専門知識，▽提供経験のある地方自治体，▽提供経験のある慈善団体や学校からの助言や支援，等について情報を入手することができる。

　新しい支援が立ち上がり，学校制度を担当する教育省政務次官のアニュー卿は，以下のように述べている。「以前に福祉施設で養護されていた，あるいは養護の必要がある子供たちは，しばしば人生全体を通して永続的な影響を与えるような，克服することが難しい困難な経験をしている。今回の支援が全ての子供にとって適したものであるとは限らないが，トップレベルの寄宿学校で施されるパストラル・ケア[注3]や教育支援が大きな利益となる若者もいる。実に多くの組織が我々に協力し，子供たちが自身の生まれ育った背景に関わらず人生最高のスタートを切り，潜在能力を最大限に発揮できる機会を今以上に生み出せるよう支援の手を差し伸べてくれることは喜ばしいことである」。

【注】
1．1ポンド＝138円で換算。

2. 才能開花・潜在力発揮計画は出自や出身地域に関わらず，全ての若者に確実に教育機会を与えることを目的として発足した。詳細については本稿の「教育を通した社会の流動促進を政府が計画」を参照。
3. パストラル・ケアとは，学術面，身体面，精神面，宗教面（スピリチュアルな側面）を含めた生徒に対する多角的なケアサポートを指す。パスター（pastor：牧師／羊飼いの意）が信者／羊を親身になってケアする意味の宗教用語が語源となっている。

【資料】
GOV.UK *More help for vulnerable children to attend top boarding schools* 2017年12月24日（https://www.gov.uk/government/news/more-help-for-vulnerable-children-to-attend-top-boarding-schools）／The Telegraph *Children linked to care system to get boarding school chance* 2017年12月24日（http://www.telegraph.co.uk/news/2017/12/24/children-linked-care-system-get-boarding-school-chance/）／Boarding Schools Pertnerships *How It Work*（https://www.boardingschoolpartnerships.org.uk/how-it-works）（最終閲覧日2018年1月30日）

4 高等教育

　QS及びTHEの2つの世界ランキングが，それぞれ2017年6月及び9月に公表され，THEのランキングでは調査史上初めて1位（オックスフォード大学），2位（ケンブリッジ大学）をイギリスの大学が独占した。2017年8月には，ケンブリッジ大学出版局（CUP）に対し，特定の論文への中国からのアクセスを遮断するよう中国政府から要請があり，CUPは当初要請に応じていたが後に撤回した。2017年3月，将来的な国内の医師不足の状況に対応するため，イングランドにおける医学教育の研修受入れ枠を拡大する計画が明らかにされた。ヒンズ新教育大臣は，2018年2月，学士課程の専攻別大学授業料の導入を示唆したが，イングランドの学部学生への意識調査では，専攻ごとに大学授業料を多様化する案に，調査対象者の6割以上が反対していることが明らかになった。

4.1 イングランドにおいて医学教育の研修受入れ枠拡大を計画

　保健省（Department of Health）は，国内で養成する医師を25％増大することを計画する中で，2017年3月14日，イングランドにおける学部生に対する医学教育の研修機会拡大を検討していることを明らかにした。これは，政府が打ち出した医師養成強化の方針を受けたもので，「国民保険サービス（National Health Service）」（以下「NHS」という。）[注1]の創設以来，最も大規模な研修規模の拡大となる見込みである[注2]。世界的な人口増加が深刻化し，世界保健機関（World Health Organization：WHO）が2030年までに世界で230万人の医師の不足を予測する中，イギリス国内でもその対策が検討されていた。今回の取組は，既存の医療サービスの質や水準を維持するため，将来的な国内の医師不足の状況にNHSが対応していく必要性を，イギリス政府が具体的に示したものである。

　イギリス政府は従来，多大な投資を行っている医学教育に見合う成果として，将来NHSで働く優秀な医療人材を確実に維持するため，各大学における学生の受入れ人数を統制してきた。実際，イングランドでは，医師の研修にかかる費用が1人当たり約23万ポンド（約3,174万円）[注3]に上る。こうした高額な研修費を要する医学部生の規模に関して，保健省がイングランド保健機関（Health Education England：HEE）のアドバイスを受け，教育省（DfE）とイングランド高等教育財政審議会（The Higher Education Funding Council for England：HEFCE）の合意の下，各大学における必要受入れ人数を決定している。

今回の発表によると，現在イングランドの大学では毎年6,000人強の医学部定員が確保されているが（**資料2**参照），2018年9月以降更に1,500人の枠が増設されることになる。2018～2019年に，まず約500人の新たな枠が，HEFCEによる資金援助が可能な大学に配分され，残る約1,000人の枠は翌2019～2020年に大学間での競争入札となる。なお1,000人の入札枠における配置に関しては，HEFCE及びHEEが共同で，どの大学に研修の場を配置するかについて検討する。

このほか，2017年3月14日にイギリス政府から発表された内容によると，医師研修への投資収益も新たな計画に含まれることが明らかとなった。すなわち，NHSで診療を行うことになっている新人医師が，規定の研修期間が終了する前にNHSを離職した場合，NHSから受けた投資額の一部を支払わなくてはならないというものである。これに類似するシステムが，既にイギリスの軍隊において導入されているが，医師養成を目的に，NHSにも同様のコースを導入すべきかどうか，国民からの意見を6月2日まで聴取する。

厚生大臣であるジェレミー・ハント氏は，「NHSがこれまで同様，今後も有能な医師による世界一安全なヘルスケア・システムであり続けて欲しい」と期待している。また，国内で医師養成を増やし，少なくとも規定された期間，医師がNHSにおいて患者の診察を行うことによって，NHSへの納税者の投資は確実に還元されるとしている。それにも関わらず「あまりに長い間NHSの代診医や海外からの優秀な医師に頼りすぎていたことにより，イングランドで将来医師になるべき人材が，養成枠不足によって医学部からはじき出されてしまっている」と現況の医師養成制度への懸念を示し，今回の計画の必要性を強調した[注4]。

【注】

1. 国民保健サービス (National Health Service) は，イギリス政府が世界に先駆けて1948年に運営を開始した国民皆保健サービス及びこれを統括する政府機関。NHSは国民の税収を主な財源とする公費で賄われており，全国民及び6か月以上イギリスに滞在する外国人は，NHSにおいて原則無料でサービスを受けられる（歯科，眼科及び処方薬を除く）。
2. イギリスの大学における医学部課程は4～6年である。医学部のシラバスは大学によって異なるが，5年間のうち前半が講義中心，後半が実習中心のカリキュラムとなっている。イギリスでは，医師免許自体は5年間の医学部課程を修了することで取得できるが，その後数年研修を受け，研修終了後の試験に合格することで，単独での医療行為が行えるようになる。医学部への入学は難関であり，2017年の入試では，8,000弱の入学枠に対して受験者数は約2万人であった。イギリス政府は，医学部の競争率の高さについても懸念を示している。
3. 1ポンド＝138円で換算。研修費用は保健省の報告書による。

表：医学教育に対する基金内訳の概略（1人当たり23万ポンド）

研修の場を提供している医療機関への助成金	49%（11万1,000ポンド）
生活費・授業料のローン	28%（6万4,300ポンド）
生活費・授業料の奨学金	5%（1万2,000ポンド）
メディカルスクールの助成金	18%（4万ポンド）
合　計	100%（23万ポンド）

4. 2017年現在，NHS所属の約25%の医師が外国籍である。

【資料】

Expansion of Undergraduate Medical Education: A consultation on how to maximise the benefits from the increases in medical student numbers, Department of Health, March 2017／GOV.UK *More undergraduate medical education places* (https://www.gov.uk/government/news/more-undergraduate-medical-education-places) 2017年3月14日

4.2 2018年版世界大学ランキングの公表――QS及びTHEによる調査結果

　高等教育評価機関であるクアクアレリ・シモンズ社（Quacquarelli Symonds Limited：QS）は2017年6月，2018年の世界大学ランキングを発表した。またTES Global社は同年9月，タイムズ高等教育誌（Times Higher Education：THE）において，2018年版世界の大学ランキングを発表した。双方のランキングとも，10位までは1校を除いて全てアメリカあるいはイギリスの大学が並んでいる。

　QSのランキングでは，世界84か国の大学から上位980校のランキングが発表された。同ランキングにおいて，10位に入ったスイスのチューリヒ連邦工科大学（Swiss Federal Institute of Technology Zurich：ETH Zurich）以外は，トップ層が全て英米の大学で占められている（**表1**参照）。またトップ100に入っている日本の大学は上位順に，東京大学28位（前年34位），京都大学36位（前年37位），東京工業大学56位（前年同），大阪大学63位（前年同），東北大学77位（前年75位）である。100位以内の5大学の顔ぶれは前年と変わらない。

　一方，今回のTHEによるランキングでは，世界77か国の大学のうち上位1,000大学を発表している。トップ10は，QSのランキングと同様にスイスのチューリヒ連邦工科大学が10位にランキングされている以外は，全てアメリカあるいはイギリスの大学によって占められている（**表1**参照）。トップ100校にランクインした日本の大学は，46位の東京大学（前年39位），74位の京都大学の2校（前年91位）のみであった。

表1：QS及びTHEランキングトップ10校及び日本の大学（2018年版）

	QS〈クアクアレリ・シモンズ社〉		THE〈タイムズ高等教育誌〉
1	マサチューセッツ工科大学（1）米	1	オックスフォード大学（1）英
2	スタンフォード大学（2）米	2	ケンブリッジ大学（4）英
3	ハーバード大学（3）米	3	カリフォルニア工科大学（2）米
=3	カリフォルニア工科大学（5）米	=3	スタンフォード大学（3）米
5	ケンブリッジ大学（4）英	5	マサチューセッツ工科大学（5）米
6	オックスフォード大学（6）英	6	ハーバード大学（6）米
7	ユニバーシティカレッジ・ロンドン（7）英	7	プリンストン大学（7）米
8	インペリアルカレッジ・ロンドン（9）英	8	インペリアルカレッジ・ロンドン（8）英
9	シカゴ大学（10）米	9	シカゴ大学（=10）米
10	スイス連邦工科大学チューリッヒ校（8）瑞	10	スイス連邦工科大学チューリッヒ校（11）瑞
		=10	ペンシルベニア大学（13）米
28	東京大学（34）	46	東京大学（39）
36	京都大学（37）	74	京都大学（91）
56	東京工業大学（56）		
63	大阪大学（63）		
77	東北大学（75）		

表注1：（　）は前年の順位。

　2つの大学ランキングを決定づける指標とスコア配分は前年調査と同様，以下の**表2**のようになっている。QSランキングでは，6つの評価項目のスコアを個々に算出し，それらの合計を総合得点として順位付けを行っている。またTHEランキングでは，5領域13項目に基づいてデータ収集を行い，総合力を評価・分析した上で順位付けを行っている。

　なお，現在両ランキングとも概ね英米の大学のみで占められているが，オックスフォード大学副総長のリチャードソン教授（Professor Louise Richardson）は，イギリスのEU離脱（Brexit）がイギリスの主要大学の占めている国際的なポジションにもたらすリスクについて強調し，現在の高いランキングを楽観視できないと懸念を示している。

表2：2018年版の指標とスコア配分割合の比較

QS〈クアクアレリ・シモンズ社〉	THE〈タイムズ高等教育誌〉
研究者評価(40%) 7万人以上の研究者からの回答に基づいて作成。自己の所属する機関への投票は不可。	教育(30%) ・研究者による教育評価 15% ・博士号授与教員比 6% ・教員・学生比 4.5% ・博士号・学士号比 2.25% ・機関収入教員規模比 2.25%
雇用者評価(10%) 4万人以上の雇用者からの回答に基づいて作成。	研究(30%) ・研究者による研究評価 18% ・研究収入教員規模比 6% ・教員当たり論文数 6%
教員・学生比(20%) 国際的に統一した算定基準に基づくものではないが，小規模クラス，優れた個別的指導環境を提供すると捉える。	産業界からの研究収入(2.5%)
論文引用(20%) 教員当たり被引用数に基づいて作成。	論文引用(30%) 論文当たり被引用数に基づいて作成。
外国人教員比(5%)	国際化率(7.5%) ・外国人教員比率 2.5% ・留学生比率 2.5% ・国際共著論文比率 2.5%
留学生比(5%)	

【資料】
　Times Higher Education, *World University Rankings 2018* No.2,322.／Top Universities Rankings, *QS Top Universities*, (https://www.topuniversities.com/university-rankings-articles/world-university-rankings/out-now-qs-world-university-rankings-2018) (2017年10月7日)／*World University Rankings Methodology*, (https://www.topuniversities.com/qs-world-university-rankings/methodology) (2017年10月7日)／*World University Rankings 2018 methodology* (https://www.timeshighereducation.com/world-university-rankings/methodology-world-university-rankings-2018) (2017年10月8日)／*World University Rankings 2018: results announced* (https://www.timeshighereducation.com/news/world-university-rankings-2018-results-announced) (2017年10月9日)

4.3　ケンブリッジ大学出版局，中国政府の検閲要請受入れを撤回

　2017年8月21日，イギリスのケンブリッジ大学出版局（Cambridge University Press：CUP）[注1]は，中国政府の要請を受けて行っていた一部の論文への，中国からのアクセスを遮断する措置を撤回した。撤回3日前の8月18日，中国政府の要請に従って，CUPが中国研究関連の学術誌である「チャイナ・クォータリー（The China Quarterly）」に掲載された論文等315点への中国からのアクセスを遮断する措置を取っていたことが明らかとなった。

　中国政府からCUPに遮断要請があったのは，天安門事件に関する資料を中心に，チベット関係の民族問題，台湾問題など1960年代から現在までの資料である。これらのトピックに関連する資料は中国政府にとってセンシティブな内容を含んでおり，従来中国国内からアクセスが制限されているが，CUPへの要請によって，中国政府の言論統制が初めて海外に及ぶ形となった。中国政府の検閲が海外に波及した例は過去になく，世界最古の出版社として確固たる地位を築いてきたCUPの遮断措置には，世界中の学術関係者から非難と落胆の声が寄せられていた。2017年8月22日付の「BBC NEWS JAPAN」は，世界各地の学術関係者がCUPの対応に抗議する署名を公表し，「自分たちが好む文脈に合わない内容を検閲」する中国政府が，「検閲を輸出」しようとしていると報じた。

　CUPは非難や抗議を受けた後，中国国内からのアクセス遮断措置を撤回し，21日に声明を出した。その中で中国政府からの要請に応じ，「チャイナ・クォータリー」に掲載された315点に対する中国国

内からのアクセスを遮断したのは，大多数のCUPの学術論文に中国からアクセスできるようにするために取られた一時的な措置であり，やむを得ない決断であったと主張している。ケンブリッジ大学は，大学出版局による今回の措置を振り返り，「学術研究の自由」がケンブリッジ大学の最優先の原理原則であることに基づき，文献の遮断を早急に復旧させたと発表した。

しかし今回の事態は，中国政府によるアクセス遮断を要請する対英措置を回避しつつ，中国市場を確保しようとするCUP側の意図が働いた結果であるという見方もある。実際に，現在CUPの出版物が中国で売り上げを伸ばしているという事実が，遮断措置の背景の1つにあったとみるメディアもある。

【注】
1．ケンブリッジ大学出版局（CUP）はケンブリッジ大学の一部として知を世間に広めるミッションを担っており，学術研究や専門技能の向上，あるいは学校レベルの教育や英語学習といった内容を網羅する世界で最も歴史のある出版局である。5万タイトル以上の査読済み出版リストを有し，今日の国際出版市場を牽引する役割を負っている（CUPウェブサイト（http://www.cambridge.org/）2017年10月31日参照）。

【資料】
BBC NEWS, *Cambridge University Press reverses China censorship move*, 2017年8月21日／BBC NEWS JAPAN,「英ケンブリッジ大出版局，中国の検閲対応を中止」2017年8月22日／CUP, *Cambridge University Press statement regarding content in The China Quarterly*, 2017年8月18日／CUP, *The China Quarterly follow-up statement*, 2017年8月21日

4.4　専攻別大学授業料の導入案に学生の反対意見が多数

高等教育に関する民間のシンクタンクは，2018年2月22日，政府が導入を検討している授業料の多様化案（専攻別に授業料に差をつける案）に関する，現役の学部学生を対象とした意識調査の結果を公表した。これによると，学部段階における授業料は専攻に関係なく全て一律にすべきであるという，政府の導入案に反対する意見が6割強であったのに対し，一律にすべきでないという賛成意見は3割強に留まった。

イギリスでは従来大学進学率が低く，学生に対する授業料負担は求められてこなかったが，1998年に初めて大学授業料が有償となり，家庭の所得に応じて年間最高で1,000ポンド（約21万8,000円）[注1]の授業料の上限が設定された。2006年度には大学が上限3,000ポンドの授業料を自由に設定できるようになり，2012年にはその額が最高で9,000ポンドとなった。さらに2017年度からは9,250ポンド（約127万6,500円）[注2]に上昇し，現在，多くの大学の授業料は専攻の別なく一律で年額9,250ポンドに設定されている。

このように高騰し続ける大学授業料に関して，2018年2月19日付のBBC News（インターネット版）では，メイ首相やヒンズ教育大臣からの，授業料や奨学金の在り方の見直しを示唆する発言が報じられていた。ヒンズ教育大臣は，授業料は大学にかかるコスト，学生への利益，英国及び自国の経済への利益の3者を考慮して決定されるべきであるとし，専攻別授業料の導入を示唆した。同大臣は，例えば人文・社会科学系の学位取得課程については，修了者の収入が高くないため，授業料を抑える等の提案をしている。2018年2月19日にメイ首相も，18歳以降の教育と奨学金の在り方の見直しを発表し，高額な9,250ポンドの授業料が必ずしもその金額やコースの質に見合っていないと懸念を表明

した。今回の発表は、2017年9月に、ハモンド財務大臣が、現行のシステムでは、事実上STEM分野の学生の授業料を人文学・芸術分野の学生が間接的に負担しているため、学士課程における専攻別授業料の導入を、政府内で議論していると明らかにしていたことが背景にある。

民間のシンクタンク、高等教育政策研究所 (Higher Education Policy Institute：HEPI)[注3]の報告書によると、今回の専攻別授業料に関する調査は、2017年11月23～29日の期間、若者を対象とする全英最大の識者調査団体YouthSightのウェブ調査を通して行われたもので、1,019名のフルタイムの学部学生から回答があった。回答結果は、大学の授業料は専攻に関わらず全て一律にすべきという意見に63％が賛成であったのに対し、一律にすべきでないという意見は33％に留まった。また授業料の多様化が導入された場合、よりコストのかかる専攻を高くすべきと回答した学生が57％であったのに対し、学位取得後に高収入が望める専攻をより高額にすべきと回答したのは17％に留まった。学生らは医学部や法学部、工学部の授業料が高くなるのは容認できるが、史学や英語、創造芸術のような専攻は授業料は控えめであるべきだと考える傾向が強い。さらに、「専攻によって授業料に差異が生じる場合、上下の差はどのくらいであれば容認できるか」という問いには、回答者の約半数の46％が上下の差が1.5倍以下とし、30％は差が生じることは一切容認できないと回答している。

今回の調査結果から、HEPIのヒルマン所長は、「学生らは明らかに授業料の多様化に懐疑的であり、反対派が主流である」と結論付けている。また、専攻別授業料の導入案に対し、グリーニング前教育大臣は、不人気な特定のコースの授業料を下げると、成績の芳しくない学生に対し、卒業後の高収入が望み難いためにそれらの学位取得コースを選択しなければならないという圧力が働く危険があることを懸念している。一方、キール大学自然科学部長のジョナサン・ワストリング (Jonathan Wastling) 教授は、特にエンジニアリングや数学、生活科学の学生が不足している中、科学やSTEMをベースにした学部で学ぶ経済的余裕がない学生がより安価な授業料の学部に流れ、入学者の学科選択の機会を阻む結果となることは「非常に危険」であると述べている。

【注】
1．1ポンド＝約218円で換算 (1998年、「教育指標の国際比較 平成11年版」参照)。
2．1ポンド＝約138円で換算。
3．全英の高等教育に特化したシンクタンク。無所属組織として2002年に設立。

【資料】
　Times Higher Education, No.2,345 *Students 'deeply sceptical' of variable fees, polling reveals* 2018年2月22-28日／BBC News, *Education Secretary calls for tuition fee 'variety'* (http://www.bbc.com/news/education-43075769) 2018年2月18日／BBC News *Theresa May's university review will not scrap fees* (http://www.bbc.com/news/education-43106736) 2018年2月19日／Hillman, Nick, *Differential tuition fees: Horses for courses?*, HEPI Report 104, Higher Education Policy Institute, 2018年2月

5　教　師

2018年1月、ニック・ギブ学校水準大臣は、第一線で活躍する経験豊富な専門職従事者を教師にする取組に公財政で支援することを明らかにした。教師は近年増加の傾向にあるものの、イギリスでは依然、特に理数系教科の担当教師が不足している。同年3月にも、教育省が、退役軍人を教師として

再教育するための奨学金を，2018年9月から支給することを明らかにした。また2018年3月，ヒンズ教育大臣は，教師の業務のうち，児童・生徒の指導に直接関わらない業務を量的に軽減し，教育活動に集中できる時間を保障することを明らかにした。教師不足の問題に対処するため，政府は教師養成や教師の業務量軽減など，積極的な対策を講じている。

5.1　第一線で活躍する専門家を教師にする取組が活発化

学校水準大臣[注1]のニック・ギブ（Nick Gibb）は2018年1月5日，第一線で活躍する経験豊富な専門職従事者を教師にする取組を，慈善団体「Now Teach」が実施するに当たり，35万ポンド（約4,830万円）[注2]を公財政で支援することを明らかにした。

政府は，全生徒に世界レベルの教育を提供できるよう，どの学校も教師を確実に魅了する必要があると考えている。しかし，職業としての教職は一般に不人気であり，政府は優秀な人材の確保と離職の抑止に苦慮している[注3]。そのためにこれまでも，例えば，ポスドクの研究者を教職に引き入れるための数学や物理の教授プログラムなどを支援してきた。また，2017年度予算では，教師の雇用と確保のために次のような投資計画に基づき，教師の専門職スキルの向上に7,500万ポンド（約103億5,000万円）を，教師トレーニングに4,200万ポンド（約58億円）を充当している。

○応募者が確保できず，募集に苦しんでいる地域においては，不足している教科の教師を目指す学生を対象に，学生ローンの免除を検討する。
○国全体で300校程度の学校を対象にし，才能のある教師の採用と育成に3,000万ポンド（約41億4,000万円）の投資を行う。
○最も支援を必要とする科目の教師を支援するため，1,000万ポンド（13億8,000万円）の資金を投入し，新たに専門的な国家資格を新設する。

今回，政府が表明した「Now Teach」への支援も，上記投資計画の枠内で行われるものである。「Now Teach」は，成功者が自身のキャリアの中で培った技能を教室内で活用し，人材支援を行う慈善事業であり，同事業を通じて今までに約50名の専門職を持つ人材が，数学，科学，外国語の教師として新たな進路を歩む決断をしている。現在，NASAの科学者や人質解放交渉の専門家，医療財団のトップといった多岐にわたる分野のスペシャリストを教師としてリクルートし，個々の人材が持つ知識を教室で提供してもらうことになっている。「Now Teach」の事業によって進路変更した教師の中には，本事業団体の共同設立者で，貧困層の多い地域での教職経験を持つルーシー・ケラウェイに触発され，教師としての第二のキャリアを選んだ者が多いという[注4]。こうした「Now Teach」の取組は，教育界を超えた広範囲にわたる専門職の成功者たちを魅了するものとして，教育省でも注目されている。

学校水準大臣は「現在，学校にはこれまでにないほどたくさんの教師がいる。2010年に比して1万5,500人も増えた。しかし，最も優秀な人材を教職に就かせるあらゆる機会を今後も開拓し続けたい。全ての若者が自分の持つ潜在能力を確実に発揮できるよう，優れた教師は常に我々の計画の中心に存在し，また経験豊かな教師の持つ専門知識は，教室内で児童・生徒に価値ある知識や技能の教授を通して活用できるのである」と述べている。

【注】
1. 学校水準大臣（Minister of State for School Standards）は教育省の閣外大臣であり，①教師の採用・確保，②高レベルな教職の支援（教師の資格認定や資質向上に向けた取組を担当するNCTL（教育養成リーダーシップカレッジ）とリンク），③入学・転校，④学校の収入と国家資金に関する規則管理，⑤カリキュラム・評価・質保証（Ofqual（資格・試験監査局）とのリンク），⑥学校の説明責任（OfSTED（教育水準局）とのリンク），⑦PSHE（人格的社会的及び健康教育）・RSE（人間関係と性の教育）・若年者のメンタルヘルス，⑧いじめ防止，の以上8点について所管している。
2. 1ポンド＝138円で換算。
3. OECDの統計によれば，高等教育修了のフルタイム就業者を対象とした所得に対する教育段階別の教員給与の比率（実際の給与）は，就学前教育0.77，初等教育0.77，前期中等教育（普通プログラム）0.79，後期中等教育（普通プログラム）0.79である。（『図表でみる教育 OECDインディケータ（2017年版）』441頁。イングランドの25～64歳対象。)
4. ケラウェイ氏自身は，「ファイナンシャル・タイムズ」のジャーナリストであったが，のちにロンドンの貧困層の多い地域にあるアカデミー（公営独立学校）の数学教師になった。

【資料】
GOV.UK *Boost to get more top professionals into teaching* 5.1.2018 (https://www.gov.uk/govvernment/news/boost-to-get-more-top-professionals-into-teaching)

5.2　教育大臣，教師の業務量軽減に向けた施策方針を表明

　2018年3月10日，ヒンズ教育大臣は全国の中等学校・高等学校の校長を中心とした専門職集団の連合体（ASCL）の年次総会で，1,000人以上の校長や教師を前に，教師の業務のうち，児童・生徒の指導に直接関わらない業務を量的に軽減し，教育活動に集中できる時間を保障する旨を明らかにした。現在，イギリスでは就学人口が増加しており，教師不足が深刻な問題となっているため，教育大臣は教師の雇用について積極的な対策を講じている[注1]。

　教師の業務負担については，ユネスコの調査結果によると，全英の9割以上の校長や副校長が深刻な状況にあるとみている向きもある。総会でヒンズ教育大臣は，「教師は最もやりがいのある仕事の1つ」と位置付け，これまでと同様，教師対策を最優先事項として取り組んでいくとした。中でも，子供のやる気を引き出し，好奇心を生み出す優れた教師がいなくては良い学校は望めないとした上で，教師の業務負担を軽減することの重要性を説いた。教育大臣は，学校監査を行う教育水準局（OfSTED）のスピルマン主席監査官とASCLのバートン事務総長とともに，まず教師の業務量の見直しに取り掛かるとしている。

　スピルマン氏は，年次総会で校長を集め，もし学校をうまく運営している教師が職場で燃え尽きて離職すれば，学校監査で「優」や「良」の評価を得た学校を維持していくことができないと懸念し，OfSTEDの立場からどのように教師の業務軽減を実現するかについて検討していく意向を示した。特に，非常に強い熱意を持っている研修中の新人教師が，無駄なデータの収集や分析，大量の採点作業や授業計画の作成，また特にOfSTEDによる本番の監査に向けた模擬監査の準備などの業務によって疲弊し，教職への熱意を失って離職してしまうことを懸念している。またバートン氏は，教師の業務負担の増大が優秀な教師を教職に留めておくことを一層難しくするとし，OfSTEDや政府と連携しながら，不要な業務負担を軽減していく方法策を模索していきたいと述べている。

　教育大臣は教師の業務負担軽減に向けて，例えば教師組合や他の専門家集団と連携し，教師の新規採用と学校への定着率を向上させる戦略を練り，最も優秀な卒業生を教職に惹きつけ，かつ離職させない方法を考案するとしている。さらに教育水準局や地方の視学官，また教育技能振興機構（the

Education and Skills Funding Agency）[注2]やマルチ・アカデミー・トラスト[注3]と協働し，彼らがそれぞれの立場を明確化するとともに，学校の教師や指導者が誰に対してどのような責任があるのかについて正しい理解ができるよう努める等の表明も行った。

　教師数は近年増加傾向にあるとはいえ，特に数学や物理の教師を中心に依然として教師が不足しているのが現状である。ただし，教師不足の危機に教師の業務負担を軽減することで対応しようとする政府の認識に対し，教師組合は資金削減と教師の低賃金労働の改善こそが喫緊の課題であると警鐘を鳴らしている。

【注】
1. 教職以外の専門職や退役軍人に対する教師養成支援についても政府は発表している（詳細は，本稿の「第一線で活躍する専門家を教師にする取組が活発化」及び「退役軍人の教師養成に4万ポンドを支援」参照）。
2. 教育省から出資を受けている独立行政法人。子供から成人までを対象とし，教育や技能に対する資金援助を行っている。
3. 複数の学校が学校群を形成し，トラストによって学校間のマネジメントを行うこと。

【資料】
　GOV.UK *Damian Hinds sets out plans to help tackle teacher workload* (https://www.gov.uk/govern ment/news/damian-hinds-sets-out-plans-to-help-tackle-teacher-workload) 2018年3月10日／Independent *Damian Hinds pledges to reduce teachers' long working hours to tackle staff shortages* (https://www.inde pendent.co.uk/news/education/education-news/damian-hinds-teachers-workload-shortages-funding-pay-association-school-college-leaders-a8248371.html) 2018年3月10日

5.3　退役軍人の教師養成に4万ポンドを支援

　2018年3月6日，教育省は，退役軍人を教師として再教育するため，全英の大学で1人当たり4万ポンド（約552万円）[注1]の奨学金を9月から支給することを明らかにした。受給対象となるのは，過去5年間に英国の陸・空・海軍のいずれかにフルタイムで従事して退役した者の中で，学士課程の教師養成プログラムに入学した者である。中でもいくつかの理数科目や現代外国語を専攻する者が，優先的に受給対象となる。

　今回発表された新たな施策は，退役軍人を対象に2年間学校で学び，正規教師資格（Qualified Teacher Status：QTS）を取らせる既存の「軍人教師化計画」(Troops to Teachers Programme)[注2]に代わるものである。「軍人教師化計画」は2010年の保守党選挙時にマニフェストとして初めて登場し，2014年1月に初の研修が開始されたが，2年後の2015年修了時に正規教師資格を取得したのは，目標人数の6分の1に留まった。当時，労働党の影の教育大臣[注3]であったルーシー・パウエル（Lucy Powell）は，深刻な問題となっている教師数の減少を止められなかったとして，同支援政策を失策であると批判していた。

　今回発表された取組では，正規教師資格が確実に取れるよう，財政支援のレベルは落とさず，初期教師研修（Initial Teacher Training：ITT）を行うプロバイダーの協力を得て，従来に比してより柔軟な対応を行う予定である。3年間の教師養成プログラムのうち，2年目以降の2年間に補助金が支給される。奨学生の応募条件は▽学位取得前の学部学生であること，▽過去5年間に英国陸軍，海軍，空軍のいずれかにフルタイムで所属していた者，▽中学高校数学，生物学，化学，物理，コンピューター，現代外国語の科目に興味があり，これらの科目の教師の資格取得を考えている者等となってい

る。

　政府は本支援策について，優れた教師に必要な規律やモチベーション，専門能力を磨いてきた元軍人が教師として再出発し，教室で専門知識を共有していくのに役立つものとなるとの見解を示している。また，3月6日に教育省と防衛省から出された声明によると，より能力の高い研修生には，ほかにも多くの政府奨学金や財政的なインセンティブが受けられるという。ヒンズ教育大臣は，「教育水準が伸びており，現在2010年に比して，学校監査で『優』か『良』の評価を得た学校に在籍する子供が190万人増加し，教師も更に1万5,500人増加した。我々はこの傾向が継続され，最も優れた人材が教師を志望するような機会を開拓していきたい」と述べている。一方，ウィリアムソン防衛大臣は，リーダーシップ，チームワーク，問題解決能力といった観点のみならず経験値や技能の観点からも，退役軍人が教鞭を執ることは児童・生徒のモチベーションを上げ，やる気を起こさせる上でプラスになると主張している。

　しかし，より多くの教師を募集しようとする政府の政策は歓迎されているものの，今回の取組には批判的な意見も出ている。教師組合は、本支援策が教師の深刻なリクルート問題の解決にはあまり役立たないだろうと警告している。また全英教職員協会（NAHT）のホワイトマン事務総長も、新しい教師採用政策そのものは肯定的に捉えているが，教師の離職防止策に資金投入しない限り最終的に学校は変わらないと懸念を示している。

【注】
1. 1ポンド＝約138円で換算。
2. 軍人教師化計画（Troops to Teachers Programme）は，2013年6月にブライトン大学が合計7大学でコンソーシアムを組み，2014年1月に最初の研修が開始。退役軍人を対象が給与と経済支援（bursary）を受給しながら，2年間で正規教師資格（QTS）を取得させるプログラム。教育省が対象者に対して奨学金（bursary）を支給している。同計画は2019年に打切りとなり，ブライトン大学から学士課程の学生向けの別の初期教師プログラムが開始されるという。
3. イギリスの議会では，保守党あるいは労働党いずれかの反対党（野党）が，政権の交代に迅速に対応できるよう，内閣と同様の構成で「影の内閣」（Shadow Cabinet）を組織している。

【資料】
　GOV.UK *New bursary to get veterans into teaching*（https://www.gov.uk/government/news/new-bursary-to-get-veterans-into-teaching）2018年6月3日／TES *Plan to tempt veterans into teaching with £40K bursary will barely touch recruitment crisis, unions warn*（https://www.tes.com/news/school-news/breaking-news/plan-tempt-veterans-teaching-ps40k-bursary-will-barely-touch）2018年6月3日

フランス

1 概　観 74
2 教育政策・行財政 74
3 生涯学習 79
4 初等中等教育 84
5 高等教育 92

1　概　観

　2017年5月，オランド大統領の任期満了に伴い大統領選挙が行われ，エマニュエル・マクロン氏が大統領に就任した。新内閣においては，これまでの国民教育・高等教育研究省が国民教育省及び高等教育・研究・イノベーション省に分けられた。マクロン大統領は教育関連の公約として，コレージュ（中学校）に進学する際に全ての生徒が読み，書き，計算ができるよう，小学校を優先事項として取り組むこと，放課後支援の充実を図ること，バカロレア制度を改革することなどを挙げている。また，学校現場により多くの裁量を与え，地域の状況やニーズを考慮した学校構築に取り組む方針を示している。

　生涯学習においては，見習い訓練制度の見直しが発表された。見習い訓練が就職につながる制度であるものの，フランスにおいて十分に発達していないことから，制度を見直し，より魅力的なものとするための具体的な措置が示された。生涯学習分野で政府が公表した統計調査の結果によると，職業経験の審査によって資格・学位を授与する「経験知識認証（VAE）」制度により国民教育省及び高等教育・研究・イノベーション省が授与した資格・学位は前年に比べ減少した。また，国立高等教育機関における継続教育の履修者は減少したが，平均履修時間は増加している。

　初等中等教育では，マクロン政権の教育政策の中でも優先度が高いとされる施策が発表され，新学年度（2017年9月～）から実施された。学業の困難を克服するためには初期の学習段階における取組が必要であることから，最も対応が必要である優先教育地域の小学校第1学年の学級が2分割され，学級規模の縮小が進められた。また，幼稚園及び小学校における週当たりの授業時数・日数の柔軟化が図られ，従来の週4日半制を原則としつつ，週4日制の例外も認められることとなった。このほか，11月からコレージュの生徒を対象に，学校における宿題支援である「宿題終わった」プログラムが開始された。

　今後実施される改革として，2018年2月，政府はバカロレア改革を発表した。バカロレアの取得が高等教育への準備につながるものとなるよう，2021年度から導入が予定される新制度では，取得試験の教科数を減らし，通年評価も部分的に導入することとされた。このほか，同3月，マクロン大統領は，2019年度から幼稚園を義務化し，義務教育開始年齢を現行の6歳から3歳に引き下げる意思を表明した。義務化の背景について，大統領は就園の不平等及び全ての学びの鍵となる言葉の習得の不平等の解消を挙げている。

　高等教育では，政府は2017年10月，学生一人一人を成功に向けて支援することを目的とした学生計画を発表した。全ての学生が高等教育に進学するだけでなく，「成功」することを目指し，リセにおける進路支援の充実，高等教育へのアクセスの改善，学生に対する学習支援及び学生生活支援を強化する内容が示された。

2　教育政策・行財政

　2017年5月，オランド大統領の任期満了に伴い大統領選挙が行われ，エマニュエル・マクロン氏が大統領に就任した。首相にはエドゥアール・フィリップ氏が任命され，新内閣が発足した。新内閣においては，これまでの国民教育　高等教育研究省が国民教育省及び高等教育・研究・イノベーション

省に分けられた。マクロン大統領は，教育に関する公約として，コレージュ（中学校）第1学年で全ての生徒が読み，書き，計算ができるよう小学校を優先事項とすることや学級規模の縮小，放課後支援の充実やバカロレアを改革することなどを挙げている。2017年12月には，マクロン政権初めてとなる2018年度の予算が成立し，前年に比べ学校教育予算は約2.2％，研究及び高等教育予算は約2.7％増加し，教育研究予算は国家予算の約22％と，最も大きな割合を占めている。

2.1 エマニュエル・マクロン大統領が就任——新内閣発足

オランド大統領の任期満了に伴う大統領選挙では，2017年5月7日に決選投票が行われ，エマニュエル・マクロン氏が当選し，同14日，第5共和政における第8代大統領に就任した。任期は2022年までの5年間である。マクロン大統領は同15日，エドゥアール・フィリップ氏を首相に任命し，同17日，首相の提案に基づいて新内閣の閣僚を任命した（図参照）。新内閣においては，これまでの国民教育・高等教育研究省が国民教育省及び高等教育・研究・イノベーション省の2つに分けられ[注1]，国民教育大臣にジャン＝ミシェル・ブランケール氏，高等教育・研究・イノベーション大臣にフレデリック・ヴィダル氏が任命された。

マクロン大統領は15日，「フランス国民は，5月7日，希望と獲得の精神を選択した」と始まる演説の中で，教育に関しては「解放，創造及び刷新の土台を構築する文化と教育が自分の活動の核心」と語った。教育関連の公約として，小学校を優先事項とすることや，優先教育地域[注2]の小学校の学級規模の縮小や放課後支援の充実，バカロレア改革等を挙げている（表参照）。

表：マクロン新大統領の主な教育公約

○コレージュ（中学校）第1学年で全ての生徒が読み，書き，計算ができるよう，小学校を優先に取り組む。
○小学校及びコレージュ構内における携帯電話の使用を禁止する。
○教師の裁量を拡大する。
○優先教育地域の小学校第1学年及び第2学年（1万2,000学級）の教師1人当たりの児童数の上限を12人とする。
○コレージュにおいて外国語教育を重視した課程の提供を可能とする。
○全ての児童・生徒に対して放課後の支援を行う。
○バカロレアを改革する。今後は必修試験を4科目とし，その他は通年評価とする。
○大学の自治を強化する。
○職業リセ及び大学に対して成果（卒業生の過去3年間の就職先，給与等）を発表するよう要請する。
○学生及び若年労働者に対して8万戸の宿舎を建設する。
○図書館を夜間及び週末に開館する。
○フランス国籍を持つ全ての18歳が文化（映画館，劇場，書籍等）のために500ユーロ使用できる「文化パス」を創設する。

（出典）Programme d'Emmanuel Macron

大統領，首相及び教育大臣の略歴は，以下のとおりである。

○エマニュエル・マクロン（Emmanuel Macron）大統領

1977年12月21日，アミアン（ソンム県）生まれ。パリ第10大学（哲学），パリ政治学院，国立行政学院修了。会計検査官（2004～08年），事業銀行家（2008～11年），ロチルド・エ・コンパニー銀行共同経営者（2011～12年）を経て大統領府副事務総長（2012～14年）。オランド政権において

経済・産業・デジタル大臣（2014～16年）。

○エドゥアール・フィリップ（Edouard Phillipe）首相

　1970年11月28日，ルーアン（セーヌ＝マリティーム県）生まれ。パリ政治学院，国立行政学院修了。コンセイユ・デタ構成員（1997～2002年），ル＝アーヴル副市長（2001年），国民運動連合（UMP）事務総局長（2002年）等を経てサルコジ政権において大臣付環境・持続可能な開発担当顧問（2007年）。アレヴァ社渉外局長（2007～2010年）等を務めた後，セーヌ＝マリティーム県第7選挙区国民議会議員（2012年）に当選。2014年よりル＝アーヴル市長，ル＝アーヴル都市圏共同体議長。

図：エドゥアール・フィリップ内閣

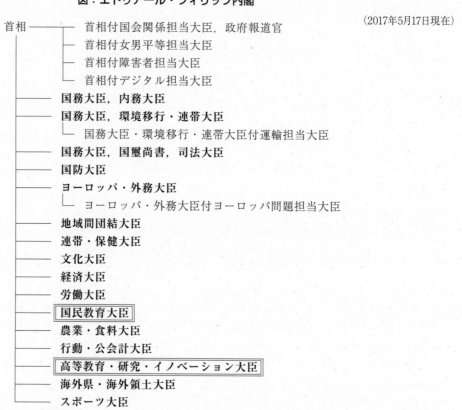

（2017年5月17日現在）

図注：首相付女男平等担当大臣，障害者担当大臣，デジタル担当大臣は担当案件について閣議に出席する。
（出典）駐日フランス大使館のウェブサイトを基に作成。

○ジャン＝ミシェル・ブランケール（Jean-Michel Blanquer）国民教育大臣

　1964年12月4日，パリ生まれ。大学で哲学を学び，パリ政治学院（専門教育課程（DEA））修了，アグレガシオン（上級中等教育教員）資格（公法），博士（憲法）。トゥール大学講師，リール政治学院教授，ラテンアメリカ高等研究所所長（1998～2004年）を経て仏領ギアナ大学区長（2004～6年）。ジル・ド＝ロビアン国民教育・高等教育研究大臣官房副長（2006～2007年），クレテイユ大学区長（2007～2010年），国民教育省学校教育総局長（2010～2013年）を歴任。2013年よりエセック・ビジネススクール（ESSEC）学長。

○フレデリック・ヴィダル（Frédérique Vidal）高等教育・研究・イノベーション大臣

　1964年5月6日，モナコ生まれ。ニース・ソフィア・アンティポリス大学（生化学修士），パスツール研究所（専門教育課程（DEA）），博士（生命科学）。ニース大学講師，科学学部副学部長，科学教

育研究学群長を経て2012年よりニース・ソフィア・アンティポリス大学学長。国立保健医学研究機構（Inserm）地方学術評議会外部委員，バルカン諸国におけるLMD制度導入に関するEUテンプス計画共同責任者，コート＝ダ＝ジュール大学共同体教育プログラム担当副学長を歴任。

【注】
1．内閣が替わるごとにしばしば省庁改編が行われる。近年では，2010年「国民教育青少年市民生活省」及び「高等教育研究省」，2012年「国民教育省」及び「高等教育研究省」，2014年「国民教育・高等教育研究省」となっている。
2．優先教育政策は，社会的，経済的，文化的背景等により学業不振の児童・生徒が多い地域を指定して教員の加配や教育活動の強化等を行う政策である。

【資料】
大統領就任演説（2017年5月15日）／2017年5月17日付政令（HRUX1714716D，HRUX1714521D）／首相府ウェブサイト（http://www.gouvernement.fr/）／国民教育省ウェブサイト（http://www.education.gouv.fr）／高等教育・研究・イノベーション省ウェブサイト（http://www.enseignementsup-recherche.gouv.fr/）／在日フランス大使館ウェブサイト（http://jp.ambafrance.org/）

2.2　国の2018年度教育及び研究予算が成立

　国の2018会計年度（1～12月）の予算が，2017年12月30日，「2018年財政法」として成立した。2018年度一般予算の歳出総額は約4,462億ユーロ（約53兆円）[注1]で，教育及び研究予算には歳出総額の約22％に当たる約992億2,725万ユーロ（約11兆9,073億円）が充てられた（**表1**及び**表2**参照）。今回はマクロン政権（2017年5月～）における初めての予算編成であり，教育及び若者政策を優先事項の1つとして掲げる政府の方針の下，今回の予算においても教育は最も大きな割合を占めている。

表1：国の2018年度予算における教育・研究等予算　　　（単位：ユーロ）

ミッション及びプログラムの名称	予算額	（うち人件費）	％
学校教育	71,558,288,634		
公立初等学校教育	22,036,358,753	（21,995,818,496）	
公立中等学校教育	32,751,662,425	（32,618,377,979）	
児童・生徒の生活	5,412,264,960	（ 2,502,827,132）	16.0
私立初等中等学校教育	7,552,820,491	（ 6,758,861,074）	
国民教育に係る政策の支援	2,356,834,438	（ 1,617,559,893）	
農業技術教育	1,448,347,567	（ 951,494,076）	
研究及び高等教育	27,668,964,921		
高等教育及び大学における研究	13,435,178,856	（ 513,152,364）	
学生の生活	2,698,860,888	（ 0）	
領域横断的な科学技術研究	6,766,603,666	（ 0）	
宇宙研究	1,618,103,753	（ 0）	6.2
エネルギー・持続可能な開発及び移動に係る分野の研究	1,734,154,531	（ 0）	
経済・産業に係る研究と高等教育	778,677,598	（ 105,362,546）	
（民生と軍事の）双方に係る研究	179,519,167	（ 0）	
文化研究及び科学的文化	111,881,973	（ 0）	
農業に関する高等教育及び研究	345,984,489	（ 216,327,354）	
一般予算歳出総額	446,247,731,771		100.0

表注1：2017年12月30日付政令第2017-1837号より作成。予算額の欄の括弧内の数値は，人件費の上限額であり，予算額の内数である。
表注2：斜体で示したプログラムは国民教育省，高等教育・研究・イノベーション省以外が所管している。

表2：国の教育・研究等予算の推移　　　　　　　　　　　　　　　　　　　　（単位：ユーロ）

ミッション	2014	2015	2016	2017	2018
学校教育	64,963,918,033	66,403,620,708	67,069,509,474	70,011,762,821	71,558,288,634
研究及び高等教育	31,337,733,367	25,892,775,731	26,189,342,005	26,949,398,853	27,668,964,921
一般予算歳出総額	407,368,431,950	395,570,974,527	409,899,972,213	427,369,451,539	446,247,731,771

表注：ミッション「研究及び高等教育」において，2014年度予算には政府の「未来のための投資計画」の一環として設けられたプログラム等を含んでいるため予算額が増加している。

　初等中等教育に関するミッション「学校教育」の予算は約716億ユーロ（約8兆5,920億円）で，うち人件費が前年同様約93％となっている。一般予算の歳出総額に占める割合は約16％（前年同様）である。高等教育と研究に関するミッション「研究及び高等教育」の予算は277億ユーロ（約3兆3,240億円）で，歳出総額の約6％（前年同様）が充てられている[注2]。なお，公財政教育支出のうち国は約70％を担っている[注3]。2018年財政法には，国家公務員の定員の上限もフルタイム換算で省ごとに定められており，全体が約196万人，うち国民教育省及び高等教育・研究・イノベーション省が約53％に当たる約102万9,737人となっている（公立学校教員や国立大学教員は全て国家公務員）。

　2018年度予算では，一般予算歳出総額は前年と比べ約4.4％増（約188.8億ユーロ増）となった。学校教育予算は約2.2％増（約15.5億ユーロ増），研究及び高等教育予算は約2.7％増（7.2億ユーロ増）となっている。初等中等教育においては全ての児童・生徒に基礎を習得させ，成功に導くために初等教育を重視した施策，障害のある子供の支援等への取組，また，高等教育においては，学生の学業成功，高等教育資格・学位へのアクセスの向上などが目的として掲げられている。

【注】
1．1ユーロ＝120円で換算。
2．2006年度から適用された「予算組織法（Loi organique relative aux lois de finances：LOLF）」により，予算は省を基本とする編成に代わり，大項目に当たる「ミッション」とその下位区分である「プログラム」によって目的別に歳出されている。初等中等教育に関するミッション「学校教育」には，「公立初等学校教育」「公立中等学校教育」「児童・生徒の生活」「私立初等中等学校教育」「国民教育に係る政策の支援」「農業技術教育」の6プログラムが含まれており，「農業技術教育」を除く5プログラムが国民教育省の所管であり，総額は約701億ユーロとなっている。プログラムの構成要素は，例えば「公立初等学校教育」の場合，「就学前教育」「初等教育」「特別な教育ニーズ」「教員養成」など7つのアクションから構成されている。高等教育と研究に関するミッション「研究及び高等教育」には，「高等教育及び大学における研究」「学生の生活」など9つのプログラムが含まれ，うち4プログラムが高等教育・研究・イノベーション省の所管であり，その総額は約245億ユーロとなっている。このうち同省高等教育・職業教育総局長が管理責任者となっているのは「高等教育及び大学における研究」と「学生の生活」であり，その合計額は約161億ユーロとなっている。
3．国民教育省統計RERS 2017。

【資料】
　Loi organique n° 2001-692 du 1 août 2001 relative aux lois de finances／Loi n° 2017-1837 du 30 décembre 2017 de finances pour 2018／Décret n° 2017-1893 du 30 décembre 2017 portant répartition des crédits et découverts autorisés par la loi n° 2017-1837 du 30 décembre 2017 de finances pour 2018／財務公会計ウェブサイト（http://www.performance-publique.budget.gouv.fr/）

3 生涯学習

　見習い訓練が就職につながる制度であるものの、フランスにおいて十分に発達していないことから、制度を見直し、より魅力的なものとするため、訓練生に対する報酬引上げや訓練の実施や中止に関する手続の簡素化などの具体的な措置が示された。職業経験の審査によって資格・学位を授与する「経験知識認証（VAE）」制度の実施状況に関する統計が公表され、2016年には国民教育省及び高等教育・研究・イノベーション省が授与した全資格・学位の2.1％が同制度を利用したものであることが明らかになった。また、国立高等教育機関における継続教育の実施状況に関する統計が公表され、2015年度には、前年と比べ履修者は減少したが、平均履修時間は増加していることが示された。

3.1　政府，見習い訓練制度の見直しを発表

　フィリップ首相は、2018年2月9日、ペニコール労働大臣、ブランケール国民教育大臣、ヴィダル高等教育・研究・イノベーション大臣とともに、見習い訓練制度を改善するための計画を発表した。職業訓練は失業に立ち向かうための鍵であるにもかかわらず、フランスにおける職業教育、特に見習い訓練制度が十分に発展していないことから、見習い訓練の報酬の引上げや見習い訓練を実施するための手続の簡素化など、見習い訓練制度をより魅力的なものとするための20の具体的措置が示された。政府は、地方公共団体や職業団体等、関係する全ての個人・団体とともに見習い訓練を改良し、若者にとって最高の進路となるように行動する姿勢を示している。

　見習い訓練（apprentissage）とは、原則16～25歳の者を対象に、企業における訓練と見習い技能者養成センター（CFA）で提供される課程を交互に実施し、職業資格を取得する制度である。中等教育段階から高等教育段階に至るまで、職業的性質を持った資格は全て見習い訓練により取得することが可能となっている。見習い訓練生となるためには、若者と企業との間に見習い訓練契約（取得する資格に応じて6か月～3年）が結ばれ、訓練生は企業の職員（salarié）として位置付けられる。訓練期間は有給であり、企業からの報酬は年齢により最低労働賃金の割合が定められている。

　見習い訓練制度の見直しの背景として、フランス国内において就職、訓練、教育のいずれも実施していない若者が約130万人おり、本人だけでなく社会にとって大きな損失となっている状況がある。政府は、見習い訓練生の約7割が訓練終了後7か月以内に就職しており、見習い訓練が就職につながる制度であるにもかかわらず、見習い訓練生（約40万人）は16～25歳の7％に過ぎず、失業率がより低い欧州諸国（15％）と比べても少ない。政府は、こうした状況の原因として、見習い訓練終了後の就職口等に関する情報が十分に行き渡っていないこと、制度が複雑かつ柔軟性を欠くため、若者、企業及びCFAが実施を躊躇する状況となっていることなどを挙げている。

　見習い訓練制度が魅力的な進路として一層認識される制度となるよう、今回政府が発表した具体的措置の主な内容は、以下のとおりである。

○16歳から20歳の見習い訓練生に対し、月30ユーロ（約3,600円）[注1]の給与増加を図る。これにより、例えば、職業バカロレアを取得する18歳の訓練生の給与（現在月685ユーロ）は715ユーロとなる。
○18歳未満の見習い訓練生に対し、運転免許取得のために500ユーロの手当を支給する。

○学年度の途中で労働契約が終了する見習い訓練生は，次年度までの期間を無駄にすることのないよう，CFAにおける訓練を6か月間延長することを可能とする。
○見習い訓練を希望するものの，そのために必要な知識・技能を有しない者は，見習い訓練準備課程に入ることができるようにする。
○各CFAにおける訓練生の就職率，資格取得率，進路等に関する情報を公表する。
○コレージュ（中学校）第3学年からリセ（高校）第2学年までの全ての生徒に，年に数回，職業や職業教育課程に関する情報を得る機会をもたらす。地方公共団体が職業団体とともに情報を提供する。
○見習い訓練の対象年齢の上限を，現行の26歳から30歳に引き上げる。
○規模及び業種に関係なく，見習い訓練を提供する全ての企業に対して財政支援を行う。
○「職業キャンパス（campus des métiers）」[注2]を更に発展させる。
○他の欧州諸国で数か月間の見習い訓練を行うエラスムスプログラムに毎年1万5,000人の見習い訓練生が参加することができるようにする。
○従来，国が中心となって定めていた職業資格の内容は，職業団体が国と共同して内容を定めることとする。
○企業に対する雇用支援の体制を整理し，支援対象を従業員10人未満の企業及び中小企業（従業員250人未満）とするとともに，雇用する資格レベルの対象をバカロレア及びプレバカロレアレベルとする。
○45日経過後に見習い訓練契約を解消する際に義務となっていた，労働委員への手続を廃止し，解約手続を簡素化する。
○見習い訓練生の企業への参入をしやすくするために，労働条件に関する規程を見直す。
○企業が見習い訓練生を受け入れる際の契約登録など，行政手続の過程の見直しを行う。
○見習い訓練契約の期間は，訓練生が既に有する資格のレベルを考慮し，柔軟に変更できるようにする。
○見習い訓練生の採用は，学年暦に縛られることなく，通年で実施できるようにする。
○見習い訓練指導者（maître）に対する認定制度を設け，研修又は経験認証による認定を奨励する。
○CFAは行政の制限なしに，企業の知識・技能のニーズに応じた教育訓練を迅速に展開することを可能とする。
○CFAにより実施される職業訓練課程の質を，認定制度の導入により，強化する。

【注】
1．1ユーロ＝120円で換算。
2．「職業キャンパス（campus des métiers）」は，中等教育段階，高等教育段階及び継続教育の枠組みにおいて特定の職業セクターにおける職業教育を提供するために，学校，高等教育機関，CFA，企業等が形成するネットワーク。

【資料】
閣議報告（2018年2月14日）／労働省，国民教育省，高等教育・研究・イノベーション省報道資料（2017年2月9日）／首相府ウェブサイト（http://www.gouvernement.fr/）

3.2 「経験知識認証（VAE）」制度の実施状況について——2016年は引き続き利用者が減少傾向

　国民教育省は，2017年12月，専ら職業経験の審査によって資格・学位を授与する「経験知識認証（VAE）」制度の2016年における実施状況を発表した。同省及び高等教育・研究・イノベーション省の所管する資格・学位について，約1万8,700件の書類が審査され，合計で約1万2,840件の資格・学位が授与されたことなどが明らかとなった。

　「経験知識認証（VAE）」制度は，一定の専門分野において3年以上の経験を有する者を対象に書類審査及び面接審査を行い，合格者に中等教育及び高等教育において授与されるものと同等の職業資格・学位を授与又はその取得のための単位の一部を認定する制度である。2002年に導入された制度であり，資格・学位の取得手段として法令により認められた権利となっている[注1]。VAEの対象となる職業資格は，全国職業資格目録（RNCP）[注2]に掲載されている資格・学位で，国民教育省及び高等教育・研究・イノベーション省が所管する資格・学位のほか，各省庁が所管する職業資格等が含まれている。導入から数年で利用は急増したものの，2006年以降横ばい状況が続き，近年は減少傾向にある（**表1**参照）。

表1：VAEを利用した資格・学位授与数の推移

年	2002	2003	2004	2005	2006	2011	2012	2013	2014	2015	2016
件数	1,360	7,061	10,778	11,736	13,244	13,560	13,628	13,805	13,378	13,153	12,836

　今回公表された実施状況の主な内容は，以下のとおりである。

〇2016年には，約1万8,660件の申請が審査された。
〇2016年には，約1万2,840件の資格・学位が授与された。なお，書類の審査と資格・学位の授与は同一年に行われるとは限らない。
〇申請者の年齢層別構成をみると，40代が最も多く37％，続いて30代が36％，50歳以上が17％，25～29歳は9％，25歳未満が1％となっている。申請者の67％は女性である。
〇申請者の75％は有職者，24％が求職者となっている。VAEの申請書類作成に当たっては，支援[注3]を受けることができるが，求職者の約70％，有職者の約40％が支援を受けている。
〇VAEを利用して申請される資格・学位は20.5％がRNCPレベル5（うち9割以上の19.3％が職業適任証（CAP）），29.9％が同レベル4（うち約6割の18.3％が職業バカロレア），48.2％が同レベル3（うち約7割に相当する35.0％が中級技術者資格（BTS）），1.4％が同レベル1及び2となっている。前年と比較して，RNCPレベル5が2ポイント減，同レベル3は2ポイント増加している。
〇審査された資格・学位は前年度と同様，特定の分野に集中している。審査された上位30の資格・学位は全審査件数の8割を占めている。審査の最も多い資格が保育の職業適任証（RNCPレベル5）で2,734件，次に特別支援教育国家免状（RNCPレベル3）で2,148件，続いて教育指導員国家資格（RNCPレベル4）で1,106件となっている（**表2**参照）。
〇2016年に国民教育省及び高等教育・研究・イノベーション省が授与した全資格・学位の2.1％がVAEを利用したものであった。

表2：VAEを利用した上位10資格と審査件数等（2016年）

学位・資格	審査件数	授与件数	単位の一部の認定件数
職業適任証（保育）	2,734	2,043	448
特別支援教育国家免状（DEES）	2,148	1,206	601
教育指導員国家免状（DEME）	1,106	657	258
中級技術者免状（商業マネージメント）	1,054	791	127
中級技術者免状（幹部アシスタント）	838	624	82
中小企業管理アシスタント	713	504	125
職業免状（美容師）	687	296	318
職業バカロレア（商業）	589	522	45
職業バカロレア（管理－運営）	570	500	52
中級技術者免状（渉外・顧客対応）	522	405	65
（参考）VAEを利用した全学位・資格	18,660	12,836	2,259

【注】
1. 「経験知識認証（validation des acquis de l'expérience：VAE）」制度は，「労使関係近代化に関する2002年1月17日付法律第2002-73号」に基づき導入された。教育法典第L.335-5条第1項は，「職業目的の免状又は資格は，学校，大学，見習訓練若しくは継続職業教育によって又は資格の全部若しくは一部について経験知識認証によって取得する」と規定している。また，高等教育の学位については，教育法典第L.613-3, L.613-4条で規定されている。
2. 国が公認した全国の職業資格は，職業領域別・水準別に「全国職業資格目録（répertoire national des certifications professionnelles：RNCP）」に掲載されている。同目録に掲載される職業資格の水準別分類は，レベル5（後期中等教育2年相当），レベル4（中等教育修了相当），レベル3（高等教育2年相当），レベル2（高等教育3年相当），レベル1（高等教育5年相当）の5段階で行われる。
3. VAE制度を利用するに当たっては，国民教育省が所管する資格については大学区経験知識認証局（DAVA）が，高等教育担当省が所管する資格については各高等教育機関の継続教育担当部署が窓口となり，申請者に対する情報提供や進路相談等を実施している。資格・学位の申請に当たり，申請者は詳細な申請書類を資格授与機関に提出することが求められるが，申請書類の作成支援は有料で行われている。

【資料】
国民教育省Note d'information, n°17.27（2017年12月）／国民教育省ウェブサイト（http://www.education.gouv.fr/）／高等教育・研究・イノベーション省ウェブサイト（http://www.enseignementsup-recherche.gouv.fr）

3.3　国立高等教育機関における継続教育の実施状況について
　　——2015年度は約46万人が継続教育に参加

　国民教育省は，2017年10月，国立高等教育機関における継続教育の実施状況に関する統計を公表した。これによると，2015年度には約46万人が継続教育を受け，約9万5,800件の学位・資格が授与された。また，継続教育のための総費用は約4億4,500万ユーロ（約534億円）[注1]であった。

　継続教育（formation continue）とは，学校教育から一旦離れた者に対して行われる教育を指す[注2]。初期教育が原則無償[注3]であるのに対し，継続教育の履修に当たっては授業料が徴収される。継続教育の対象者は，給与所得者，求職者，個人及び非給与所得者（自営業等）であり，対象者の状況に応じて継続教育を受けるための財政支援や休暇制度が整備されている[注4]。

　今回公表された統計資料の概要は，以下のとおりである[注5]（**表1**，**表2**参照）。

表1：高等教育における継続教育の状況

履修機関	費用（100万ユーロ）		履修者数（人）		平均履修時間（座学）		平均履修時間（実習含む）	
	2014年	2015年	2014年	2015年	2014年	2015年	2014年	2015年
大学	286	294	367,000	358,000	107	110	142	142
大学以外	36	32	19,000	19,000	105	105	156	158
国立工芸院	128	119	86,000	83,000	174	181	174	193
全体	450	445	472,000	460,000	117	122	148	152

表注1：仏本土，海外県，ニューカレドニア及び仏領ポリネシアの数値。
表注2：大学は技術短期大学部（IUT），国立理工科大学（INP）及び工科大学（UT）を含む。大学以外はグランデタブリスマン（grand établissement）及び公立高級技術者学校。国立工芸院（CNAM）は地域センターを含む。

表2：高等教育における継続教育のうち大学の履修者と履修時間

対象	2015年		
	履修者（人）	割合（％）	年間平均履修時間
給与所得者	139,354	38.9	119
求職者	38,153	10.7	205
個人	153,613	42.9	83
非給与所得者（自営業等）	27,115	7.6	84
全体	358,235	100.0	110

表注1：仏本土，海外県，ニューカレドニア及び仏領ポリネシアの数値。
表注2：大学は技術短期大学部（IUT），国立理工科大学（INP）及び工科大学（UT）を含む。

○継続教育履修者の総数は約46万人である。履修機関別内訳は，大学約35万8,000人，大学以外の高等教育機関約1万9,000人，国立工芸院（CNAM）[注6]が約8万3,000人となっている。総履修者の約78％を占める大学における履修者の内訳は，給与所得者38.9％，求職者10.7％，個人（教養講座履修者含む）42.9％，非給与所得者（自営業等）7.6％となっている。

○大学で継続教育を受ける者のうち，約33％が国家資格・学位又は全国資格目録（RNCP）[注7]に登録された職業資格取得課程（平均310時間），21％が大学免状（diplôme d'université）取得課程（平均110時間），25％が短期教育・訓練（文化・教養講座を除く。平均31時間），18％が文化・教養講座（平均29時間）を履修している。また，遠隔教育による履修者は約1万7,800人となっている。

○継続教育による資格・学位の授与件数は全体で9万5,798件である。このうち6万1,099件（64％）が国家資格・学位であり，これは2015年に授与された国家資格・学位の総数（51万1,996件）の12％に当たる。また，授与された国家資格・学位6万1,099件のうち，5万1,492件（84％）は学士レベル（高等教育3年）以上の資格・学位であり，このうち学士が6,722件，職業リサンスが1万6,980件，修士が1万7,029件であった。

○全ての機関を総合して，履修者の57％は「人的サービス」（約11万2,120人），「人文科学・法」（約8万3,460人），「貿易と運営」（約7万1,020人）の3分野に集中している。

○継続教育のための総費用は約4億4,500万ユーロ（約534億円）であった。全体でみると，費用負担は労使同数認定徴収機関（OPCA）[注4]経由も含めた企業負担が46％，公的資金[注8]が22％となっている。なお，費用負担は継続教育の履修機関によって異なっている。大学では，企業及びOPCA

の資金が53％，公的資金が18％であるのに対し，国立工芸院（CNAM）では企業及びOPCA，個人，公的資金はそれぞれ3分の1となっている。

【注】
1. 1ユーロ＝120円で換算。
2. 就学を開始してから，中断せずに教育を受ける者（児童・生徒，学生）に対して行う「初期教育（formation initiale）」とは区別される。
3. 国立高等教育機関において，学生は学籍登録料及び健康保険料等を納付する。2017年度の学士課程における学籍登録料は217ユーロ（約2万6,000円）。
4. 教育・訓練のための財政支援として企業は分担金の支払いが義務付けられている（10人以上の企業は賃金総額の1.6％，10人未満の企業は同0.55％）。分担金は国に認可された労使同数認定徴収機関（organisme paritaire collecteur agréé：OPCA）が徴収する。ただし，雇用者10人以上の企業は，企業において教育・訓練を実施するか，OPCAへの分担金を支払うかを選択することができる。また，給与所得者の継続教育のための休暇制度として「個人のための教育・訓練休暇（congé individuel de formation：CIF）」が法令に定められている。同制度では，条件を満たす被雇用者が個人のイニシアティブによる教育・訓練のために休暇の取得が可能で，期間はフルタイムで最長1年，パートタイムで1,200時間となっている。このほか，「教育・訓練個人口座（CPF）」の制度があり，給与所得者は150時間を上限として8年にわたり教育・訓練を受けることができる。CPFは，従来の「教育・訓練を受ける個人の権利（DIF）」に替わる制度として2015年1月より実施されている。
5. 仏本土，海外県，ニューカレドニア及び仏領ポリネシアの数値。
6. 国立工芸院（CNAM）は，原則，成人を対象とした高等教育機関。
7. 国が公認した全国の職業資格は，職業領域別・水準別に全国職業資格目録（RNCP）に登録されている。
8. 公的資金は主に国及び地域圏から成る。国は主に国家公務員の教育訓練のほか，求職者や特定の人々（障害者，移民，拘留者等）に対する教育訓練を負担する。地域圏は主に16～25歳の若者及び求職者に向けた教育訓練を負担している。公的財源にはこのほか，EUからの補助金がある。

【資料】
Note d'information N° 17.22（2017年10月）／公共サービスウェブサイト（https://www.service-public.fr/）

4　初等中等教育

　マクロン大統領の方針に沿って2017年度（9月～）から取り組む施策が示された。学校現場により多くの裁量を与え，地域の状況やニーズを考慮した学校構築に取り組む方針の下，幼稚園及び小学校における週当たりの授業日数の柔軟化が図られ，2017年度から従来の週4日半制を原則としつつ，例外も認められることとなった。また，2017年11月からコレージュ（中学校）の生徒を対象に，学校において宿題支援を行う「宿題終わった」プログラムが開始された。今後実施される改革として，2018年2月，政府は大統領の公約であったバカロレア改革に関し，2021年度から導入される新制度を発表した。また，同3月，マクロン大統領は2019年度から幼稚園を義務化する意思を表明した。国民教育省が公表した2017年のバカロレア試験結果については，同一世代における取得率は78.9％であった。

4.1　国民教育省，2017年度から取り組む4つの施策を発表

　国民教育省は，2017年6月，新学年度（9月～）から実施する，信頼できる学校の構築のための4つの施策を発表した。5月に誕生したマクロン新政権の教育政策の中でも優先度が高いというこれらの施策は，優先教育地域[注1]の小学校の第1学年のクラスの分割，幼稚園及び小学校の授業時数，日数

の柔軟化，コレージュ（中学校）改革の見直し，学校における宿題支援を内容とする。マクロン大統領は，学校現場により多くの裁量を与え，それぞれの地域の課題やニーズに合った方法で学校の構築に取り組む方針を示しており，今回発表された施策もこれに沿ったものとなっている。

今回発表された4つの施策の概要は，以下のとおりである。

○優先教育地域にある小学校第1学年の学級を2分割する

- 学業の困難を克服するためには初期の学習段階における取組が必要であることから，2017年度には，対応が最も必要である「優先教育ネットワーク・プラス（REP＋）」の小学校第1学年を対象に1学級を2分割する。1学級最大12人とし，児童一人一人に読み書き，計算，他者の尊重といった基礎的な事柄を獲得させ，100％の成功率を保障することを目標とする。
- 同措置の実施に当たっては，学校の施設が対応可能であれば第1学年の学級を2つに分割し，可能でなければ1学級に教員を2人配置し，小グループで対応する。教員に対しては新たな体制に適応した研修を実施する。同措置により，約2,500の学級が2分割され，約2,500の教員が加配される。また，2018年度以降，段階的に優先教育地域（REP+及びREP）の小学校第2学年まで対象を拡げる。

○授業時数や学校生活リズムを調整する

- 幼稚園及び小学校では授業時数や学校生活リズムを編成するに当たり，地域の状況に合わせ，現場により多くの柔軟性と自由を与える。現行制度（週4日半制）に満足している学校及び市町村は現体制を維持するが，地域において，学校関係者及び市町村の間で現行と異なる体制に合意がある場合，2017年度以降，例外的に認めることとする。学校の授業時数や1週間の中での配分については地域の合意によるものとし，国民教育省の県出先機関がその適用の可否を決定する。

○コレージュ改革を見直す

- 現在のコレージュは小学校からみられる格差を解消できていないことから，教員及び学校現場に対してより柔軟性と裁量を与え，生徒のニーズに対応した教育の実施や学校において特色のある教育計画を策定することを可能とする。
- 現状に満足している学校は現体制を維持することとするが，見直しを希望する学校は2017年度以降見直すことを可能とする。例えば，「横断的・総合的学習」についてはテーマとして設定されている枠組み[注2]に縛られず，教員が学校の定める教育計画に沿った内容でテーマを選ぶことや，外国語履修の充実等を図ることができる。

○「宿題終わった」プログラムを開始する

- 宿題については，学習の質を高めるために不可欠であるとする意見がある一方，子供の置かれる家庭環境を背景とする社会的不平等が促進されるという懸念もみられる。
- 宿題は，無償でできるものであること，また家庭から申請がある場合，学校で設けられる学習支援時間において取り組むことができるようにしなければならないという考えから，「宿題終わった（devoirs faits）」プログラムが2017年度からコレージュにおいて開始される。希望する生徒に対して，教員，非営利団体，退職者や学生など，様々な支援者により提供される無料の宿題支援である同プログラムは，2020年まで段階的に小学校及びコレージュで普及される。

【注】
1. 1981年以降，政府は地域や家庭の社会的・経済的・文化的諸事情から学業不振の児童・生徒が多い地域を指定し，教員の加配や教育支援の充実等を図る優先教育政策を実施している。同政策は見直しや拡充が繰り返され，2014年に現在の形となった。優先教育対象の学校は，「優先教育ネットワーク（REP）」及び「優先教育ネットワーク・プラス（REP＋）」としてネットワーク化されている。「優先教育ネットワーク・プラス（REP＋）」には最も社会的困難が大きく，学業の成功に大きな影響を与えられると考えられる地域が指定されている。
2. 2015年3月，政府は2016年度から実施するコレージュ改革の方針を発表した。同改革では，教科横断的学習の強化（①持続可能な開発，②科学と社会，③身体，健康と安全，④情報，コミュニケーション，市民性，⑤文化と芸術的創造，⑥経済・職業界，⑦古典語及び文化，⑧地域及び外国の言語及び文化，の8テーマを扱う横断的学習の実施）やコレージュ第1学年から第2外国語を履修する「2言語履修クラス」の廃止等が打ち出された。

【資料】
国民教育省ウェブサイト（2017年6月13日）／La lettre de l'éducation（2017年6月19日）

4.2 幼稚園及び小学校における週当たり授業日数の柔軟化が可能に
——2017年度から約3分の1の学校が週4日制を採用

2017年度（9月～）から，幼稚園及び小学校における週当たりの授業日数について，従来の週4日半制を原則としつつ，週4日制の例外も認められることとなった。2017年5月に就任したマクロン大統領は，学校現場により多くの自由を与え，地域の状況やニーズを考慮した学校の構築に取り組む方針を示しており，今回の改革は同政権における優先度の高い教育施策の1つに掲げられている。国民教育省によると，約3分の1の学校が2017年度から週4日制を採用した。

幼稚園及び小学校における現行の学校週4日半制（月・火・水（午前）・木・金）は2013年に導入された。それ以前は，2008年度から採用された週4日制（月・火・木・金）であったが，週4日制は1日の授業時間が長く，疲労や負担につながり，子供の生活や学習のリズムに適していないと専門家などから指摘されていた。2013年の改革では，1日の授業時間を軽減するとともに，知的好奇心の発達に寄与するスポーツ，文化・芸術活動等の課外活動を地方公共団体との協力により充実させる方針が示された。

今回の例外規定は，2017年6月28日付の政令[注1]により定められた。現行制度では，1週間の授業時数は24時間，9回の半日に配分することが規定されている[注2]が，同政令では，大学区国民教育事務局長（国民教育省の出先機関）は市町村と1つ又は複数の学校評議会[注3]が合意の上で申請した場合，1週間の授業時数を4日（半日を8回）に配分することを例外として認めることができることが規定された。ただし，▽週に8回の半日より少なく授業が配分されないこと，▽週24時間より多く授業を編成しないこと，▽1日の授業時間が6時間，また半日が3時間30分を超えないこと，▽年間の授業時数及び学年暦が修正されないことが条件となっている。また，市町村にある過半数の学校評議会が望む場合，同事務局長は市町村内の全ての学校に週4日制を適用するかどうかについて判断することとされた。

国民教育省の発表によれば，31.8％の学校で2017年度から週4日制が採用され，ここには28.7％に当たる児童が在学している。週4日制の採用状況は大学区（複数の県から構成される教育行政区画）により異なるが，大都市において週4日半制が維持されている一方，特に農村部においては週4日制が選択されている。こうした状況の背景には，現行の週4日半制で充実を図ることとされる課外活動が，市町村によっては実施体制の維持や財政の面から実施困難となっている実態があり，財政的な事情が

ら週4日制を選択した市町村もあるとの報道もみられる。

【注】
1．2017年6月27日付政令第2017-1108号（MENE1716127D）。
2．教育法典第D.521-10条。
3．幼稚園及び小学校には，学校の教育活動と運営に関する諸問題について審議する学校評議会（conseil d'école）が置かれる。同評議会は，校長，教員，国民教育視学官（国民教育省の出先機関），市町村長，市町村議会議員，地域住民代表，保護者等で構成される。

【資料】
　国民教育省報道資料（2017年7月18日）／2017年6月27日付政令第2017-1108号（MENE1716127D）／Le café pédagogique, Rythmes: Le décret Blanquer est publié（http://www.cafepedagogique.net/lexpresso/Pages/2017/06/28062017Article636342344394280231.aspx）

4.3　国民教育省がコレージュにおける宿題支援を開始――「宿題終わった」プログラム

　2017年11月から，コレージュ（中学校）の生徒を対象に，学校における宿題支援である「宿題終わった（Devoirs faits）」プログラムが開始された。個人学習の時間が学業の成功のためには不可欠であることから，生徒一人一人が静かに学習し，必要な時に支援を得ることができる時間として設けられた。同プログラムは無料であり，学校内の教職員をはじめ，非営利団体やボランティアなどが支援に当たる。

　マクロン政権（2017年5月～）は「信頼できる学校」の構築を目指しており，「宿題終わった」プログラムは2017年度における優先度の高い教育施策の1つとして打ち出された。国民教育省によれば，学業の成功には個人学習が不可欠であり，学校の授業を軸に，理解を更に深めるために宿題が課されているが，家庭の状況により宿題の支援を得られる生徒とそうでない生徒がおり，宿題は不平等を生む原因ともなっているという。同プログラムは，授業と宿題の相乗効果を向上させ，知識へのアクセスの不平等を減らすことを目的としている。具体的には，授業時間，家庭で過ごす時間，及び課外活動の時間に継続性と一貫性を持たせることを目指す。

　同プログラムは全てのコレージュで実施され，コレージュで特別支援教育を受ける生徒も含め，希望する生徒全てを対象としている。宿題の支援は学校の統括の下，教師，図書館職員，生徒指導専門員（CPE），生徒指導補助員[注1]，市民役[注2]に従事する若者，及び非営利団体により，ボランタリーベースで行われる。

　支援の方法は各学校が定める教育計画に基づき定められる。実施時間及び支援体制の規模は，生徒の状況やこなすべき学習の状況を考慮して各学校により定められる。宿題支援の時間は必ずしも生徒の個人的学習に必要な時間として十分ではないので，同プログラムと自宅における学習の連関，保護者とのつながりも持たれる。宿題が優先されるものの，期日を守ることを重視するのではなく，理解できなかった授業や暗記等，困難のあるとされる学習や，生徒が自主性を持って学習の仕方を考えること，課題の解決方法などを身に付けることが重視される。同プログラムの実施に当たっては，ICT資源やツールも活用される。

【注】
1. 生徒指導専門員（conseiller principal déducation：CPE）は中等教育段階に置かれ，学校生活の円滑な機能や生徒の指導を行う。生徒指導補助員（assistant déducation）は，教師の補助や児童・生徒の支援等を行う。
2. 兵役は1997年に廃止され，原則16～25歳を対象に市民奉仕活動等を行う市民役（service civique）が導入されている。

【資料】
　国民教育省ウェブサイト（http://www.education.gouv.fr/cid118686/devoirs-faits-temps-etude-accompagnee-pour-realiser-les-devoirs.html）／Eduscolウェブサイト（http://eduscol.education.fr/cid118508/devoirs-faits.html）

4.4　国民教育大臣，バカロレア改革を発表——2021年から新制度を導入予定

　国民教育大臣は，2018年2月14日，今後実施されるバカロレア改革について発表した。バカロレアは後期中等教育の修了及び高等教育入学資格を併せて認める国家資格であるが，高等教育への準備という本来の役割を担わなくなってきていることが課題となっている。新制度では，バカロレア取得試験の教科数を減らし，通年評価も部分的に導入することとされ，生徒の長期的な努力や上達の状況も評価し，バカロレアが真に高等教育段階を「成功」に導く制度となることが目指される。バカロレア改革に伴い，リセ（高校）の教育課程基準の見直しも行われる。新制度は2021年から導入される予定であり，2018年度（9月～）にリセに進学する生徒が対象となる。

　バカロレアは1808年に創設された制度である。第1回試験の合格者は31人であったが現在毎年約64万人が合格しており，フランスにおいてバカロレアはリセ修了時の象徴的な存在となっている。なお，試験の合格率が約90%であるにもかかわらず，バカロレア取得を唯一の進学要件とする大学学士課程において約60%の学生が学業不振に陥っている状況がみられ，バカロレアの取得がその後の高等教育の成功の土台となっていないことが問題となっていた。また，試験の運営に当たって，毎年約400万枚の答案の採点など，人材や費用の負担が大きいことも課題となっていた。こうした状況の下，2017年5月に就任したマクロン大統領はバカロレア改革を公約に掲げていた。

　今回の発表に先立ち，政府は同年11月，前リール政治学院長ピエール・マティオ氏にバカロレアの現状と改革の方向性を検討することを依頼した。同氏は，教育関係者や生徒代表等を交えた議論，またウェブサイト上で実施した意見照会[注1]を基に，2018年1月に報告書を提出した。今回の改革は，同報告書の結果を踏まえ，政府が教師組合や保護者・生徒の代表等，多方面で議論した後に定められた。

　バカロレアには，リセの普通教育課程で取得する普通バカロレア，技術教育課程で取得する技術バカロレア，職業リセの職業課程で取得する職業バカロレアの3種類[注2]があるが，今回の改革は普通バカロレア及び技術バカロレアが対象となる。職業バカロレアについては今後検討される予定となっている。今回発表されたバカロレア改革の主な内容は，次のとおりである。

○バカロレア試験は最終試験（60%）及び通年評価（40%）で構成する。
○最終試験は，第2学年終了時に実施するフランス語の試験（筆記及び口頭）及び第3学年で実施する4教科。春に専門教科2教科，6月に哲学及び口頭試験を実施する（現行制度では，第2学年時のフランス語の試験のほか，第3学年6月に約10教科の試験を実施）。
○通年評価は共通試験（30%），成績表（10%）で評価する。共通試験の実施に当たっては公平性を保つため，今後設置される全国試験データバンクから問題が選定される。試験は無記名とし，生徒の

担当教師以外が採点する。

また，バカロレア改革とともにリセの教育課程の見直しが行われる予定である。リセ普通教育課程では，従来第2学年から文学（L），経済社会（ES），科学（S）の3コース（série）に分かれているが，2019年度からコース制は廃止され，共通科目の履修及び生徒一人一人の計画や興味に応じて選択する専門科目の履修から成る行程（parcours）となる予定である。

【注】
1．2017年12月13日から19日に実施された意見照会では，4万6,685人（うち，3万9,659人がリセの生徒）が回答した。
2．3種類のバカロレアはそれぞれコース又は専門に分かれている。普通バカロレアは文学（L），経済社会（ES），科学（S）の3コース，技術バカロレアは工業化学技術・持続可能な発展（STI2D），実験科学技術（STL），農業（STAV），医療社会科学（ST2S），経営科学技術（STMG），ホテル業，デザイン・応用芸術工学（STD2A），音楽舞踏（TMD）の8コースに分かれている。職業バカロレアについては約90の専門に分かれている。

【資料】
閣議報告（2018年2月14日）／国民教育・高等教育研究省報道資料（2017年3月6日）／首相府ウェブサイト（https://www.gouvernement.fr/argumentaire/education-faire-du-bac-un-veritable-tremplin-vers-la-reussite）

4.5　マクロン大統領，幼稚園の義務化を発表
——義務教育開始年齢を3歳へ引下げへ

2018年3月27日及び28日に開催された「幼稚園に関する会議（Assises de la maternelle）」[注1]において演説したマクロン大統領は，2019年度から義務教育年齢を6歳から3歳に引き下げる意思を表明した。幼児期における教育がその後の教育に深く影響することから，教育制度における幼稚園の位置付けを明確にし，全ての子供を幼稚園で学ばせることにより社会的な不平等を解消し，子供を開花させることが目的である。

就学前教育は，3～5歳児を対象に幼稚園（école maternelle）で行われている。2歳児については，社会的に恵まれない環境に置かれる幼稚園を優先して，定員に空きのある場合に受入れが可能となっている。就学前教育は義務ではないが，公立幼稚園は無償であり，就園率（私立を含む）は3～5歳児ではほぼ100％となっている。

今回の演説の中で，マクロン大統領は幼稚園の義務化の背景ついて，就園の不平等及び全ての学びの鍵となる言葉の習得の不平等の解消を挙げている。就園の不平等については，今日97％の子供が3歳で就園している状況であるが，海外県では70％に満たない県もあり，97％という数字の裏には地域間格差があることを示した。また，言葉の習得の不平等については，16歳で読み・書き・計算が困難なまま離学している者の約8割は小学校第1学年で既に学業に困難を抱えている状況であることを指摘した。さらに，恵まれていない環境の4歳児は恵まれている環境の4歳児に比べて，触れている語彙数が延べ3,000万語少ないという研究報告もあり，3歳からの義務教育は格差対策の一環であるとともに子供の情緒を養い，一人一人を「成功」させ，中退を予防することにつながると述べた。

こうした事実を踏まえて，大統領は，2019年度から幼稚園を義務化すること，すなわち義務教育開始年齢を現行の6歳から3歳に引き下げる意思を明らかにした。義務教育終了年齢は，制度が確立した1882年以降2回引き上げられ[注2]，現行の6歳から16歳となっているが，幼稚園の義務化が実現

すれば，開始年齢についての初めての引下げとなる。政府は，こうした方針により，幼稚園の教師及び幼稚園専門地方職員（ATSEM）[注3]の役割も一層重視されることとなるとしている。

【注】
1. 「幼稚園に関する会議（Assises de la maternelle）」は国立工芸院（CNAM）において開催された。会議は，国民教育大臣により任命された神経精神科医Boris Cyrulnik氏により企画され，2日間にわたり教育関係者約400人が，講演やグッドプラクティスの事例等を通して，幼稚園を言葉と成長のための場となるよう，意見交換や認識の共有を行った。
2. 当初6歳から13歳であった義務教育年齢は1936年に14歳，1959年に16歳に引き上げられ現在に至る。
3. 公立幼稚園教師の資格は小学校教師と同じ「初等教育教師資格（CAPE）」であり，教師の配置は幼稚園及び小学校で区別されていない。また，幼稚園には，教師以外に幼稚園専門地方職員（ATSEM）が置かれる。ATSEMの任務は幼児の受入れ，活動，及び衛生面において教師を補助することや，食堂や学校時間外の活動における子供の監督を行うこと等と定められている。

【資料】
大統領演説（2018年3月27日）／国民教育省報道資料（2018年3月27日）／首相府ウェブサイト（https://www.gouvernement.fr/argumentaire/maternelle-vers-l-ecole-obligatoire-des-3-ans）／Eduscolウェブサイト（http://eduscol.education.fr/cid128263/les-assises-de-l-ecole-maternelle.html）

4.6　2017年のバカロレア試験の結果——同一世代における取得率は78.9%

　国民教育省は，2017年7月11日，同年6月に行われた2017年バカロレア試験（中等教育修了資格と高等教育入学資格を兼ねる国家資格の取得試験）[注1]の結果を発表した[注2]。これによると，受験者数は約72万9,600人，合格者数は約64万1,700人，合格率は87.9%であった（前年比0.6ポイント減）。また，同一世代におけるバカロレア取得率（各年齢人口に占める合格者比率[注3]）は78.9%であった（表1，表2参照）。

　受験者のバカロレア種別割合は，普通バカロレアが約51%，技術バカロレアが約19%，職業バカロレアが約30%となっている。受験者は前年に比べ約1万4,400人増加した。普通バカロレアで4%，技術バカロレアで1.5%増加した一方，職業バカロレアは0.9%減少した。普通バカロレアの全てのコースで増加がみられ，特に社会経済（ES）コースが7.6%増加するとともに，1995年以降ほぼ半減していた文学（L）コース受験者においても3.7%増加した。

　合格率をみると，今回，普通バカロレアで90.7%（前年比0.7ポイント増），技術バカロレアで90.5%（前年比0.2ポイント減），職業バカロレアでは81.5%（前年比0.7ポイント減）であった。バカロレア取得者の半数以上が普通バカロレア取得者であり，前年に比べ約1万400人増の33万7,475人であった。技術バカロレアの合格者は2005年から2014年まで増加傾向（14.5%増）にあったが，以降，大きな変化はみられない。また，職業バカロレアの合格率は2014年以降，80.0%から82.5%の間を推移している。

　また，20点満点中12点以上を取得した合格者に対しては，取得点数により成績評価（mention）が付記される[注4]が，今回，合格者の47.5%に対して成績評価が付記された（前年比0.6ポイント減）。成績評価の付記は普通バカロレア取得者で53.4%，技術バカロレア取得者で43.7%，職業バカロレアで39.7%となっている。普通バカロレアでは「優（bien）」及び「秀（très bien）」の取得者が29.9%であるのに対し，技術バカロレア，職業バカロレア取得者ではそれぞれ14.2%，11.8%となっている。

同一世代におけるバカロレア取得率は，1990年代半ば以降6割台を推移していたが，2011年以降飛躍がみられ，今回は78.9％であった（前年比0.1ポイント増）。取得率の内訳は，普通バカロレアが41.2％，技術バカロレアが15.7％，職業バカロレアが22.0％となっている。職業バカロレア改革が実施される前の2010年の14.2％から取得率は増加している。

表1：同一世代におけるバカロレア取得率の推移

年	1985	1990	1995	2000	2005	2010	2015	2016	2017
比率（％）	29.4	43.5	62.7	62.8	61.2	65.0	77.9	78.8	78.9

表注1：2001年以降はフランス本土及び海外県（マヨットを除く），それ以前はフランス本土の数値。2015及び2016年は暫定値（国民教育・高等教育研究省 Note d'information, n° 17.05 - Mars 2017）。2017年は9月の振替試験合格者を含まない速報値（国民教育省 Note d'information, n° 17.18 - juillet 2017）。
表注2：1985年は普通バカロレア及び技術バカロレアのみの取得率である（職業バカロレアは1987年に導入された）。

表2：バカロレア試験結果

	2017年			2016年		
	受験者（人）	合格者（人）	合格率（％）	受験者（人）	合格者（人）	合格率（％）
普通バカロレア（3コース）	372,031	337,475	90.7	357,777	327,049	91.4
文学（L）	57,889	52,439	91.8	55,816	50,886	91.2
経済社会（ES）	121,447	108,113	89.0	112,917	102,913	91.1
科学（S）	192,695	176,923	91.8	189,044	173,250	91.6
技術バカロレア（8コース）	141,588	128,109	90.5	139,449	126,424	90.7
工業科学技術・持続可能な発展（STI2D）	32,322	29,604	91.6	30,935	28,424	91.9
実験科学技術（STL）	8,404	7,699	91.6	8,133	7,520	92.5
農業（STAV）	5,232	4,612	88.1	5,225	4,602	88.1
医療社会科学（ST2S）	23,176	21,337	92.1	22,493	20,769	92.3
文学コース（STMG）	66,372	59,060	89.0	66,819	59,591	89.2
ホテル業	2,553	2,386	93.5	2,547	2,320	91.1
デザイン・応用芸術工学（STD2A）	3,208	3,095	96.5	2,978	2,885	96.9
音楽舞踏（TMD）	321	316	98.4	319	313	98.1
職業バカロレア（約90の専門）	216,027	176,104	81.5	217,981	179,240	82.2
生産系	101,296	80,428	79.4	102,437	82,151	80.2
サービス系	114,731	95,676	83.4	115,544	97,089	84.0
計	729,646	641,688	87.9	715,207	632,713	88.5

表注1：数値は9月の振替試験合格者を含まないフランス本土及び海外県の公表速報値（国民教育省 Note d'information, n° 17.18 - juillet 2017，国民教育・高等教育研究省 Note d'information, n° 22 - juillet 2016）である。
表注2：普通・技術バカロレアはリセ（高校）の修了時に，また職業バカロレアは職業リセ職業バカロレア取得課程の修了時にそれぞれ受験し取得する。技術バカロレアは1969年から，職業バカロレアは1987年から実施されている。

【注】
1．バカロレア（baccalauréat）は後期中等教育の修了を証明すると同時に高等教育への入学資格を認める国家資格であり，後期中等教育最終学年で受験し取得する。バカロレアは，リセ（高校）の普通教育課程で取得する普通バカロレア，技術教育課程で取得する技術バカロレア，職業リセの職業課程で取得する職業バカロレアの3種類があり，その中でコース，職業バカロレアについては専門領域に分かれている。普通バカロレアには3コース，技術バカロレアには8コース，職業バカロレアには約90の専門がある。
2．同年9月の振替試験（正当な理由で6月の試験の一部又は全てを受験することができなかった者を対象に9月に実施）合格者を含まないフランス本土及び海外県の速報値。

3. バカロレア合格者数を年齢別に集計し，各年齢人口に対する比率を算出して合計した値。
4. バカロレアは満点が20点，10点以上が合格である。12点以上14点未満で「良(assez bien)」，14点以上16点未満で「優(bien)」，16点以上で「秀(très bien)」の評価が付記される。職業バカロレア及び技術バカロレアで「秀」又は「優」の評価が付記された生徒は，同じ専門領域である中級技術者養成課程(STS)に，技術バカロレアで「秀」又は「優」の評価が付記された生徒は専門領域が関連する技術短期大学部(IUT)に進学する権利が与えられている(2013年8月19日付政令第2013-756号)。

【資料】
国民教育省 Note dinformation n° 17.18（2017年7月）／国民教育省コミュニケ（2017年7月11日）

5 高等教育

5.1 政府，学生一人一人を成功に導くための「学生計画」を発表

　フィリップ首相，ヴィダル高等教育・研究・イノベーション大臣及びブランケール国民教育大臣は，2017年10月30日，学生一人一人を成功に向けて支援することを目的とした学生計画（Plan Etudiants）を発表した。リセ（高校）における進路支援の充実，高等教育へのアクセスの改善，学生に対する学習支援及び学生生活支援を強化する内容で，全ての学生が高等教育に進学するだけでなく，「成功」することを目指す。これらの改革のため，政府は全体として約10億ユーロ（約1,200億円）[注1]を投入する。

　同計画の立案に当たっては，同年7月から3か月にわたり，250人以上の教育関係者を動員した，学生の受入れ及び成功に関する協議が実施された。ヴィダル大臣によると，今日の高等教育は，▽高等教育人口の増加，▽大学における抽選による入学者選抜の限界，▽学士課程における高い落第率など対応すべき状況がいくつもあるという。こうした状況の改善を図るため，11の作業部会が設けられ，改善策が協議された。

　計画策定の必要を迫る高等教育の現況として政府が指摘した内容は，次のとおりである。

○高等教育人口の増加
　　高等教育在学者数はここ50年で約8倍（2016年度260万9,700人）となり，今後5年間で20万人増加する見込みである。また，2018年度のバカロレア取得者は2017年度より2万8,000人増加する見込みである。
○大学における抽選による入学者選抜
　　大学学士課程ではバカロレアの取得のみを条件に無選抜で受入れを行っているが，定員を超える場合，抽選で入学が決定される（2017年度は169の学士課程で抽選を実施）。生徒の進路を考える上で，抽選という制度を見直す必要がある。
○学業の成功が社会的出自により左右
　　最も恵まれた社会階層で進路に関する情報を得ている学生に比べ，恵まれていない社会階層の学生の高等教育機関に占める割合が低い。例えば，恵まれている社会階層の学生はグランゼコール準備級の48.8％，医療系の課程の38.7％を占めている一方，恵まれていない社会階層の学生の占める割合は大学学士課程で14％，技術短期大学部（IUT）で32％，中級技術者養成課程（STS）で39％となっている。

○学士課程における高い落第率

　大学入学者のうち，学士課程2年目に進級する学生は40.1％である。3年で学士課程を修了する割合は27％，4年で修了する割合は39％である。残りの61％は中退若しくは進路を変更している。落第率は特に技術バカロレア及び職業バカロレアで高く，学士課程を3年で修了する割合はそれぞれ7％，2％となっている。

○技術又は職業バカロレア取得者の本来進むべき進路からの排除

　短期高等教育課程（2年）である技術短期大学部（IUT）や中級技術者養成課程（STS）は，本来，技術バカロレア及び職業バカロレア取得者に向けられた課程であるが，技術バカロレア取得者はIUTの学生の30％，職業バカロレア取得者はSTSの学生の18％しか占めていない。その他の学生は選択肢がなく，無選抜の大学に進学している（技術バカロレアや職業バカロレア取得者でIUTやSTSに進学できなかったために大学に進学したものの，学位・資格の取得に至らず中途退学する者が多いことが問題視されている）。

　こうした状況に関して作業部会で対策が協議され，改善のための提案を示した報告書が同年10月19日，ヴィダル大臣に提出された。今回の学生計画は，同報告書の提案を踏まえて策定されたものである。今回，学生計画の中で示された20の措置は，以下のとおりである。

○リセにおける進路支援の充実

1．リセ最終学年では，生徒の進路構築を個別に支援するために学級担任教員（professeur principal）を2人配置する。
2．リセ最終学年の全ての生徒に対して，2週間（1週目は11月末から12月初頭，2週目は1月から3月の間）の進路支援オリエンテーションを実施する。
3．生徒一人一人の進路計画に対する学級委員会[注2]の役割を強化する。
4．中等教育段階と高等教育段階の連携を強化する。
5．市民役[注3]の一環で，大学生等を対象に，リセの生徒の進路選択等に関する支援に当たる「学生大使」を任命する。

○高等教育へのより公平で透明なアクセス

6．抽選による入学者選抜を廃止する。
7．進学先を決定し，入学願を提出する一連の過程を，より簡潔で透明なものとする。
8．入学願については，進学希望先を最大10か所選択し，順位を付けずに提出する。
9．希望する進学先で成功するために，求められている知識・技能を知る。
10．進路選択に当たり，生徒一人一人の適性を考慮する。

○一人一人の都合に合った，刷新されたバカロレア取得後の教育課程の提供

11．「学業成功のための契約」として，履修課程における学生の学習計画を教員が把握し，対話を通じて学生の状況に応じた支援を行う。
12．第一段階（学士課程）において個々の状況に応じた，柔軟な履修を可能とする。
13．チュートリアル及び学生の支援を強化する。
14．新しいかたちの教育（プロジェクト学習，反転教育等）を奨励する。

○学生生活の条件の改善
　１５．学生の負担を軽減するため，高等教育機関に登録する学生が納付する学生健康保険料（2017年度は217ユーロ，約2万6,040円）を2018年度から廃止し，「学生生活納付金」とする（2018年度は学士課程60ユーロ，修士課程120ユーロ，博士課程150ユーロ）。
　１６．学生が納付しているその他の納付金（予防医療費や任意のスポーツ・文化活動費等）を「学生生活納付金」に統合し，学生生活支援制度を包括的にわかりやすくする。
　１７．大学区を変えて進学する学生のために最大1,000ユーロの移動手当を支給する。
　１８．治療や保健へのアクセスを向上するため，大学に新たな保健センターを創設する。

○改革を実施するために約10億ユーロ（約1,200億円）の投入
　１９．学生一人一人の支援の充実等，学士課程の改革のために，政府投資計画から4億5,000万ユーロを投入する。
　２０．定員超えしている課程における定員の拡大，改革に従事する教員の価値を高めるため，政権の任期の5年間において5億ユーロを投入する。

【注】
1. 1ユーロ＝120円で換算。
2. 各学級には，校長，学級担任教員，生徒代表や保護者代表，進路指導・心理カウンセラー等で構成される学級委員会（conseil de classe）が置かれる。学級委員会は，学校生活に関する問題を扱うとともに，生徒の学力を把握し，進級や進路選択等に関し協議する役割を担っている。
3. 兵役は1997年に廃止され，市民奉仕活動等を行う市民役（service civique）が導入されている。

【資料】
国民教育省報道発表（2017年10月30日）／国民教育省報道資料（2017年10月30日）

ドイツ・欧州

1 ドイツ 96
2 欧 州 104

1 ドイツ

　4年に一度の連邦議会選挙に向け，各党は選挙公約を示し，それぞれの政策的な主義・主張を戦わせ合ったが，2017年9月に行われた投票の結果，メルケル首相が率いる中道右派のキリスト教民主・社会同盟（CDU・CSU）が第一党の座を守った。しかし，絶対多数を確保できなかったことから，CDU・CSUは連立パートナーを模索することとなり，最終的に選挙から5か月を超えた2018年3月，前政権の連立パートナーであったSPDとの連立政権を発足させることとなった。同日明らかにされた連立協定では，SPDが主張してきた，教育における連邦の州への協力の強化が全面に押し出されている。高等教育においては，各州文部大臣会議（KMK）が，2017年2月，ドイツの高等教育システムにおいて取得可能な資格を体系的に示した「ドイツ高等教育修了資格枠組み（HQR）」の改訂版を決定した。

1.1　教育における連邦の協力の範囲を前提とした各党の選挙公約
　　　――連立交渉のキーポイントに

　教育を州の専管事項とするドイツでは，連邦の憲法である基本法に基づき，連邦は高等教育分野においてのみ財政面で州に協力することができる。教育分野における連邦の州に対する協力の範囲については以前から議論があり，第3次メルケル政権では，メルケル首相が率いる中道右派のキリスト教民主・社会同盟（CDU・CSU）が現行制度のまま高等教育分野に限る協力を主張してきたのに対して，連立パートナーである社会民主党（SPD）は教育分野全体での協力を求めてきた。そうした中，2017年9月24日に投票が行われた連邦議会選挙では，CDU・CSUが第一党の座を守ったものの絶対多数を確保できなかったことから，今後，同党が第4次メルケル政権の発足に向けてどの党と連立交渉を行うかが，本来は州の専管事項である教育の視点からも注目されている。

　第1次メルケル政権時代（2005～2009年）の2006年，連邦制度改革により，連邦は州の専管事項と定められている分野での投資・協力を禁じられ，教育分野へのかかわりは有力大学に教育研究費を重点配分する「高等教育のためのエクセレンス構想」[注1]や，学生の収容力及び教育・研究の質の向上を目的に各高等教育機関に追加的な資金を措置する「大学協定2020」[注2]といった，特定のテーマに関する州との時限的な共同プロジェクトに限られることとなった。しかし，第2次メルケル政権のとき（2009～2013年），教育，特に高等教育に関して地域を越えた取組が多く求められるようになった近年の状況に，州単位では十分に対応できないとし，連邦の財政的支援を再度可能とするよう求める声が党派を超えて上がった。その後，連邦と州との協力の範囲を高等教育に限定したい連邦政府と，教育全般を協力範囲としたいSPDが与党を務める州との間で折り合いがつかず，膠着状態に陥ったものの，2013年に与党第一党のCDU・CSUとSPDとの大連立による第3次メルケル政権（2013～2017年）が誕生したことで，2014年に基本法の改正に至り，高等教育機関やその付属の研究機関等に限定して連邦の恒常的な助成を可能とする現行制度がもたらされた。これをCDU・CSUは自らの主張が通ったように受け止めたが，第3次政権の連立パートナーであるSPDは，連邦の協力の範囲を教育全般に広げるための第一歩とみなした。

　こうした経緯から，今回の連邦議会選挙では，教育は州の専管事項であるにもかかわらず教育分野

にも焦点が当てられ，各党の選挙公約にも，教育における連邦の協力の範囲を前提に，教育政策に関することが就学前教育から継続教育に至るまで幅広く盛り込まれた。今回議席を獲得した党が掲げた，教育に関する特徴的な選挙公約は，**表**のとおりである。

表［1/2］：教育政策に関する各党の選挙公約

キリスト教民主・社会同盟（CDU・CSU，得票率：32.9％）

○就学前保育・教育及び学校教育
・基礎学校修了までの保育費用に対する雇用主の手当への免税措置を拡大
・児童・生徒のデジタル・コンピテンシーをできるだけ包括的に促進するような熟練した教師の継続教育を通じて各州を支援
・革新的な教育クラウドを提供

○職業教育
・二元制の職業訓練生を対象とした新たなキャリアアップのための「より高度な職業教育」のモデルを，州，職能団体，労働団体と共同で構築

○高等教育
・良い大学教育とデジタルで革新的な総合大学及び専門大学を，各州と共同で強化

○継続教育
・雇用主，労働組合，担当部局と共同で「全国継続教育戦略」を策定

社会民主党（SPD，得票率：20.5％）

○早期教育
・保育・教育料を段階的に廃止
・就学前保育・教育施設の質向上に関する連邦レベルの法

○学校
・連邦と州の協力禁止を廃止
・スクール・ソーシャルワークを拡充
・デジタル・コンピテンシーを継続的に成長させるような，あらゆる教育分野や学校教育段階を対象とした教育スタンダードを開発

○職業教育
・職業教育と大学教育との接続を改善
・職業訓練修了生を対象とした奨学金を倍増・マイスター証書により修士課程への入学を許可

○大学
・アビトゥアを持っていない者もアクセス可能な「デジタル・オープンユニバーシティ」の理念を促進
・高齢者がデジタル社会の機会をよりうまく利用できることを目的とした高齢者向けサービスを提供

ドイツのための選択肢（AfD，得票率：12.6％）

○早期教育
・就学前教育や保育ママと同様に，親による保育も財政支援

○学校
・才能に応じた分岐型の学校制度に賛成
・特別支援教育学校を維持
・就学年齢にある亡命申請者に対して，母国への帰還に導くような教育を提供
・ドイツの学校では，宗派に結び付けられたイスラム教の授業を禁止
・イスラム教徒の児童・生徒の例外法を撤廃

○職業教育
・職業教育制度と職業訓練制度を強化

○高等教育
・伝統的な学位であるディプローム及びマギスターを再導入
・学修のモジュール化及びアクレディテーション団体を廃止
・総合大学が引き続き博士の学位授与権を維持
・高等教育機関の自律を強化

自由民主党（FDP，得票率：10.7％）

○全体
・教育における連邦制度を抜本的に見直し
・全教育段階の教師の質を向上させるより良い枠条件を構築

○早期教育と学校
・就学前保育・教育施設，学校のファンディングを教育バウチャーに置き換え
・就学前保育・教育施設のスタッフの給与と養成を改善
・学校の自律性を促進
・統一的な教育スタンダードと統一的な修了試験
・私立学校に対して公立学校と同価値の支援
・デジタル教育の普及促進のために児童・生徒1人当たり1,000ユーロを技術的投資
・障害のある子供と健常の子供を一緒に，拘束力のある基礎的なスタンダードで授業を受けさせるとともに教育，特別支援教育学校を維持

○職業教育
・二元式の職業教育訓練の価値を向上させ，拡充
・職業教育のためのエクセレンス構想を要求
・EUの「エラスムス・プラス」のような欧州レベルの交流プログラムを拡大

○高等教育と研究
・高等教育機関への州を超えた財政支援
・家庭の所得に左右されることのない教育助成
・学生の成績上位15％以上を奨学金で助成

○継続教育
・オンラインツールを使った生涯学習を普及促進
・生涯学習のための教育貯蓄において国が支援
・デジタル変革時代における継続教育の支援を強化

左党（Die Linke，得票率：9.2％）

○全体
・協力禁止を完全に撤廃し，教育を連邦と州の共同任務として基本法で規定
・教える－学ぶ条件（人と設備）のスタンダードを，教育大綱法で設定

○早期教育
・就学前保育・教育施設の全日制の定員に対する権利要求

○学校
・児童・生徒がより長く一緒に学ぶ地区総合学校
・スクール・ソーシャルワークを学校の仕事の確たる一部として位置付け
・全教育分野を対象に公益的な無料の教材を連邦の資金で助成

○高等教育と研究
・修士課程へのアクセス制限を撤廃
・あらゆる類いの授業料を廃止
・高等教育機関の全構成員により民主主義的に選出された合議組織の強化
・卓越した大学に競争的資金を重点配分する「高等教育のためのエクセレンス構想」を中止し，その資金を基礎的なファンディングに利用
・家庭の収入に左右されることがなく，返還義務もない月総額1,050ユーロ程度の連邦奨学金

○継続教育
・フォルクスホッホシューレ（市民大学）に対する財政支援を強化し，そのサービスを充実させ，無料で提供

表 [2/2]：教育政策に関する各党の選挙公約

連合90/緑の党（Bündnis 90/Die Grünen, 得票率：8.9％）	
○全体 ・教育と質の向上への投資を増加 ・連邦と州の協力禁止を完全に撤廃 ○早期教育 ・教育士の養成を刷新し，魅力化 ・質のスタンダードを法で規定 ○学校 ・基礎学校の生徒全員に対し，全日制学童保育の権利要求を付与 ・老朽化した学校の再開発促進プログラム・全ドイツで比較可能な学校修了資格 ・充実した教育スタッフと資金により，社会的に不利な状況にある地域の学校の設備を改善するための連邦プログラム ・地区総合学校及び総合制学校の拡充	○職業教育 ・見通しの利かない混乱した助成措置に替わる職業訓練保証 ・職業訓練の共同支援を目的とした分野別・地域別の賦課金 ○高等教育 ・どの年齢の学生にも，パートタイムの学生にも開かれた，生活に十分な連邦奨学金 ・中期的には学生全員を対象とした給付金と，低所得家庭出身の学生を対象としたニーズベースの給付金で構成された，学修への財政的な支援 ○継続教育 ・普通教育の一部としてのデジタル・コンピテンシー ・現行のキャリアアップ奨学金を見直し，個人の状況により柔軟に対応可能な「教育の時間プラス（BildungsZeit Plus）」を創設

（出典）Deutscher Bildungsserver（Deutsches Institut für Internationale Pädagogische Forschung, DIPF）, Bundestagswahl 2017: Die Bildungspolitik in den Wahlprogrammen der Parteien（https://www.bildungsserver.de/Bundestagswahl-2017-Die-Bildungspolitik-in-den-Wahlprogrammen-der-Parteien-12142-de.html）.

　今後，年内にも第4次メルケル政権を発足させるべく，CDU・CSUと各党との連立交渉の中で，教育政策についても調整の可否が検討されることになる。しかし，得票率20.5％のSPDが既に連立しないことを表明しており，絶対多数を確保するには複数の党と政策の擦り合わせが必要となることから，連立交渉がかなり難航するとみられる。第4次メルケル政権の教育政策の方針は，連立パートナーと締結される連立協定において明らかにされることになる。

【注】

1. 「高等教育のためのエクセレンス構想」は，国際競争力の強化を目的に2005年6月に立ち上げられた連邦と各州の共同先端研究助成プログラムであり，有力な高等教育機関に教育研究費を重点配分しようとするものである。総額19億ユーロを予算とする第1期（2006～2011年），総額27億ユーロを予算とする第2期（2012～2017年）に引き続き，2019年から第3期の継続実施が決まっている。
2. 「大学協定2020」は，2020年までに予測される高等教育人口の急速な拡大に備えるべく2007年より実施されている連邦と各州の共同プロジェクトで，▽高等教育機関の研究プロジェクトに対して追加的に財政支援を行う第1の柱，▽27万5,000人分の学生定員を追加的に創出しようとする第2の柱，▽学士課程での学修に従事する人材を十分に確保するための第3の柱からなる。

【資料】

　Deutscher Bildungsserver（Deutsches Institut für Internationale Pädagogische Forschung, DIPF）, Bundestagswahl 2017: Die Bildungspolitik in den Wahlprogrammen der Parteien（https://www.bildungs server.de/Bundestagswahl-2017-Die-Bildungspolitik-in-den-Wahlprogrammen-der-Parteien-12142-de.html）

1.2　第4次メルケル政権，教育における連邦と州との更なる協力を強調
——キリスト教民主・社会同盟（CDU・CSU）と社会民主党（SPD）との連立協定

　2018年3月14日，連邦議会でアンゲラ・メルケル氏が連邦首相に選出されたことで，与党第一党のキリスト教民主・社会同盟（CDU・CSU）と社会民主党（SPD）との大連立による第4次メルケル政権が発足し，連邦教育研究大臣にはアンニャ・カーリチェク（Anja Karliczek）氏が就任した。今次政権では，教育，科学，研究がドイツの未来に重要なテーマとして位置付けられており，全13章から成る連立協定「欧州のための新たな出発，ドイツのための新たなダイナミズム，我が国のための新たな連帯」の第3章「教育・研究・デジタル化への積極策」では，技術的，科学的，社会的イノベーショ

ンを促進し，このために追加的な資金を充当していくこととともに，州の専管事項である教育の機会の公正と教育の質の向上において州に積極的に協力していくことなどが示されている。

　2017年9月24日に投票が行われた連邦議会選挙では，現職のメルケル氏が率いる保守系のCDU・CSUが32.9％の得票率をもって与党第一党の座を守ったものの絶対多数を確保できなかったことから，CDU・CSUは緑の党（Die Grüne），自由民主党（FDP）といった少数政党と連立交渉を行ってきた。しかし，いずれも交渉が決裂したため，2017年12月からは，前政権の連立パートナーで今回第二党となったSPDとの交渉が進められ，選挙から5か月を超えてようやく合意に達し，2018年3月14日に第4次メルケル政権が発足することとなった。

　第4次メルケル政権の発足に当たってCDU・CSUとSPDとの間で締結された連立協定では，第3章「教育・研究・デジタル化への積極策」に教育政策に関する連立政府の方針が示されている。その主な内容は，次のとおりである。

〇**教育と学校一般**
- 教育機会の向上のために連邦と州が協働できるように，高等教育，学術，研究の事柄について連邦と州が協議し勧告を行う学術協議会[注1]に倣い，教育全般について連邦と州が協議・提案し，各州の教育政策を促す全国教育協議会（Nationale Bildungsrat）を設置する。
- 教育は州の権限とする「文化高権（Kulturhoheit）」の理念を今後も維持・尊重しつつ，教育インフラ領域において「財政的に脆弱な自治体」に対する重要な投資に限って連邦が州を支援できることを規定した，連邦の憲法である基本法第104c条を改正し，財政的に脆弱な自治体に限ることなく全日制教育プログラム[注2]や学童保育プログラム，デジタル化，職業学校に係る各州の教育インフラ整備事業に連邦が財政支援できるようにする[注3]。
- 2025年までに基礎学校年齢にある全ての児童を全日制教育プログラム及び学童保育プログラムに受け入れられるだけの定員を確保すべく，連邦は20億ユーロ措置する。
- 児童・生徒が全ての教科及び学習領域でデジタルな学習環境を利用できるように，連邦は州と学校デジタル協定を締結し，5年間で50億ユーロを措置して学校のITインフラの構築において州に協力する。
- 社会的に不利な状況に置かれている学校やインクルージョンという特別な任務を負う学校の特別な取組において連邦と州は協力し，そうした学校の取組を州が助成するのに対し，連邦はそうした学校の取組をフォローする研究を助成する。

〇**職業教育と職業訓練**
- 職業教育法（BBiG）に職業訓練の最低報酬を規定するとともに，デジタルな職業教育訓練戦略及び大綱条件の改定を特に念頭に置いて，職業教育訓練やキャリアアップに係る規則を刷新する。
- 連邦と州が協力し，ギムナジウムを含め，中等教育段階で普通教育を提供する全ての学校種で職業オリエンテーションを一層強化していく。
- パートタイムの職業教育訓練の積極的な活用を促すイニシアチブを立ち上げ，家庭と仕事の両立を促進し，たくさんの人々が職業教育訓練を受けられるようにする。
- 個人の学習や教養のためにデジタル・メディアを活用したりメディア・コンペテンシーを取得したりする機会を人生のどの段階でも得られるよう，特に市民大学（Volkshochschulen）[注4]にお

いて魅力的で敷居の低い学習機会の提供を促進する。

○**大学と学術**
- 質の高い大学教育を保障するため，高等教育人口の急増に備えて2007年に始まった連邦と各州の共同プロジェクト「大学協定」[注5]の枠組みを維持し，連邦はそのための予算を恒常化する。
- ドイツ研究助成協会（DFG）が行う研究助成において，オーバーヘッドとして設定することが認められている研究費総額の22％を連邦と州が共同で負担するとする「大学協定」第2の柱を2020年以降も継続し，連邦が20％，州が2％となっている現行の負担割合については2025年まで維持する。将来的にはオーバーヘッドを30％に引き上げるよう努める。
- 学修条件と大学教育の質の向上を目的とする「大学協定」第3の柱「大学教育の質協定」の安定化を図り，発展させるとともに，特にイノベイティブな大学教育や大学間の交流，また成功するコンセプトの転用を競争によって促進する。
- 専門大学で行われている研究を対象とした連邦のプロジェクト助成を拡充し，特に技術移転を進めて地域のイノベーション機能を強化する。また，既に計画されているイニシアチブを連邦と州が共同で始動させることで，専門大学の教授職に至るまでのキャリアデザインをしっかりと行い，公募採用時に専門大学をサポートする。さらに，専門大学の国際化戦略も適切にサポートする。
- 連邦奨学金（BAföG）を拡充し，給付を改善する。
- デジタル化を通じて大学教育や研究，学術交流，ガバナンスの質の向上を支援する。例えば，デジタル化に関する競争的資金により大学を支援していく。
- 国内のトップレベル研究者をドイツに留めるとともに海外のトップレベル研究者を獲得すべく，卓越した大学に競争的資金を重点配分する「エクセレンス戦略」[注6]を発展させつつ，新たな取組も展開する。
- 医師養成改革，医学部への入学手続の改善，地方における広域的な家庭医の供給に向けて「医学教育マスタープラン2020」[注7]の実施をフォローする。
- 学術機関や研究機関に対する助成の条件として，女性の割合を高めることについて拘束力のある目標を盛り込んだ男女平等計画や人材開発計画の提出を大学に求めたり，新たな女性教授プログラムを実施したりすることで，より多くの女性が大学や研究機関で指導的地位を占めるように支援する。

　今回，第4次メルケル政権において新しく連邦教育研究大臣に就任したカーリチェク氏[注8]は，就任に際し，職務を行う学校，良い教育計画，全日制教育プログラムの提供，そして特に適切なデジタル装備によって誰もが良い教育への機会を持てるようになることに期待感を示すとともに，連邦政府がよりパワフルに総合大学やその他の高等教育機関や研究機関に投資していく予定であることも表明した。加えて，教育訓練の様々な課程間の進路の変更可能性が一層高まるようにし，継続教育をよりわかりやすい，できるだけ多くの人々にとって自ら裁量できるものにしていきたいと語った。

【注】
1.「学術協議会（Wissenschaftsrat：WR）」は，連邦と州との行政協定によって1957年に創設された機関で，連邦及び各州の政府に対して，高等教育や学術システムの内容的・構造的な発展に関する勧告を主な任務としている。

2. 全日制教育プログラムは，従来昼過ぎに終了していた授業時間を午後にも延長して補習や課外活動などの教育プログラムを提供するものである。2001年のPISAショック以降，学力低下の主な要因として，子供の社会的出自による学習環境の相違，とりわけ移民家庭の不適切な学習環境が指摘されてきた。そこで，従来の「半日制」では子供が家庭で過ごす時間が長くなり，その分子供に対する家庭の影響も大きくなるとして（特に移民家庭ではその子女への母語の干渉が望ましくないとして），連邦がイニシアチブをとるかたちで全日制教育プログラムの普及策が展開されていった。
3. 現行の基本法第104c条には，自治体の教育インフラ領域において財政的に弱い自治体（自治体連合）が国全体にとって重要な投資を行う場合に，州による当該自治体への財政支援に連邦が協力することができる旨規定されている。
4. 市民大学（Volkshochschulen）は，職業資格の取得を目的とした講座のほか，中等教育修了資格の取得を目的とした講座や，個人の趣味・関心に応じた講座など，様々な目的に沿った講座を廉価で提供する地域の継続教育センターである。
5. 「大学協定」は，2020年までに予測される高等教育人口の急増に備えるべく2007年より実施されている連邦と各州の共同プロジェクトで，▽27万5,000人分の学生定員を追加的に創出しようとする第1の柱，▽大学の研究プロジェクトに対して追加的に財政支援を行う第2の柱，▽学士課程での学修に従事する人材を十分に確保するための第3の柱，の3つの柱からなる。
6. 「エクセレンス戦略」は，国際競争力の強化を目的に，2005年6月に連邦と各州の共同先端研究助成プロジェクトとして立ち上げられた，有力な高等教育機関に研究費を重点配分する「エクセレンス構想」の後継事業であり，2019年よりスタートする予定である。エクセレンス構想では，「大学院」「エクセレンス・クラスター」「将来的構想」の3つのプログラムにおいて選ばれた大学や研究チームが助成されてきたが，エクセレンス戦略では，「エクセレンス・クラスター」と「エクセレンス大学」の2つのプログラムの下で大学及び研究チームが助成を受けることとなる。なお，同プロジェクトの資金の75％を連邦政府が，25％を助成対象に選ばれた大学が置かれた，あるいは研究チームの拠点が置かれた州が負担することとなっている。
7. 「医学教育マスタープラン2020（Masterplans Medizinstudium 2020）」は，医学教育改革を盛り込んだ2013年の第3次メルケル政権の連立協定に基づき策定され，2017年3月に発表されたもので，大学における医学教育の学修構造と研修内容の改革方針が示されている。
8. アンニャ・カーリチェク（Anja Karliczek, 1971年4月29日生まれ）氏は，1990年にアビトゥア取得後，銀行員，ホテルマネージャーとしての勤務経験を経て，1998年にCDUに加入，2004年にテックレンブルク市議会議員に当選したことで政治家としての人生をスタートさせた。他方，これに並行して2003年からハーゲン通信制大学で経営学を学び，2008年に銀行員としてのディプロームを取得した。2013年に連邦議会議員に選出されると，財務委員会，観光委員会に所属し，2017年1月からはCDU/CSU連邦議会議員団の議会運営理事を務めていた。夫と3人の子供がいる。

【資料】
Koalitionsvertrag zwischen CDU, CSU und SPD --Ein neuer Aufbruch für Europa, Eine neue Dynamik für Deutschland, Ein neuer Zusammenhalt für unser Land, 2018年3月14日 (https://www.cdu.de/system/tdf/media/dokumente/koalitionsvertrag_2018.pdf)

1.3 ドイツ高等教育修了資格枠組み（HQR）が改訂

2017年2月16日，各州文部大臣会議（KMK）は，「ドイツ高等教育修了資格枠組み（HQR）」の改訂版を決定した。同資格枠組みは，ドイツの高等教育教育システムにおいて取得可能な資格を「学士」「修士」「博士」の3段階に分類して体系的に示したもので，大学で学ぼうとする者や雇用者への情報提供に役立つとともに，評価とアクレディテーションをサポートし，カリキュラム開発を容易にすることが期待されている。今回の改訂は，2005年に初めて公表された同枠組みが高等教育の特質を十分に記述できていないとして，大学学長会議（HRK）のイニシアチブの下進められてきたものである。

欧州に共通する高等教育圏の構築を謳うボローニャ宣言（1999年）に基づく一連の改革（ボローニャ・プロセス）について2003年にドイツのベルリンで開催されたフォローアップ会合において，「欧州高

等教育圏のための資格枠組み」を開発していくことが共同声明（ベルリン・コミュニケ）に盛り込まれた。「欧州高等教育圏のための資格枠組み」とは，学習者が与えられた資格で期待される学習成果（ラーニング・アウトカム）や，教育システム及び高等教育システムの中で学習者が資格と資格の間をどのように移行できるかを「学士レベル」「修士レベル」「博士レベル」の3段階で示したものである。2005年にノルウェーのベルゲンで開催されたフォローアップ会合で同資格枠組みが採択されると，ボローニャ・プロセスの参加各国は，同資格枠組みに適合する各国版の資格枠組みを開発していくこととなった。

　こうした動きに則ってドイツでは，各州文部大臣会議（KMK）と大学学長会議（HRK），そして連邦教育研究省（BMBF）によって共同で「ドイツ高等教育修了資格枠組み（HQR）」が策定され，2005年4月21日付けでKMKにおいて決定された。これにより，従来は学修内容や入学許可の基準，学修期間といったインプットの側面に焦点を当てて表されていたドイツの学修プログラムが，学修を終えた者が得ることになる資格，すなわちアウトプットの側面に依拠して記述され得るようになった。具体的には，HQRには次のような内容が含まれている。

〇資格のプロフィールに関する一般的な記述
〇学習成果の一覧表
〇修了者が備えているべきコンピテンシーやスキルに関する記述
〇「学士」「修士」「博士」の各レベルの形式的な観点（ECTSにおける単位，入学許可の基準，修了資格の名称，接続の機会）に関する記述

　また，「学士レベル」「修士レベル」「博士レベル」の3つの段階はそれぞれ，分野横断的な8段階の枠組み「生涯学習のためのドイツ資格枠組み（DQR）」のレベル6，7，8に対応している[注1]。

　今回，2017年2月16日付けでKMKが決定した新たなHQRは，旧版では高等教育の特質を十分に表し切れていなかったとして，骨子は基本的に変わらないものの，記述が全体的に詳細になっている。特に，修了者が備えているべき能力やスキルに関する記述においては，科学的な認識に基づいた反省的かつ技術革新的に行為する能力と，科学的な方法を応用して新たな知識を創出する能力に焦点が当てられている（**表**参照）。

表：新旧のドイツ高等教育修了資格枠組み（HQR）
（学士レベルの修了者が備えているべき能力やスキルに関する記述部分）

旧	知っていることと理解していること	できること
知識を広めること 修了者の知識と理解は，大学入学資格のレベルを基盤にし，本質的にはこれを超える。 修了者は，自らの学習領域の科学的な基礎に関する幅広かつ纏まった知識と理解を証明している。 **知識を深めること** 修了者は，自身の学修プログラムの最も重要な理論，原理，方法を批判的に理解することができ，自身の知識を垂直的，水平的，側面的に深められた状態にある。修了者の知識と理解は，専門的な文献の水準に適うものであるが，同時に，彼らの学習分野において現在の研究水準で深められた知識のストックをいくらか含んでいる。	修了者は以下の能力を獲得している： **道具的能力** －自身が有する知識と理解を自身の活動又は仕事に応用し，自身の専門分野における問題や議論の解決策を開発し，前に進めることができる。 **組織的能力** －関連情報，特に自身の学修プログラムの関連情報を収集し，評価し，解釈することができる。 －社会的，科学的，倫理的な認識を考慮して，科学的に根拠付けられた判断を引き出すことができる。 －高次の学習プロセスを独自に編成することができる。 **コミュニケーション能力** －専門的な立場や問題の解決策を言葉で表現し，議論を通じてこれらを擁護することができる。 －情報，理念，問題，解決策について専門分野を代表する者及び素人と意見を交わすことができる。 －チームの中で責任を引き受けることができる。

新	知っていることと理解していること	知識の動員，応用，生産
知識を広めること 修了者の知識と理解は，大学入学資格のレベルを基盤にし，本質的にはこれを超える。 修了者は，自らの学習領域の科学的な基礎に関する幅広かつ纏まった知識と理解を証明している。 **知識を深めること** 修了者は，自身の学修プログラムの最も重要な理論，原理，方法を批判的に理解することができ，自身の知識を分野を超えても深められる状態にある。修了者の知識と理解は，専門的な文献の水準に適うものであるが，同時に，彼らの学習分野において現在の研究水準で深められた知識のストックをいくらか含んでいる。 **知識を理解すること** 修了者は，状況に応じて，認識論的に根拠のある，専門的で実践に関連した陳述の正しさを省みる。こうした陳述は複雑な文脈に関連してみられ，批判的にしっかりと相互に比較考量される。問題は，想定される文脈を背景に，専門的な妥当性によって解決される。	修了者は，知識と理解を活動ないし仕事に応用し，自身の専門分野における問題の解決策を身に付け，さらに発展させることができる。 **利用と伝達** 修了者は， －特に自身の学修プログラムの関連情報を収集し，評価し，解釈する。 －科学的に根拠付けられた判断を引き出す。 －解決の端緒を開発し，科学の状況に応じた解決策を実現する。 －応用志向のプロジェクトを実施し，チームにおいて複雑な課題の解決に貢献する。 －独力で上級の学習プロセスをデザインする。 **科学的イノベーション** 修了者は， －研究上の問いを引き出し，それを定義する。 －研究の操作運用を説明し，理由付ける。 －研究方法を応用する。 －研究成果を説明し，これに注釈を加える。
コミュニケーションと協力	**科学的な自己理解／専門性**
修了者は， －自身の行為動の範囲内で，専門的で事実に即した問題解決策を言葉で表し，専門分野を代表する者及び分野外の者との議論の中で，このことを理論的，方法論的に根拠のある論証をもって説明することができる。 －設定された課題を責任をもって解決するため，他の専門分野を代表する者及び分野外の者とコミュニケーションを図り，協力する。 －他の関係者の様々な認識や感心を省みて，考慮に入れる。	修了者は， －主として科学の外にある職業領域における職業上の行為の目標及びスタンダードに沿った職業上の自己イメージを発展させる。 －自身の職業上の行為を理論的で方法論的な知識で説明する。 －自身を評価し，自律的に事実に即して構成したり決定したりする自由を省み，こうしたことを指導の下で役立てる。 －状況に適した，職業上の行為の枠条件を把握し，責任上の倫理を持って自身の決定を説明する。 －自身の職業上の行為を社会の期待や結果に関連させて批判的に省みる。

表注：HQRでは，学士レベルだけでなく修士及び博士レベルの能力やスキルについても，同様の枠組み項目（「知っていることと理解していること」「知識の動員，応用，生産」「コミュニケーションと協力」「科学的な自己理解／専門性」）で規定している。

【注】
1. 「生涯学習のためのドイツ資格枠組み（DQR）」は，EU（欧州連合）加盟各国の資格を相互に読み替えていくための支援ツールである「生涯学習のための欧州資格枠組み（EQF）」に対応した，ドイツ国内の学位のみならずあらゆる資格や学習成果を分類するための8段階の参照枠組みである。

【資料】
Kultusministerkonferenz: Qualifikationsrahmen für deutsche Hochschulabschlüsse, 16.02.2017 (https://www.kmk.org/fileadmin/Dateien/pdf/PresseUndAktuelles/2017/2017-03-30_BS_170216_Qualifikationsrahmen.pdf) / Kultusministerkonferenz-Pressemitteilung: Neuer Qualifikationsrahmen von KMK und HRK, 20.03.2017 (https://www.kmk.org/presse/pressearchiv/mitteilung/neuer-qualifikationsrahmen-von-kmk-und-hrk.html)

2 欧州

　2017年10月，欧州委員会は，EU加盟各国及び見習い訓練の提供者等が質の高い効果的な見習い訓練を展開するための条件を示した「質の高い効果的な見習い訓練のための欧州枠組みに関する提案」を採択した。また，同年11月には2025年までに構築すべき欧州教育圏のビジョンを提示した。

2.1　欧州委員会，見習い訓練のための欧州枠組みに関する提案を採択

　2017年10月5日，欧州連合（EU）の行政執行機関である欧州委員会は，「質の高い効果的な見習い訓練のための欧州枠組みに関する提案」を採択した。これは，EU加盟各国及び見習い訓練の提供者等が質の高い効果的な見習い訓練を展開するための条件を14の基準で示したもので，職業訓練生の雇用可能性とともに個人の発達も促し，それにより労働市場のニーズに応える高度な熟練労働者の養成に通じることが期待されている。雇用，社会問題，スキル，労働者移動を担当するティッセン欧州委員は，見習い訓練を「職業教育訓練の『黄金のスタンダード』」と位置付け，この新たな枠組みによって「若者が職業生活で必要とされるスキルを確実に身に付けられるようにしたい」としている。

　EU域内の失業率は7.7％であるが，15～24歳の若年労働者については16.7％と，2倍以上高い（2017年7月現在）。しかし，デュアルシステムが定着しているドイツのように，職業教育機関での座学に並行して職場でも職業訓練を行う見習い訓練（apprenticeships）を制度化している国では，若者の失業率が低い[注1]。こうしたエビデンスに基づいてEUは，見習い訓練が若者を教育や職業訓練から職業生活へスムーズに移行させるための効果的な手段であるとみなし，加盟各国におけるその普及を推進している。2014年には見習い訓練の活性化を目的に，行政機関や企業，職業教育のプロバイダー等，見習い訓練のあらゆる関係者の連携組織として「欧州見習い訓練協会」[注2]を創設し，ここを通じてこれまでに75万件以上の見習い訓練の機会を若者に提供している。また，若者雇用促進策「ユース・ギャランティー」[注3]の枠内だけでも既に39万件以上の見習い訓練を提供しているほか，EUの教育・訓練・青少年・スポーツのための総合的な助成計画「エラスムス・プラス」[注4]では，特に「エラスムス・プロ計画」[注5]を通じて，2018～2020年の3年間でEU域内の他国の企業で訓練を望む職業訓練生およそ5万人の移動を助成することとしている。加えて，2018年5月からは，EU域内の求職と求人のマッチングを行うウェブサイト「EURES」（https://ec.europa.eu/eures/public/en/homepage）のポータルで，見習い訓練の提供情報の掲載も開始される予定となっている。

　こうした中で今回，欧州委員会は一連の取組がより効果的な成果を得られるようにするため，見習い訓練の評価，プログラム開発，制度改善のツールとして「質の高い効果的な見習い訓練のための欧州枠組み」を策定し，加盟各国に勧告するよう意思決定機関である欧州連合理事会に提案した。現在，見習い訓練はEU域内で推進されているものの，国により様々なかたちで組織されており，企業等で提供される見習い訓練の質もまちまちである。しかし今後，欧州連合理事会において今回の枠組みに

関する提案が採択されれば，そうした各国間の組織の多様さを考慮しつつ，EU加盟各国や見習い訓練の提供者等に見習い訓練の質と効果について共通理解を持たせ，一定の質を担保した見習い訓練を通じて若者の職業生活への移行を容易にすることが期待できる。また，同枠組みは，2016年6月に欧州委員会が採択した「欧州新スキルアジェンダ」や[注6]，スキルの取得の質と重要性を高めるとする同アジェンダの要求をさらに前進させた，2017年4月の「欧州社会権の柱」が指標として設定する項目の1つ「全ての人が質の高いインクルーシブな教育・訓練・生涯学習の機会を得る権利を有する」ことにも対応できる[注7]。

同枠組みでは，EU加盟各国や見習い訓練の関係者が既存の見習い訓練を評価するとともに，より質の高い効果的な見習い訓練のプログラムと制度へと改善していけるよう，見習い訓練プログラムの学習及び労働の条件と見習い訓練制度の枠組み条件に関してそれぞれ7つの基準が提案されている（**表**参照）。

表：質の高い効果的な見習い訓練の基準

見習い訓練プログラムの学習及び労働の条件	見習い訓練制度の枠組み条件
①書面による契約 　見習い訓練は，雇用主，職業訓練生，職業訓練機関との書面による契約に基づいていること。	①規制枠組み 　あらゆる関係者間のパートナーシップと透明性のある対話に基づいて，明確かつ一貫性のある規制枠組みが整備されるべきである。
②学習成果 　包括的な学習成果は，雇用主と職業教育機関によって定義され，就労関連のスキルと個人の発達の両方が保障されること。	②社会的パートナーの参画 　業界レベルを含め，社会的パートナーは見習い訓練計画のデザイン，ガバナンス，実施に関与すること。
③教育的サポート 　社内のトレーナーは，職業教育訓練の提供者や教師と緊密に連携を図ること。教師とトレーナーは，自らのスキルを更新する上でサポートを受けられること。	③企業に対する支援 　特に中小企業に対しては，財政的及び/又は非財政的な支援を提供すること。
④職場の構成要素 　見習い訓練期間の半分以上を職場で実施し，そこでは海外留学の機会も提供すること。	④柔軟な経路と移動 　職業教育訓練への柔軟なアクセス要件とともに，高等教育や別の職業訓練の機会があること。見習い訓練が，全国的に認められた資格につながること。国境を越えた移動が，見習い訓練の一要素であること。
⑤給料及び/又は報酬 　職業訓練生は，雇用主，職業訓練生，公的機関間の費用配分を考慮しつつ，国や業界の基準に従って給与及び/又は報酬を受け取ること。	⑤キャリアガイダンスと職業意識の向上 　成果を確実にし，ドロップアウトをできるだけ減らすため，キャリアガイダンス，メンタリング，学習者支援を行うこと。
⑥社会保障 　職業訓練生は，必要な保険を含め，社会保障を受けられること。	⑥透明性 　加盟国内及び加盟国間の見習い訓練の提供の透明性やアクセスのしやすさを確保すること。
⑦労働，健康，安全の条件 　職場は，労働条件に関するルールや規則，特に健康及び安全に関する法令を遵守すること。	⑦質保証と修了者の追跡 　見習い訓練の質の保証と，職業訓練生の雇用とキャリアの進展の追跡を行うこと。

（出典）　European Commission: Proposal for a COUNCIL RECOMMENDATION on a European Framework for Quality and Effective Apprenticeships, Brussels, 5.10.2017, COM (2017) 563 final 2017/0244 (NLE) (http://ec.europa.eu/social/BlobServlet?docId=18330&langId=en).

欧州委員会は，EUの関連資金を通じてこれらの基準の実施を支援するとしており，欧州社会基金（ESF）だけで最大270億ユーロを教育訓練に支出し，そのほか様々な手段を通じても見習い訓練を支援するとしている。

【注】
1. 欧州委員会によると，職業訓練生の60〜90％が見習い訓練後，仕事に直接移行しているという。見習い訓練と若年失業率との相関関係に関する統計は，Eurostatの「Participation of young people in education and the labour market」を参照（http://ec.europa.eu/eurostat/statistics-explained/index.php/Participation_of_young_people_in_education_and_the_labour_market）。
2. 「欧州見習い訓練協会（European Alliance for Apprenticeship）」は，欧州の見習い訓練の質，供給，イメージを高めることを目的に，見習い訓練制度の改善や得点の促進，予算配分などを行っている。

3. 「ユース・ギャランティー」は，若者への職業教育訓練や雇用の提供を目的としたもので，2013年6月に欧州理事会で採択されたことにより，加盟各国は25歳未満の全ての者に対して学校教育修了後あるいは失業後4か月以内に職場を紹介するか，職業訓練又は職業継続教育のいずれかを提案することとなった。
4. 「エラスムス・プラス」は，2014～2020年で総額190億ユーロを予算とする，教育・訓練・青少年・スポーツ分野の総合的な助成計画である。EUはこれまで，教育分野では「生涯学習プログラム」(2007～2013年）の下，学校教育，高等教育，成人教育，職業教育，言語学習などの分野での人的移動を，奨学金や様々なツールの開発を通じて推進してきたが，EUによる支援の効率化と拡大化を図るべく，「エラスムス・プラス（Erasmus+）」では，「生涯学習プログラム」の枠内で推進されてきた4つの教育関連の移動促進プログラムと，EU域外を対象とした教育における国際協力プログラム，青少年及びスポーツの分野における移動促進プログラムが1つにまとめられた。
5. 「エラスムス・プロ計画 (ErasmusPro-Initiative)」は，若者の雇用可能性の向上を目的に2016年12月に立ち上げられた，見習い訓練及び職業継続教育を海外で長期に受けようとする若者を支援するプロジェクト。
6. 「欧州新スキルアジェンダ」は，EU域内の人々が利用できる正しい訓練，スキル，サポートをもたらすことを目的に，今後2年間で次の10の事柄を順次進めることとなっている：①スキルアップの道：大人のための新たな機会（進行中），②欧州資格枠組み（進行中），③（デジタルスキルに秀でた人材をプールする官民を挙げた）デジタルスキル・ジョブ連合（進行中），④技能分野別の協力のための青写真（進行中），⑤（亡命者，難民，その他の移住者のスキルの早期発見と支援を目的とした）第三国国民のためのスキルプロファイル・ツールキット（進行中），⑥職業教育訓練(VET)（進行中），⑦ユーロパス（進行中），⑧（教育訓練の経験後に修了者のパフォーマンスを測ることを目的とした）修了者の追跡（進行中），⑨キー・コンピテンシー（これから），⑩高いスキルや能力を身に付けた者の移動（ブレイン・フロー）の管理に関するベストプラクティスの分析と共有（進行中）。
7. 「欧州社会権の柱」は，人の移動の自由に基づいて域内の労働市場の統合を進めるに当たり，既存の労働者保護に関する法制度を補完する原則として提案されたもので，機会均等，公正な労働条件，社会的保護の3つのカテゴリーに計20項目の原則とともに，各カテゴリーに対応した12分野に複数の指標を「社会的スコアボード」として設定することで，加盟各国の状況をモニタリングすることが意図されている（独立行政法人 労働政策研究・研修機構「欧州委，『欧州における社会権の柱』を公表（国別労働トピック：2017年9月）」(http://www.jil.go.jp/foreign/jihou/2017/09/eu_01.html) 参照）。

【資料】
European Commission: Proposal for a COUNCIL RECOMMENDATION on a European Framework for Quality and Effective Apprenticeships, 5.10.2017, COM (2017) 563 final 2017/0244 (NLE) (http://ec.euro pa.eu/social/BlobServlet?docId=18330&langId=en) ／European Commission: Press release "Commission adopts initiative to boost apprenticeships in Europe", 5 October 2017 (http://europa.eu/rapid/press-release_IP-17-3585_en.htm) ／European Commission: Fact Sheet "European Framework for Quality and Effective Apprenticeships: Questions and Answers", 5.10.2017 (IP/17/3585) (http://europa.eu/rapid/press-release_MEMO-17-3586_en.htm) ／European Commission: Factsheet New Skills Agenda for EU, 2016 (http://europa.eu/rapid/attachment/IP-17-3585/en/Factsheet%20New%20Skills%20Agenda%20for%20EU_09.pdf)

2.2 欧州委員会，2025年までに構築すべき欧州教育圏のビジョンを提示

欧州連合(EU)の経済・社会戦略「欧州2020 (EU2020)」の目標年である2020年が近づき，欧州の未来に関する議論が本格化する中，2017年11月14日，EUの行政執行機関である欧州委員会は，2025年までに構築すべき欧州教育圏のビジョンを提示した。同ビジョンでは，▽移動の促進，▽学校及び大学の修了資格の相互承認，▽カリキュラム開発，▽言語学習の増進，▽生涯学習の推進，▽教育のイノベーション及びデジタルスキルの促進，▽教師のネットワークの強化，▽欧州大学ネットワークの構築，▽教育への投資の強化などをテーマに，2025年までに実施すべきことが示されている。

EUの各分野の政策は，全分野を包括する2010～2020年の経済・社会戦略「欧州2020」に沿いつつ，下位の分野別プログラムに基づいて進められている。具体的には，加盟各国が自らの計画をEUの分野別プログラムに対応させつつ，その独自性を維持するかたちで策定し，進めている。EUはその際，

行動計画の提供や事業を促進するためのツールを開発するなど、補完的な支援を行っている。教育・訓練分野では、「欧州2020」の下位の分野別プログラムとして、2009年5月に欧州連合理事会が決定した「教育・訓練2020（ET2020）」において、2020年までに加盟各国が達成すべき共通目標が示されている。「教育・訓練2020」が掲げる加盟各国の共通目標とは、▽生涯学習と移動の実現、▽教育・訓練の質の効率性の向上、▽公正と社会の団結とアクティブな市民感覚の促進、▽イノベーションと創造性の促進、の4つである。これらの目標を加盟各国が達成できるように、「教育・訓練2020」では数値目標として7つの「欧州ベンチマーク」も設定されており、その進捗状況は欧州委員会によってモニタリングされ、毎年評価・報告されている[注1]。

そうした中で今回、2025年までに構築すべき欧州高等教育圏のビジョンが、欧州委員会が欧州議会やEUの関連委員会に対して提出したコミュニケ「教育と文化を通じた欧州人のアイデンティティの強化」[注2]の中で示された。その背景には、「教育・訓練2020」の目標年である2020年が近づき、7つの数値目標のうち特に、「欧州2020」にも数値目標として盛り込まれている▽教育・訓練の中途退学者の割合と、▽高等教育修了資格の保持者の割合がほぼ達成されつつある、ということがある。欧州委員会は、こうした成果を土台に、より野心的に欧州教育圏の構築に取り組んでいくとしている。

欧州教育圏に盛り込まれている主なビジョンは、次のとおりである。

○**移動の促進**：エラスムス・プラス（Erasmus+）や欧州連帯団[注3]の確固たる経験に基づいてそうしたプログラムへの参加を拡大するとともに、EU学生カードを新たに導入することにより、個人の学業成績に関する情報を蓄積するためのユーザー主義の新たな方法を提供すること。
○**大学修了資格の相互承認**：「ボローニャ・プロセス」を基に、学校修了資格及び大学修了資格のみならず、職業訓練と生涯学習関連のサーティフィケイトの国境を越えた相互承認の基盤をもたらすための改革の取組を「ソルボンヌ・プロセス」として新たに始動させること。
○**カリキュラム開発における協力の強化**：今日世界で不可欠とされているあらゆる知識、スキル、コンピテンシーが教育システムにおいて確実に習得されるように、勧告を策定すること。
○**言語学習の増進**：新たなベンチマークを確定し、これ従って2025年までに欧州の全ての若者が、後期中等教育段階修了時に母語とともに第2外国語の知識を適切に使いこなすこと。
○**生涯学習の推進**：生涯を通じて学習に参加する者の割合を、2025年までに25％に高めるよう集中的に努めること。
○**教育におけるイノベーション及びデジタルスキルの主流化**：技術革新的でデジタルな教育方法を促進し、新たなデジタル教育行動計画を策定すること。
○**教師のネットワークの向上**：エラスムス・プラスや「eTwinning」の学校間ネットワーク[注4]に参加する教師の数を何倍にも増やし、教師や校長の専門性向上のために政策ガイダンスを提供すること。
○**欧州大学ネットワークの構築**：世界ランクの欧州の大学が国境を越えて絶え間なく協力しあえるように、欧州大学ネットワークを構築し、また「The School of European and Transnational Governance」[注5]の設立を支援すること。
○**教育への投資**：教育政策を改善するために、各国の財政政策と経済政策の調整を行う1～6月のうちに構造改革をサポートするとともに、教育のファンディングや、GDPの5％を教育に投資すると

する加盟各国のベンチマークのセッティングのために，EUの資金や投資ツールを利用すること。

　今回，欧州委員会が欧州教育圏のビジョンを示したことを受け，教育，文化，青少年，スポーツを担当するティボル・ナブラチチ欧州委員は，以下のように教育の重要性について語った。「欧州の未来に向け，文化と教育を統一の原動力として用いるのに，我々には野心的な共通の検討課題が必要である。教育は重要だ。なぜなら，ますます複雑化する社会の積極的な一員になる上で我々が必要とするスキルを身に付けさせてくれるのが教育だからだ。教育は，我々が急速に変化する世界に適応し，欧州人のアイデンティティを発達させ，異文化を理解し，移動する社会，多文化社会，ますますデジタル化する社会で必要とされる新たなスキルを獲得するのを助けてくれる。」

【注】
1．「欧州ベンチマーク」として設定されている7つの指標は，次のとおりである。
   - **教育・訓練の中途退学者**：18〜24歳の教育・訓練の中途退学者の割合を10％未満にすること（2016年は10.7％）。
   - **高等教育修了資格**：30〜34歳の40％以上が，高等教育修了資格又はそれと同等の修了資格を有していること（2016年は39.1％）。
   - **基本的スキル**：読解力，数学，科学のコンピテンシーが不十分な15歳生徒の割合を15％未満にすること（PISA 2015年調査では，読解力：19.7％，数学的リテラシー：22.2％，科学的リテラシー：20.6％）。
   - **就学前教育**：子供（4歳から就学義務年齢にある者まで）の95％以上が幼児教育を受けること（2015年は94.8％）。
   - **生涯学習**：25〜64歳の15％以上が生涯学習に参加していること（2016年は10.8％）。
   - **労働市場への移行**：1〜3年の訓練を受けた，仕事を持つ修了者（少なくとも後期中等教育修了資格を持つ20〜34歳）の割合を82％以上にすること（2016年は78.2％）。
   - **国境を越えた移動**：高等教育修了者の20％以上とイニシャルの職業資格を持つ18〜34歳の6％以上が，教育と訓練を目的とした留学を済ませていること（統計データなし）。
2．コミュニケ自体には法的拘束力はない。
3．欧州連帯団は，青少年が自国や海外のボランティアやプロジェクトで活動する機会を創出することで，地域社会や欧州の人々に利益をもたらすことを目的とした，欧州連合（EU）の新たなイニシアティブである。
4．「eTwinning」は，EUが推進する欧州の学校間ネットワークで，欧州の学校で働く教職員にコミュニケーションを取ったり，協力したり，プロジェクトを開発したり，共有したりするためのプラットフォームを提供している。
5．「The School of European and Transnational Governance」は，フィレンツェの欧州高等教育研究所を本拠に，国を超えたガバナンスの方法，知識，スキル，実践に関する教育と高度なトレーニングを提供している機関で，国際基準のセンターとして，欧州の，そして地域を超えたガバナンスにおける研究，教育，高度なトレーニングの拠点になることを目指している。

【資料】

European Commission: Communication from the Commission to the European Parliament, the Council, the European Economic and Social Committee and the Committee of the Regions, "Strengthening European Identity through Education and Culture", The European Commission's contribution to the Leaders' meeting in Gothenburg, 17 November 2017, Strasbourg, 14.11.2017 (https://ec.europa.eu/commission/sites/beta-political/files/communication-strengthening-european-identity-education-culture_en.pdf) / European Commission-Press release: "Future of Europe: Towards a European Education Area by 2025" (IP/17/4521) (http://europa.eu/rapid/press-release_IP-17-4521_en.htm) / European Commission - factsheet: Education and Training Monitor 2017 (https://ec.europa.eu/education/sites/education/files/monitor2017-factsheet_en.pdf) / European Commission-Leaflet: Education and Training Monitor 2017 (https://ec.europa.eu/education/sites/education/files/monitor2017-data-leaflet_en.pdf)

中 国

1 概　観 110
2 教育政策・行財政 110
3 生涯学習 122
4 初等中等教育 124
5 高等教育 130
6 教　師 140
7 その他 142

1　概　観

　習近平体制の6年目となる2017年は，同体制の教育改革が深化し，中国共産党全国代表大会において，よりよい社会生活を実現するための教育改革の方針が示されるとともに，それに先立って中国共産党中央委員会及び国務院から2020年から2030年までの次期中長期教育体制改革を見据えた橋渡し的な政策が公表された。国家教科書・教材委員会が国務院（内閣）に創設され，全国的な枠組みの下での教科書開発・管理が開始された。2016年度の教育関連統計が公表され，高等教育の総在学率は42.7％に拡大し，公財政支出教育費の対国内総生産（GDP）比は前年に続き4％台を維持するなど教育の規模は継続して拡大していることが明らかになった。また，統合教育を重視する観点から国務院は「障害者教育条例」を改正した。

　生涯学習では，職業教育を振興するため，産業界と教育界の双方の発展を目指した連携の構築に関する方針が示された。

　初等中等教育では，教育部が14年ぶりに高級中学の課程基準を改正するとともに，義務教育段階の教科書の無償化や「言語・文学」「道徳と法治」「歴史」の3教科で全国版の教科書の使用が開始された。2011年の義務教育段階の課程基準の改正以降，未発表であった日本の総合的な学習の時間に相当する「総合実践活動」，及び理科の課程基準が公表され，どちらも小学校第1学年から必修化された。

　高等教育では，全国統一入学試験に昨年と同数の約940万人が参加した。近年の高等教育改革を反映した在学中の起業や学生の多様な学習に対応するため，教育部は，学生管理規程を12年ぶりに改正した。教育部は，世界一流レベルの大学及び学科を構築するためのプロジェクト「2つの一流」の認定校を公表し，高等教育の質向上に向けた新たなプロジェクトが具体的に開始された。一方，『中国週刊新聞』は，改革開放政策の進展や高等教育の質向上政策の背後で大学の地域間格差が生じたことや，経済発展を続ける深圳市で国内有名大学の分校が設立されている状況を報告した。このほか，教育部は国内のMOOCの発展を推進するため，優秀なMOOCの490課程を初めて選出した。また，2016年の留学生統計でも明らかになった「一帯一路」政策の沿線国から中国への留学生の増加を受け，2020年までに50万人の留学生を受け入れる計画を推進している教育部等は，国内外で修士課程の学位を取得した留学生・外国籍学生の国内での就職規制を緩和する通知を公表した。

　教師については，中国共産党中央委員会及び国務院が，新時代の教師を育成するための意見を公表し，2035年までに教師の総合的な資質，専門的レベル及び創造的な能力を大幅に向上させる方針を示した。

　また，中華人民共和国国歌法が成立し，初等中等教育段階での国歌の学習が義務化された。

2　教育政策・行財政

　5年に1度開催され，国家政策の基本方針が確定される中国共産党全国代表大会が開かれ，人々がより良い社会生活を実現するための教育改革の推進が示された。それに先立って中国共産党中央委員会及び国務院が公表した教育体制改革に関する意見では，2020年から2030年までの次期中長期計画を見据えた橋渡しとして世界レベルの現代的な教育の推進を目指すことなどが目標に据えられた。毎

年年初に公表されている教育部の事業目標では2017年の事業目標として，高級中学の入学試験改革や改正私立学校促進法の施行等が盛り込まれた。教科書関連事業を総括する国の機関として，国務院に国家教科書・教材委員会が創設された。2016年度の教育関連統計が公表され，高等教育の規模が引き続き拡大していることや，2016年の公財政支出教育費の対GDP比は5年連続で4%台を維持しつつ，その総額は初めて3兆元を突破したことが明らかにされた。外国籍児童・生徒，留学生の増加に対応して，彼らに対する支援措置や管理規則が制定された。統合教育の推進や特別支援教育の人材の拡充等を目指して教育部は「障害者教育条例」を24年ぶりに改正した。

2.1 より良い社会生活を実現するための教育改革を推進――第19回党大会の報告

5年に1度開催され，国家政策の基本方針が確定される中国共産党全国代表大会の第19回党大会[注1]が，2017年10月に開催された。今大会で示された教育政策の方針は，生涯学習の推進，教育格差の解消，「人々の満足する教育」の提供などのより良い社会生活を実現するための教育改革の推進であった。

習近平総書記は，第19回党大会の冒頭に行った「政治報告」の中で[注2]，第18回党大会(2012年)以来の5年間で「世界第2位の経済規模を確定づけた中高速度の経済成長」「経済発展の遅れた地域での教育事業の強化などによる人々の生活の改善」「社会主義的な民主的政治の発展や法に基づく国の統治の推進」など全方位での発展がみられ，中国の特色ある社会主義が新たな時代に突入したと述べた。そして，同時代において「ややゆとりのある社会（原語：小康社会）」が完全に達成され，現代的な社会主義強国が構築され，中華民族の偉大な復興である「中国の夢」が全力で実現されるとした。しかし，同時代では，人々がより良い生活をしたいと願う問題や格差の問題が生じており，民主，法治，公平，正義，安全，環境の各方面での改革が必要であるとした。

教育では，社会生活の改善という観点からの生涯学習の推進，道徳的価値観を持った人材の育成と創造性などの様々な資質の伸長を目指す「資質教育（原語：素質教育）」の拡充，教育格差の解消など，「人々の満足する教育」の提供などの方針と個々の教育事業が示された。教育事業に関する主な内容は，以下のとおりである。

○道徳的価値観を持った人材の育成，資質教育の発展，教育格差の解消，徳・知・体・美の4要素が全面的に発達した社会主義の建設者・継承者を育成。
○都市部と農村部の義務教育の並行的発展及び農村部の義務教育の重視。
○就学前教育及び特別支援教育の拡充。
○後期中等教育の普及。
○職業教育訓練制度の改善，及び産業界と教育界の連携。
○世界一流レベルの大学・学科の構築，及び大学のガバナンス改革等による高等教育の自立的発展。
○新規労働者における後期中等教育及び高等教育修了者の増大。
○民間の教育事業への参入拡大。
○ハイレベルな教師の養成，及び教師を尊敬し，教育を重視する意識の浸透。
○継続教育の拡充及び学習社会の構築による全国民の資質の向上。

【注】
1. 中華人民共和国憲法（1982年制定）には「中国の諸民族人民に対する中国共産党の指導」が明文化されており，国の最高の行政機関である国務院（内閣）は，実質上，中国共産党の指導の下での国家行政機関として位置付けられている。中国共産党全国代表大会（党大会）は党の最高指導機関であり，重要事項の討議，党規約の改正，中央委員会（党大会閉会中，党大会の決議を実行し，党の全業務を指導する機関）の選出などを行っている。党大会後に開催された中央委員会第1回総会において，党指導部（党政治局常務委員）に習近平氏を始め7人の常務委員が選出され，同氏は，総書記として再任された。2016年12月現在，共産党員は全国に約8,945万人を数える（新華網ウェブサイト「2016年中国共産党党内統計公報」2017年6月30日（http://www.xinhuanet.com/）参照）。
2.「政治報告」は次の党大会までの党の基本方針を示しており，各分野の政策実施に対して大きな影響力を持つものである。

表：第12〜19回党大会における教育に関連した文言

党大会	年	文言
第12回	1982	科学技術と教育は，農業，エネルギー，交通とともに経済発展のための戦略的重点
第13回	1987	教育と科学技術の発展は，経済発展における最も重要な課題
第14回	1992	教育を優先的に発展させる戦略的地位に置くことは，現代化実現のための根本的大計
第15回	1997	科学技術と教育による国家振興と持続可能な発展戦略を実行
第16回	2002	新たな工業化の道を歩み，科学技術と教育による国家振興戦略と持続的な発展戦略を大いに実施
第17回	2007	科学技術と教育による国家振興戦略，人材強国戦略，持続可能な発展戦略を更に実施
第18回	2012	教育の質と革新的な人材の育成水準の向上，人材強国と人的資源強国への仲間入り，教育現代化の基本的実現，人々が満足する教育の実践
第19回	2017	中華民族の偉大な復興のための基礎的な事業として「教育強国」を構築，教育事業の優先，教育改革の進展，教育現代化の加速，人々が満足する教育の実践

【資料】
共産党員ウェブサイト「習近平：決勝全面建成小康社会　奪取新時代中国特色社会主義偉大勝利——在中国共産党第十九次全国代表大会上的報告」2017年10月27日（http://www.12371.cn/）／みずほ総合研究所「習総書記が描く『強国』化への道」2017年11月6日（https://www.mizuho-ri.co.jp/）

2.2　教育体制改革の一層の推進に向けて中国共産党中央委員会及び国務院が「意見」を公表

2017年9月，中国共産党中央委員会及び国務院（内閣）は教育体制改革の一層の推進に向けて「意見」[注1]を公表した。同「意見」では，2020年までに活力に満ち，効率的・開放的で，科学的発展に有利な教育体制の基礎となる制度を形成することを目的に，各教育段階等で実施すべき改革の方向性を示している。

1978年に改革開放政策が開始されて以降，政府は数度にわたり教育体制改革についての方針を示してきた。具体的には1985年に中国共産党中央委員会は「教育体制改革に関する決定」を公表し，教育への重点的な投資，9年制義務教育の実行，初等中等教育の地方政府所管，入学者募集に関する高等教育機関の自主権の拡大等の方針を示した。1993年には，中国共産党中央委員会及び国務院が「中国の教育改革及び発展についての要綱」を公表し，2000年を目標として，教育の政府による一括した管理を改善し，民間セクターの積極的な参加の推進や，初等中等教育における地方政府の運営と管理の改善，高等教育機関の裁量権の拡大の実施を求めた。2010年には，「国家中長期教育改革・発展計画綱要（2010〜2020年）」（以下「綱要」という。）が制定され，児童・生徒の多様な資質を評価する入学者選抜方法の導入などによる教育の現代化，学習社会の形成，人的資源の強化などが謳われた。

今回発表された「意見」は，これらの方針に連なる教育体制改革を推進しているが，今までは約10年間を対象とした中長期的な方針であるのに対して，本「意見」は「綱要」と期間を重複する2020年までを目標としており，「綱要」の次の段階に向けた橋渡し的な方針となっている。本「意見」の主な

目標は，次のとおりである。

○政府によるマクロ管理，教育機関の自主的運営，教育への民間セクターの積極的参加及び政府・教育機関・社会各方面の協力により，2020年までに活力に満ち，効率的・開放的で科学的発展[注2]に有利な教育体制を形成し，中国の特色ある世界レベルの現代的な教育を提供する。
○そのために，中国の国情や教育制度に則って世界の経験を吸収し，現在の教育目標と課題を達成・解決し，教育機関の自主権や民間セクターの教育への参加を拡大させ，政府の方針と現場の実践を結びつける。

また「意見」では上記目標を達成するため，以下の9方針が示されている。

①公財政支出教育費が国内総生産の4％を常に上回るような教育予算メカニズムの改善。
②人材育成の質や学校運営の質を担保する教育管理体制の改革。
③全教育段階における徳育の強化。
④就学前教育の規模の拡大と良好なサービスを提供するための管理体制改革。
⑤義務教育における地域間格差のない発展や個性に対応した教育の推進。
⑥「匠」の精神[注3]や職業道徳・職業技能・就職及び起業能力の育成による職業教育の質向上。
⑦高等教育入学者選抜試験改革に連なる高級中学段階の教育方法の改善。
⑧イノベーション型，応用型などの，社会が必要とする人材を育成する高等教育の形成。
⑨養成，採用，評価の各面で職業道徳を重視する教師管理制度の刷新。

【注】
1. 国務院（内閣）や教育部等が制定する行政法規には「条例」「規程」「規則」などがあるが，「意見」「決定」「通知」もこうした法令に準じる拘束力を持つ。
2. 科学的発展は，科学的かつ合理的な観点から，中国全体の持続的な均衡発展を目指すという考え方。胡錦濤前総書記が2003年末に「科学的発展観（原語：科学発展観）」として提示した。
3. 原語で「工匠精神」。日本の炊飯器や魔法瓶のような小型で性能の高い工業製品を生産する技術のバックグラウンドとなる個々人が努力・研鑽して完璧を目指す精神・理念。2016年3月に発表された政府活動報告で李克強首相は，「企業によるカスタムメードやフレキシブル生産の展開を奨励し，常に研鑽に励む『匠』の精神を育て，製品の多様化，品質の向上，ブランドづくりに取り組む」と述べ，「匠」の精神で中国の工業製品や製造業の質を向上させる方針を示した（中華人民共和国駐日本国大使館ウェブサイト「2016年政府活動報告」2016年3月14日（http://www.china-embassy.or.jp/jpn/zgyw/t1347565.htm），人民中国ウェブサイト「工匠精神」2017年3月10日（http://www.peoplechina.com.cn/home/second/2017-03/10/content_737555.htm）参照）。

【資料】
中国教育報「中共中央弁公庁国務院弁公庁印発『関於深化教育体制機制改革的意見』」2017年9月25日／中国教育報「為発展中国特色世界水平的現代教育提供制度支撐」2017年10月16日／光明日報「深化改革帯来怎様的教育図景」2017年9月27日

2.3 教育部が2017年度の事業目標を発表

2017年2月14日，教育部は2017年度の事業目標（原語：教育部工作要点）を公表した。2017年度の事業目標では，高級中学段階の入学試験改革，改正私立学校促進法の施行，世界一流レベルの大学・

学科の構築及び地方大学の応用技術型大学への転換などが示されている。

　中国の教育計画は，計画期間で分類すると，主に短期計画として年度計画，中期計画としての5か年計画，長期計画としての10か年計画に分けられる[注1]。このうち，事業目標は教育部によって毎年年頭に公表される短期計画に示される。各省・自治区・直轄市等の教育関係機関に配布され，各地域の実情に合わせた形に修正が加えられる。

　教育部の2017年の主な事業目標は，**表**のとおりである。

表[1/2]：教育部の2017年の主な事業目標

教育政策・改革
○教育事業の「13次5か年計画（2016～2020年）」の公布と実施を行う。
○「中国教育現代化2030」計画を制定・公布する。
○「北京・天津・河北省協同発展教育プロジェクト」を実施する。
○「職業教育法修正案」「教育機関と企業の連携条例」の審議をし，「国家教育試験条例」「学校安全条例」の草案を起草し，「就学前教育法」の制定と，「学位条例」の改正を行うとともに，「教育統計事業管理規定」「学校における未成年者の保護規定」等を制定する。

教育行財政
○教育基準の管理規則や国の教育基準を体系化したフレームワークを構築する。
○改正された「私立学校促進法」「民間が教育事業を興し，私立の教育の健全な発展を促進することを奨励することに関する指導意見」や，「私立学校分類登記実施細則」「営利性私立学校監督管理実施細則」を実施し，「私立学校促進法実施条例」を改正する。
○国の公財政支出教育費が国内総生産の4％を下回らないようにする。
○初等中等教育機関における補習クラスの高額な費用徴収や教育貧困地域における民間の支援金の詐取，高等教育機関における学術不正などに厳正に対処する。

生涯学習
○「高等教育段階の学歴を提供する継続教育における専門分野設置管理規則」を実施し，高等教育機関における継続教育の標準化を進める。
○「高齢者教育発展計画2016～2020年」「コミュニティ教育の発展を更に推進することに関する意見」を実施するとともに，生涯学習活動週間を開催する。
○国家資格枠組みを研究・制定する。
○「教育情報化第13次5か年計画」を実施し，基本的に全国の学校にインターネットが設置されるようにするとともに，全国1,000万人の初等中等教員に情報技術応用能力の研修を行う。
○職業教育の現代化を推進し，現代的な見習い訓練に関する2期目の実験を行うとともに，民間による職業教育の振興を行うとともに，職業教育の産学融合計画を実施する。

初等中等教育
○就学前教育行動計画の3期目を開始し，公立幼稚園の規模を拡大させ，私立の幼稚園を積極的に支援する。
○「幼稚園玩具・教具配置指南」を制定する。
○「視学管理暫定規則」の実施や「省レベルの人民政府が教育職責の監督評価を履行する暫定規則」を公表するなど，視学を強化する。
○「市地域の義務教育の機会均等に関する視学評価暫定規則」を制定し，良質で公平な義務教育を監督・評価する制度を構築する。
○「初等中等教育機関のいじめの総合的な管理を強化する計画」を制定し，いじめの状況を監督するとともに，全国のいじめの情報に関する月ごとの報告とメディアの報道を政府に報告する制度を構築する。
○市域内の義務教育の一体化に向けた改革の実験を行い，農村の小規模学校及び教育における最小行政単位である郷・鎮における寄宿制学校を建設する意見を制定する。
○「義務教育学校管理基準」を改正し，基準を超えた人数を有する学級を解消する。
○初等中等教育機関における修学旅行を展開し，修学旅行に適した訪問先の構築事業を行う。
○初等中等教育段階の「道徳と法治」「言語・文学」「歴史」の3教科において全国統一の教材を使用するようにし，3年以内に全国に普及するようにする。
○青少年法治教育実践モデル基地の構築を完成させるとともに，「憲法を学び憲法について話す」活動を継続して展開するなど法治教育を広範に行う。
○高級中学段階の入学者選抜試験制度の改革を進める。
○普通教育を行う高級中学の課程の改正を完成させるとともに，初等中等教育段階の課程実施状況を監督する事業を開始する。
○「幼稚園運営行為視学評価規則」を制定し，「初等中等学校資質教育視学評価規則」「初等中等学校管理評価規則」を公布するとともに，義務教育の質について評価事業を実施する。
○第2期の特別支援教育向上計画（2017～2020年）を開始し，就学前，高級中学，高等教育段階の特別支援教育の規模を拡大させるとともに，2017年の秋の新学期から特別支援教育の義務教育課程基準に基づく新しい教材の使用を開始する。
○居住証に依拠した都市流入労働者に随伴した子女の義務教育の就学政策と進学制度を制定する。
○就学前教育機関，初等中等教育機関における安全管理体制を強化するとともに，「スクールバス安全管理条例」の実施規則と省レベルでのスクールバスの運用規則を制定する。

表[2/2]：教育部の2017年の主な事業目標

高等教育
○高等教育分野で地方政府及び高等教育機関における自主権拡大などの管理運営改革を行う。
○上海市及び浙江省で行われている入学者選抜制度の改革を進めるとともに，北京市，天津市，山東省，海南省で高等教育の総合的な改革を開始する。
○高等教育機関における起業家育成教育の改革を推進し，モデルとなる機関を認定する。
○「中国製造2025」及び産業の転換に人材を提供するため「製造業人材発展計画指南」を実施する。
○世界レベルで一流の大学と一流の学科を構築する「双一流」を推進し，専門家委員会を設けるなどの高等教育機関の改革を進める。
○地方大学の応用型大学に転換するための計画や大学と企業との連携プラットフォームの構築を行う。
○「学位・大学院生教育発展第13次5か年計画」を実施し，専門学位の大学院生の教育改革や博士課程の教育の改革等を行う。
○2017年の大学・大学院の評価事業を行うとともに，高等職業教育機関，大学本科の教育の質を報告する制度を構築する。

教員
○教員教育振興行動計画を開始し，教員養成課程の認証基準と認証規則を制定する。
○幼稚園，初等中等教育，職業教育，高等教育の教員に対する国レベルの研修体系を構築する。

その他
○「一帯一路」［表注1］の教育行動プランを推進し，10か国との学歴・学位の相互認証を新たに行い，シルクロードルート周辺国からの留学生の受入れを増加させる。
○中国と外国の教育機関が共同で学校・課程を設置することについて定めた「中外共同学校設置条例」を改正するとともに，「APEC教育戦略」行動計画を制定する。
○UNESCOの活動に関わり，グローバルに行われる人材育成計画や2030年までの教育行動計画を推進する。
○「国務院（内閣）による民族教育を発展させることを加速する決定」を遂行し，学校における民族団結教育の指導意見を制定するとともに，少数民族地域以外の地域での少数民族学級に対する改革・発展計画を制定する。

表注1：「一帯一路」は，中国西部−中央アジア−欧州を結ぶ「シルクロード経済帯」（一帯）と，中国沿岸部−東南アジア−インド−アフリカ−中東−欧州と連なる「21世紀海上シルクロード」（一路）の略称であり，2013年に習近平国家主席が提唱した新たな経済圏や各国間の関係を形作る構想。教育分野では，「一帯一路」沿線各国に対する奨学金の創設，学歴の相互認証，教員及び学生の交流，高等教育機関及び職業教育機関と連携した企業の海外進出等から成る各国との連携強化を計画している。

【注】

1．近年の中・長期計画としては，2017年1月に公表された「国家教育事業発展第13次5か年計画」（2016〜2020年），2010年7月に公表された「国家中長期教育改革・発展計画綱要（2010〜2020年）」が存在する。

【資料】

中国教育報「教育部2017年工作要点」2017年2月14日

2.4 全国的な枠組みの下での教科書開発を目的として国家教科書・教材委員会が創設

2017年7月，国務院（内閣）は，全国の教科書に関する事業を総括し，教科書の開発，国の課程基準の制定，各地の教科書使用に関する指導などを行う国家教科書・教材委員会（原語：国家教材委員会）を設けることを明らかにした。また，それに先立つ2017年3月には，同委員会の事務局として教育部内に教材局が設置された。

2012年の中国共産党第18回全国代表大会で成立が決定した習近平政権は，①全国統一の教科書制度の構築，②教育部から独立して国の教科書について立案・決定を行う国家教科書・教材委員会の設立，及び③「言語・文学」「道徳と法治」「歴史」の3教科における全国統一の教科書の出版を優先的な政策課題とした。このため，各部・委員会（日本の省庁に相当）を横断して教科書や課程基準の開発を行う国家教科書・教材委員会の設置の必要が指摘されていたが，2017年に入り「言語・文学」「道徳と法治」「歴史」の3教科の全国統一の教科書が5年間の作業を経て完成し，9月に始まる新学年度からの新しい教科書使用に関する指導などが必要になったことから，同年7月に国家教科書・教材委員会が設置された。また，同年3月にその事務局として教育部に教材局が設けられていた。

国家教科書・教材委員会は，国務院副総理である劉延東氏を主任とし，2名の副主任（うち1名は教育部部長の陳宝生氏），1名の事務局長，外交部，国家発展改革委員会などの各部・委員会の副部長・副主任級22名から成る部門委員，大学教授など27名から成る専門委員の計53名から構成される。同委員会は，教科書開発に関する立案や指導を主に行い，具体的な作業を行う事務局は教育部に置かれる。事務局に当たる教材局[注1]は，国家教科書・教材委員会の創設前に，教科書関連の業務を行うために2017年3月の教育部の改組で誕生した。この改組に伴い，従来，教育部内で教科書の検定作業等を行っていた基礎教育二司及び主に義務教育を担当していた基礎教育一司は，それぞれ教材局と基礎教育司となった。

【注】
1．教材局，基礎教育二司，基礎教育一司，基礎教育司の局及び司は，日本の省庁における局と同等。

【資料】
　中央人民政府ウェブサイト「国務院弁公庁関於成立国家教材委員会的通知」2017年7月6日（http://www.gov.cn/）／中国網ウェブサイト「解析国家教材委員会：為何成立？有哪些職能」2017年7月7日（http://news.china.com.cn/）／中国新聞網ウェブサイト「対話国家教材委員会：教材建設実質上是国家事権」2017年7月14日（http://www.chinanews.com/）

2.5　2016年度の教育統計の公表——高等教育の総在学率が42.7％に到達

　2017年7月，教育部は，2016年度の教育統計を公表した。同統計によると，政府の政策を反映して2015年に引き続き，就学前教育の規模が大幅に拡大している。また，急拡大している高等教育の総在学率は対前年比2.7ポイント増えて42.7％に達した。
　2016年度の教育統計の特徴として，次の点が挙げられる。

○公立，私立ともに就学前教育の規模が大幅に拡大し，総就園率は2015年度から2.4ポイント上昇し，77％に到達。2009年から6年間で約27ポイント上昇。
○2015年まで減少傾向であった初等中等教育段階の入学者・在学者数が増加。
○義務教育段階の都市流入労働者子女の在学者数は1,395万人[注1]。
○後期中等教育段階の在学者数は全般的に減少。
○成人教育等を含む高等教育段階の総在学率[注2]が42.7％に到達。高等教育在学者総数は，政府公表数値で3,699万人。
○設置者別の入学者数は，公立校の減少に対して私立校は前年に引き続き増加。ただし，私立の職業教育及び高等教育機関の入学者数は減少。

　今回公表された2016年度の教育統計の概要は，**表1**，**表2**のとおりである。

表1：2016年度の各教育段階における教育統計

教育段階・学校種	機関数(校)	入学者数(万人)	在学者数(万人)	卒業者数(万人)	本務教員数(万人)	教員1人当たりの児童・生徒・学生数(人)	在籍・在学率(％)
就学前教育 幼稚園	239,812[1] 【△16,129】	1,922.1 【▼86.8】	4,413.9 【△143.0】	1,623.2 【△32.9】	249.9 【△19.6】		77.4（総就園率）[2] 【△2.4ポイント】
義務教育[13] 小学校	177,633[3] 【▼12,892】	1,752.5 【△23.4】	9,913.0 【△220.8】	1,507.5 【▼70.2】	578.9 【△10.4】	17.1 【0】	99.9（在学率）
義務教育 初級中学[4]	52,118 【▼287】	1,487.2 【△76.1】	4,329.4 【△17.4】	1,423.9 【△6.3】	348.8 【△1.2】	12.4 【0】	104（総在学率）[2] 93.7（進学率）
後期中等教育[5]	24,711 【▼234】	1,396.3 【▼1.6】	3,970.1 【▼67.6】	1330.6 【▼40.1】	257.6 【△3.3】		87.5（総在学率）[2] 【△0.5ポイント】
高級中学	13,383 【△143】	802.9 【△6.3】	2,366.7 【▼7.8】	792.4 【▼5.3】	173.4 【△3.8】	13.7 【▼0.4】	
成人高級中学	435 【▼68】	—	4.4 【▼2.2】	4.6 【▼1.6】	0.3 【0】		
職業教育機関	10,893 【▼309】	593.3 【▼7.9】	1,599.0 【▼57.7】	533.6 【▼34.3】	84.0 【▼0.4】[6]	19.8 【▼0.6】[7]	
中等専門学校	3,398 【▼58】	255.2 【▼4.8】	718.1 【▼14.6】	229.0 【▼7.7】	30.3 【▼0.2】		
職業中学	3,726 【▼181】	151.4 【▼3.8】	416.6 【▼23.3】	141.9 【▼14.1】	28.5 【▼0.5】		
技術労働者学校	2,526 【▼19】	127.2 【▼5.8】	323.2 【△1.7】	93.1 【▼1.6】	19.6 【▼0.5】		
成人中等専門学校	1,243 【▼51】	59.5 【▼5.2】	141.2 【▼21.5】	69.7 【▼10.9】	4.7 【▼0.1】		
高等教育	2,880 【△28】		3,699[8]				42.7（総在学率）【△2.7ポイント】
全日制高等教育機関[9]	2,596[10] 【△36】	748.6 【△10.8】	2,695.8 【△70.6】	704.2 【△23.3】	160.2 【△2.9】	17.1[11] 【▼0.6】	
成人高等教育機関	284 【▼8】	211.2 【▼25.5】	584.6 【▼51.6】	244.5 【▼8.2】	2.5 【▼0.5】		
大学院レベル	793[12] 【△1】	66.7 【△2.2】 7.7（博士） 59.0（修士）	198.1 【△7.0】 34.2（博士） 163.9（修士）	56.4 【△1.2】 5.5（博士） 50.9（修士）			
特別支援教育	2,080 【△27】	9.2 【△0.8】	49.2 【△5.0】	5.9 【△0.6】	5.3 【△0.3】		

表注1：表中の数値は，政府の公表数値。四捨五入した数を使用しているデータでは，内訳の数の合計が，計欄の数と一致しない場合がある。【 】は前年比。△は増，▼は減，－はデータなし。
表注2：総就園率・総在学率は，該当年齢以外を含む在学者総数を該当年齢人口で除した値である。初級中学段階と高級中学段階の該当年齢は制度上それぞれ12～14歳，15～17歳であるが，小学校入学年齢が7歳の地域や初級中学が4年制の地域もあり，調査方法は不明。
表注3：人口がまばらな農村地域に設置された「教学点」は含まない。
表注4：初級中学卒業者の上級学校への進学率は93.7％。前年より0.5ポイント減少。また，初級中学段階の学校数のうち，職業教育を行う学校は16校，前年より6校減少。
表注5：後期中等教育は，高級中学，成人高級中学，中等教育段階の職業教育を含む。
表注6：その他の中等職業教育機関の本務教員数0.8万人を含む。なお，その他の中等職業機関は機関数として計上されていない。
表注7：後期中等教育段階の職業教育における教員1人当たりの生徒数には技術労働者学校を含まない。
表注8：政府発表の高等教育在学者総数（3,699万人）。同数値は，表中の全日制高等教育機関，成人高等教育機関，大学院レベルの在学者数の計3,478.3万人を上回るが，詳細は不明。
表注9：全日制高等教育機関には，①大学，②専科学校，③（高等）職業技術学院の3種類がある。大学は1,237校（前年比18校増），専科学校と職業技術学院は1,359校（前年比18校増）。このほか，在職者を対象としたパートタイム形式の成人高等教育機関等がある。
表注10：全日制高等教育機関の機関数には，私立の高等教育機関数を含む。
表注11：教員1人当たりの学生数は，学部レベルの本科で16.8人，短期高等教育の専科で17.7人である。
表注12：大学院レベルの教育機関には，大学及び大学院レベルの課程を提供する研究機関の2種類があり，機関数は前者が576校（前年比1校増），後者が217機関である。
表注13：義務教育段階における都市流入労働者子女の在学者数は1,394.8万人（前年比27.7万人増），そのうち，小学校段階が1,036.7万人，初級中学段階が358.1万人。
（出典）中国教育報「2016年全国教育事業発展統計公報」2017年7月11日／教育部ウェブサイト「2016年教育統計数据」2017年8月31日（http://www.moe.edu.cn/）。

表2：私立学校に関する教育統計[1]

教育段階	学校種	機関数(校)	入学者数(万人)	在学者数(万人)
就学前教育	幼稚園	154,200 【△7,827】	965.1 【△33.1】	2,437.7 【△135.2】
義務教育	小学校	5,975 【△116】	127.8 【△3.4】	756.3 【△42.5】
義務教育	初級中学	5,085 【△209】	188.7 【△18.0】	532.8 【△29.9】
後期中等教育	高級中学	2,787 【△202】	102.9 【△8.4】	279.1 【△22.1】
後期中等教育	職業教育機関	2,115 【▼110】	73.6 【▼2.7】	184.1[2] 【△0.77】
高等教育	大学・専科学校・職業技術学院	742 (独立学院266校を含む)[3] 【△8】	181.8 【▼2.2】	634.1[4] 【△23.2】 修士　　0.07[5] 本科課程 391.5 専科課程 242.5

表注1：【 】は前年比。△は増、▼は減。（ ）内は、全機関中の私立の教育機関・入学者・在学者の割合。
表注2：後期中等教育の職業教育機関の在学者数は、このほか、卒業資格につながらない教育を受ける生徒が22.1万人いる。
表注3：「独立学院」は、国公立大学が民間資金によって別組織の大学を設置運営している教育機関。
表注4：高等教育機関では、表中の在学者数とは別に独学試験のための課程や研修生等が35.5万人在学している。また、表中の高等教育機関とは別に、独学試験のための教育や職業教育等を提供する卒業資格につながらない私立の全日制高等教育機関が813校存在し、その学生数は75.6万人である。なお、独学試験とは、実際に高等教育機関に入学しなくても、試験に合格すれば、高等教育の卒業証書が取得できる制度であり、財政難などで高等教育の急速な拡大が困難な時期に人材養成の有効な手段とみなされ、1981年に創設された。同試験は省単位で実施され、学歴、年齢を問わず、誰でも受験できる。
表注5：2011年に国務院学位委員会は私立大学の5校が実験的に修士課程を設置することを決定し、2012年から募集が開始された。2016年の私立大学における修士課程在学者数は715人（2015年は509人）。
(出典) 中国教育報「2016年全国教育事業発展統計公報」2017年7月11日。

【注】
1. 農業戸籍・非農業戸籍（都市戸籍）の2種類の戸籍によって人口の管理を行っている中国では、教育は原則、戸籍所在地で受けなければならず、出稼ぎ等で農村部を離れた保護者に同伴して都市に流入した子女は現地の公立学校に無償で入学できない等の不利益を被ることとなる。経済が発展し、主な出稼ぎ先となっている東部沿海地域では、都市に流入した子女に対し、無償の義務教育を提供する制度を設けている都市もあるが、省ごとに若干教育内容が異なっているため、省を超えて移動した子女は、戸籍所在地の教育内容とは異なる教育を受けることとなる。また、高等教育入学者選抜試験は、原則、戸籍所在地での受験が義務付けられているため、都市に移住した子女は戸籍所在地に戻り、都市部で受けた教育内容とは異なる内容の試験に臨まなければならない。
2. 高等教育機関の総在学率の計算式は、以下のとおりである。

$$高等教育機関総在学率 = \frac{高等教育機関在学者総数}{18～22歳の年齢人口} \times 100\%$$

（統計局の全国人口統計調査を基にした推計値）

【資料】
中国教育報「2016年全国教育事業発展統計公報」2017年7月11日／教育部ウェブサイト「2016年教育統計数据」2017年8月31日 (http://www.moe.edu.cn/)

2.6　2016年公財政支出教育費の対GDP比は5年連続で4%台を維持も、初めて3兆元を突破

政府は2017年10月、2016年度（1～12月）教育費統計を公表した。これによれば、国の教育費総額（学校教育費のほか成人教育費を含む、公費及び私費の計）は約3兆8,888億元（約66兆1,096億円）[注1]、公財政支出教育費[注2]の総額は、約3兆1,396億元（約53兆3,732億円）と初めて3兆元を超え、前者が前年度比8%、後者が7%の伸びとなった。公財政支出教育費の対国内総生産（GDP）比は前年より

も0.04ポイント下がり4.22%となったが，5年連続で4%台を維持している。なお，同期のGDPは前年度比6.7%増であった[注3]。

2016年度の教育費統計では，以下のような動向がみられた。

○公財政支出教育費が初めて3兆元（約51兆円）を超えた。
○中央政府と地方政府の教育税収入を含む国・地方の教育予算の支出は2兆7,701億元で前年度比7.1%増加。そのうち，中央政府は4,440億元を支出，前年度比4.6%増加。
○公財政支出の総額（18兆7,755億元）のうち，公財政支出教育費（3兆1,396億元）が占める割合は14.8%であり，前年度の14.7%より0.1ポイントだけ増加している。
○全ての教育段階に対する公財政における児童・生徒・学生1人当たりの支出[注4]が一定の伸び率を示す一方，高等教育機関における学生1人当たりの支出は微増若しくはマイナスであった（**資料3**参照）。

表：公財政支出教育費の対GDP比

(単位：%)

年	2004	2005	2006	2007	2008	2009	2010	2011	2012	2013	2014	2015	2016
GDP比	2.79	2.82	3.01	3.22	3.33	3.59	3.66	3.93	4.28	4.16	4.15	4.26	4.22

図：中国の教育費総額の内訳（2016年度）

教育費総額（3兆8,888億元）											
公財政支出教育費（3兆1,396億元）								その他（7,492億元）			
国・地方の教育予算（2兆7,701億元）				その他（3,695億元）							
教育事業費への割当金	基本建設への割当金	科学研究事業への割当金	その他の事業への割当金	教育費付加	地方教育費付加	国有企業の学校運営費	教育機関が運営・実施する企業やサービスの収入	私立学校独自の収入	寄付金	学生納付金等の事業収入	その他の収入

図注1：教育事業費とは，教育の発展のための政府の割当金であり，教員の給与等の初等中等教育機関の継続的事業への支出，高等教育機関や職業教育を行う後期中等教育段階の教育機関への補助金，奨学金や児童・生徒の就学支援金等が含まれる。
図注2：「基本建設」は，英語のCapital Constructionの訳。固定資産の購入と取り付け，またそれに関連した経済活動であり，工場・鉄道・ダム・機関・学校・病院などが対象となる。
図注3：国有企業の学校運営は，企業が職業教育を行う中等・高等教育機関と連携して教育事業を実施する等の方法で，主に企業が必要とする人材を育成するために行われている。
(出典) 中国教育経費統計年鑑　各年版。

【注】
1．1元＝17円で換算。
2．国・地方の教育予算のほか，教育税収入，国有企業の学校運営費，教育機関の運営する企業の収入や教育機関が提供するサービスからの収入のうち教育に用いる経費を含む。教育サービスを受ける全ての単位（事業所）と個人から徴収される教育税は原語で「教育費付加」と呼ばれ，教育を発展させる政府系基金として使用される。「教育費付加」は，増値税，営業税及び消費税の対象となる取引に対して課され，その税率は3%である。なお，増値税は，物品の販売，輸入，役務（加工，修理等）の提供をしたときに課せられる付加価値税。
3．国家統計局の公表数値（2017年1月20日）。なお，2016年度の国内総生産は，74兆4,127億元（約1,265兆159億円，中華人民共和国国家統計局（編）『中国統計年鑑—2017』中国統計出版社，2017年，p.56参照）。
4．児童・生徒・学生1人当たりの経費（原語：生均経費）は，教育事業費（原語：教育経費）と公用経費（原語：ママ）から成り，教育事業費は教職員の人件費及び施設・設備のインフラ建設（原語：基本建設）費を含み，公用経費は教育機関を運営・維持するための教育事業費や実験実習費，光熱水費，機器設備費，修繕費等を含む。「生均経費」は県レベル以上の地方政府が，地域の状況に合わせて決定し，募集定員枠内の児童・生徒・学生数分だけ，各教育機関に交付される。

【資料】
　教育部ウェブサイト「教育部　国家統計局　財政部関於2016年全国教育経費執行状況統計公告」2017年10月10日（http://www.moe.edu.cn/）／国家統計局ウェブサイト2017年1月19日（http://www.stats.gov.cn/）

2.7　外国籍の児童・生徒や留学生などを対象とする支援措置や事務手続等を包括的に定めた管理規則の制定

　2017年3月，教育部，公安部，外交部は連名で外国籍の児童・生徒や留学生などを対象とする支援措置や事務手続等を包括的に定めた管理規則（以下「管理規則」という。）を公表した。「管理規則」は，国際化による外国籍の児童・生徒，留学生の増加や出入国管理法の改正などによる近年の変化に対応するために既存の規則を再編・更新する形で新たに制定された。その内容は，国内の就学前教育から高等教育に在学する外国籍の幼児，児童・生徒及び留学生に対する行政及び学校の管理方法に関するものであるが，大半は高等教育段階を対象としており，教育内容や募集方法，留学生専門の指導員の配置等による留学生支援，アルバイトの許可等，留学生活に関する事務手続全般を示している。

　1978年から始まる改革・開放政策により中国国内で就学する外国籍の幼児，児童・生徒及び学生の数が増加したことを受け，1999年に教育部が初等中等教育機関における外国の児童・生徒を管理する規則を，2000年には教育部や外交部等が高等教育機関における留学生の管理規則を制定した。また，政府は2010年に公表された2020年までの国の中長期教育計画で留学生の規模拡大の方針を掲げると，同年中に，『中国留学計画』を発表し，2020年までに教育機関全体における留学生数を50万人，そのうち卒業資格や学位につながる教育を受ける留学生を15万人とする目標を明らかにした[注1]。一方，2012年には，出入国管理法（原語：中華人民共和国出境入境管理法）を改正し，各教育機関の留学生受入れなどに関する裁量も拡大されたことから，既存の規則の改正が必要となっていた。

　今回発表された「管理規則」は，8章48条から成り，このうち第2～5章は高等教育機関に在学する留学生に関する支援措置や事務手続について定めている。2017年7月1日施行の同規則の概要は，以下のとおりである。

○本規則のいう学校は，中華人民共和国内に設置された就学前教育機関，初等中等教育機関，高等教育機関を指し，本規則のいう「外国の幼児，児童・生徒及び学生」（原語：国際学生）は，「中華人民共和国国籍法」に基づく中国の国籍を持たずに教育を受ける外国籍の幼児，児童・生徒及び学生を指す（第2条）。
○就学前教育段階及び初等中等教育段階の学校による留学生の受入れ，教育，管理は，省レベルの政府の規程に基づく（第2条）。
○卒業資格や学位につながる教育を受ける高等教育機関の留学生は，専科生，本科生，修士課程及び博士課程の大学院生とし，卒業資格や学位につながらない教育を受ける高等教育機関の留学生は，予科生，履修生，訪問研究者とする（第9条）。
○高等教育機関は，自身の運営・教育条件に基づいて留学生の受入れ人数や留学生を受け入れる専攻を確定する（第10条）。
○高等教育機関は，入学を申請する外国人の入学資格及び経済状況の証明に関する審査を行う（第12条）。

○高等教育機関は国の規程に基づいて，留学生の学生納付金を決定する（第14条）。
○卒業資格・学位につながる教育を受ける留学生は，中国語と中国の概況に関する科目が必修であり，政治学専攻の留学生は政治理論として哲学を履修しなければならない（第16条）。
○高等教育機関は，留学生のために外国語を使用する課程を設置することができる。学位論文は相応の外国語で執筆できるが，要旨は中国語とする。口頭試問に外国語を使用するかは，大学が定める（第19条）。
○高等教育機関は国の規程に従って，留学生に各種証書を交付し，卒業資格や学位につながる教育を受けた留学生には，学籍や卒業証書を電子登録しなければならない（第21条）。
○高等教育機関は留学生の指導員を配置しなければならない。留学生に対する指導員の比率や指導員の待遇は，中国の学生に対する指導員と同一である（第25条）。
○留学生は，ボランティア活動や祝賀行事への参加，アルバイトをすることができるが，一般的に軍事訓練や政治活動に参加しない（第26，30条）。
○中国政府奨学金や地方政府による留学生に対する奨学金を実施する（第32条）。
○各種教育機関は，180日以内の短期で学習する生徒・学生の団体を受け入れることはできるが，前もって派遣元と契約を結び，必要な手続を取らなければならない（第38，45条）。
○各種教育機関は全ての外国籍の幼児，児童・生徒及び学生に対する保険制度を整備しなければならない（第40条）。
○国や地方の教育行政機関は，外国籍の幼児，児童・生徒及び学生に対する教育の質を監督する制度を設ける（第41条）。

【注】
1．高等教育段階では，2016年現在，全国の829機関に44万3,000人の留学生が在籍している。

【資料】
教育部ウェブサイト「学校招収和培養国際学生管理弁法」2017年3月20日／「教育部有関負責人就『学校招収和培養国際学生管理弁法』答記者問」2017年6月2日（http://www.moe.gov.cn/）

2.8　国務院が「障害者教育条例」を改正

　2017年2月23日，国務院（内閣）は改正「障害者教育条例」を公表した。経済社会の変化に伴い，特別支援教育において統合教育の拡充の必要性や教育資源や人材不足が顕在化したため，問題の解決を目的に今回の改正が行われた。同改正条例は，2017年5月1日から施行される。
　中国では，1990年に制定された「障害者保護法」により，視覚，聴覚，言語，肢体，知能，情緒に障害のある者を障害者と定義しており，視覚，聴覚，言語及び知能に障害のある子供を対象に特別支援教育を行う学校・学級が設置されている。こうした特別支援教育学校（学級）の整備・普及は1980年代まで進んでいなかった。1986年の義務教育法の施行などをきっかけに，政府は1980年代末から特別支援教育の普及・整備に力を入れ始め，1994年に「障害者教育条例」が公表されるなどしたため，1995年には義務教育段階の障害のある児童・生徒の就学率は60％に向上した。第10次5か年計画（2001～2005年）において全国の人口の35％を占める大都市及び経済発展地区で障害のある児童・生徒の義務教育への就学率を95％以上にする目標が掲げられ，都市部を中心に義務教育段階の特別支援学

校（学級）が整備されつつあった。しかし，特別支援教育の質は全体的に低く，都市部と農村部で大きな格差が生まれていた。また，非義務教育段階の特別支援教育の水準は一般的に低いままだった。さらに，特別支援教育に対する政策は，施設の整備に重点を置いたものであったため，発達障害に対応した特別支援教育の人材や施設・設備は不足しており，多くが障害者と健常者を分離した教育を行っている。このような背景の下，教育部は，統合教育の推進や教育資源及び人材の拡充等を目指した「障害者教育条例」の修正草案を2012年12月に国務院に提出した。2度のパブリックコメントの募集と国内各地での調査を通じて再度の修正を加えた同改正案は，2017年1月11日に国務院常務会議で可決され，同年2月1日に公表となった[注1]。

2017年5月1日に施行される9章59条から成る改正「障害者教育条例」（**資料4**参照）は，▽統合教育の積極的な展開，▽障害のある子供の就学保障，▽義務教育以外の就学前・後期中等・高等教育や継続教育における特別支援教育の拡充，▽特別支援教育に携わる教員の資格や養成・研修方法の明確化等から成り，社会経済の発展に伴い顕在化した特別支援教育の諸問題に対応する内容となっている。

【注】
1. 改正「障害者教育条例」の改正過程は，以下のとおりである。
   - 2012年12月，教育部が国務院に修正草案（審議用原稿）を送付。
   - 国務院の立法事業について責任を持ち，国務院に送られた各種法令を審査する国務院法制事務室は，国務院の各部門，地方政府，業界団体，学校や専門家に2度の意見を求めるとともに，パブリックコメントを求めた。
   - 教育部は，5省・直轄市の教育行政機関や各種の学校にアンケートを実施し，浙江省，広西チワン族自治区，重慶市及び新疆ウイグル自治区で実地調査を行った。
   - 国務院法制事務室と教育部などは再度「障害者教育条例」を修正し，修正草案を作成。
   - 2017年1月11日，国務院常務会議が同修正草案を審議，可決。
   - 2017年2月1日，国務院が正式に「障害者教育条例」を公表。

【資料】
人民日報「残疾人教育条例」2017年3月28日

3　生涯学習

3.1　国務院が産業界と教育界の連携による職業教育の振興について「意見」を公表

2017年12月，国務院（内閣）は，産業界と教育界の連携による職業教育の振興に関する「意見」[注1]を公表した。同意見は，産業界が人材育成において教育界と連携を強化することで，労働需要に見合った人材を確保することを目的としている。

2016年の高等教育総在学率[注2]が42.7％となるなど，大衆化の規模に達した高等教育は，近年卒業生の就職難を生み出している。一方で，科学技術の発展や産業の変革により，技術工やハイレベルな技能を持った人材の求人倍率は高止まりしている。このような教育界による人材育成と産業界が必要とする人材との間で需給のミスマッチが発生していることから，近年政府は，職業高等教育機関や地方の4年制大学において産学連携による人材育成モデルを模索し，改善を図ってきた。しかし，職業教育を普通教育よりも低いレベルにあるとみる社会的背景等から，企業は職業教育との連携に消極的であること，職業高等教育機関で行われる教育内容と企業が求める職業能力の基準が適合しておらずスキルギャップが生じることなどの問題が出ていた。これらを解決するため，国務院は，産業界が

職業教育に主体的に関与し，職業教育の構造と人材育成モデルの改革を行うことを目的とした「意見」を公表した。

国務院が発表した産業界と教育界の連携に関する「意見」の主な内容は，以下のとおりである。

○政策により企業の積極的な参加と産業界と教育界の主体的な連携を導き，10年あまりの時間をかけて，教育と産業を融合させ，双方が発展する体制を作る。
○産業界と教育界の連携を「2つの一流」プロジェクト[注3]や国と地域のイノベーションの発展，及び地方部における新しい都市の形成等の新たな状況に適応させ，人材育成を合理化する。
○情報技術，スマート製造，生命医薬，省エネ・環境保護，新エネルギー，電子商取引等の産業界が喫緊に必要とする分野の学科を大幅に発展させ，科学技術や産業変革に対応する。
○企業による職業教育及び高等教育への出資や合弁を奨励するとともに，企業が職業教育，高等教育の教育改革に参加し，カリキュラム，教材開発，指導方法，実習訓練などで教育に参加することを支持する。
○キャンパスに企業を誘致したり，企業に学校を設置したりする方法で，生徒や学生の企業実習訓練を改善し，企業と学校が共同で生産性のある実習基地を構築する。
○企業が主体となって教育機関や科学研究院とともに産業の鍵となる技術などを協同で開発し，基礎研究の成果を産業技術に早急に転換させる。
○初等中等教育の関連する課程や総合資質評価に手を動かす実践的な内容を含め，学校は模範となる労働者やハイレベルな技能者を呼んで授業を行い，「匠」の精神[注4]を児童・生徒に植え付ける。
○職業教育機関と企業との提携や職業教育機関と産業界との連合を推進し，実践的な教育内容を全課程の50％とする。また，応用技術型大学は企業と特色ある高等教育機関を構築する。
○企業の技術者・管理職が学校に来て教育を行うなど，産業界の教員やインストラクターを職業教育機関に配置する。
○職業教育機関，応用技術型大学及び産業界が協同して運営する特色ある学科に教育予算を重点的に投入するとともに，産業界と教育界の連携事業には減税を実施する。
○企業の投資或いは企業と政府が協同で設置する職業教育機関や大学には，教育研究用の用地管理[注5]に基づいて国有地の使用権が無償で割り当てられるとともに，教育機関の設置に当たり企業からの譲渡や貸借で土地を取得することを奨励する。
○政府と企業が合同で設立した基金やAIIBなどの国際金融組織，海外の政府借款等を利用して，産業界と教育界の連携に関するプロジェクトを実施する。また，金融機関は同プロジェクトに関連した金融商品を開発する。

【注】
1．国務院（内閣）や教育部等が制定する行政法規には「条例」「規程」「規則」などがあるが，「意見」「決定」「通知」もこうした法令に準じる拘束力を持つ。
2．総在学率は，該当年齢以外を含む在学者総数を該当年齢人口で除した値である。
3．「2つの一流」プロジェクトは，2015年11月に発表された今世紀の中頃までに国内の一流の大学及び一流の学科の数と実力が世界ランキングの上位に入る「高等教育強国」となることを目標とする計画。2017年9月に5年周期で実施される同プロジェクトの第1期の認定校137校が決定した。

4. 原語で「工匠精神」。日本の炊飯器や魔法瓶のような小型で性能の高い工業製品を生産する技術のバックグラウンドとなる個々人が努力・研鑽して完璧を目指す精神・理念。2016年3月に発表された政府活動報告で李克強首相は，「企業によるカスタムメードやフレキシブル生産の展開を奨励し，常に研鑽に励む「匠」の精神を育て，製品の多様化，品質の向上，ブランドづくりに取り組む」と述べ，「匠」の精神で中国の工業製品や製造業の質を向上させる方針を示した（中華人民共和国駐日本国大使館ウェブサイト「2016年政府活動報告」2016年3月14日 (http://www.china-embassy.or.jp/jpn/zgyw/t1347565.htm)，人民中国ウェブサイト「工匠精神」2017年3月10日 (http://www.peoplechina.com.cn/home/second/2017-03/10/content_737555.htm) 参照)。
5. 原語で「科教用地」(2012年1月から施行された「都市部の用地分類及び計画建設用地基準」では，「教育科研用地」)。「科教用地」は教育，科学研究，科学・技術の普及等の目的で使用される用地であり，公的に管理され公的なサービスを提供する用地として使用される。土地使用者は国有地を無償で分け与えられ無期限で使用できるが，土地使用税の納付が求められる（江蘇省泗洪県人民政府ウェブサイト「以劃撥方式取得国有土地使用権」2013年7月30日 (http://www.sihong.gov.cn/) 参照)。

【資料】
中華人民共和国中央人民政府「国務院弁公庁関於深化産教融合的若干意見」2017年12月19日 (http://www.gov.cn/) ／中国教育報「譲行業企業成為重要弁学主体」2017年12月20日／光明日報「深化産教融合，推動教育与経済社会協調発展」2017年12月26日

4 初等中等教育

　教育部は，14年ぶりに高級中学の新しい課程基準を公表した。義務教育段階の教科書が，2017年2月から無償化されるとともに，同年9月に始まる新学期から義務教育段階の「言語・文学」「道徳と法治」「歴史」の3教科で全国版教科書の使用が開始された。また，2011年に公表された義務教育課程基準のうち，未発表であった「総合実践活動」及び理科の課程基準が公表され，どちらも小学校第1学年から必修化された。

4.1 教育部が14年ぶりに高級中学の新しい課程基準を公表

　2017年12月，教育部は14年ぶりに高級中学の課程基準を改正して公表した。前回2003年に公表された基準は「実験稿」として過度的な位置付けであったが，今回公表された課程基準は正式版である。これまでの「実験稿」とは，言語・文学及び芸術において自国の文化を重視した内容が増えた点や学習できる外国語が3言語から6言語に増えた点など，生徒の発達に合わせて選択できる教科の内容が増えた点が異なる。同課程基準は，2018年9月の新学年度から適用される。

　創造性などの子供の様々な資質を全面的に伸ばす「資質教育（原語：素質教育）」を1990年代半ばから推進していた教育部は，学校による特色ある課程の編成や生徒による自主的な学習内容の選択を推進するため，2003年に「普通高級中学課程基準（実験）」を公表した。同基準では，学習単元であるモジュールを設け，モジュールの組合せによる多様な課程を提供しようとしたが，高等教育に接続する高級中学では，高等教育入学者選抜試験に対応した教育を重視し，改革は進まなかった[注1]。そのため，2014年に課程改革を推進する「意見」が教育部から出されるとともに，2016年には中国版キー・コンピテンシーである「中核的資質」が公表されるなど，資質教育の方向性がより具体化されたため，早期に新しい高級中学の課程基準を改正・公表することが求められていた。

　今回改正・公表された高級中学の課程基準は，言語・文学などの12教科及び全体的な課程の目標設置方法などを定めた「課程プラン」（**資料6**参照）の13項目から成る[注2]。2003年の課程基準との違

いは，社会生活への適応やキャリアの発展等の生涯にわたる生徒の発達を重視しつつ，生徒の多様な学習への欲求や大学入試に合格する要望などを考慮して，選択できる内容を増やしている点にある。また，自国文化を重視する観点から，言語・文学における『論語』『孟子』『老子』『史記』などの古典や近現代文学の学習，美術における中国書画の学習などが増やされている。外国語においては，従来の英語，日本語，ロシア語以外に，ドイツ語，フランス語，スペイン語が追加され，生徒の選択の幅が拡げられ，第2外国語まで学習できる条件が整えられた。

【注】
1. 義務教育段階では，1990年代半ばから推進している資質教育に対応するため，2001年に課程基準の試案が，2011年にその正式版が，公表・実施されている。なお，後期中等教育段階には，高級中学の他，中等専門学校，職業中学，技術労働者学校があるが，卒業後に直接大学への進学が可能なのは高級中学のみである。
2. 12教科は，言語・文学，数学，外国語，思想政治，歴史，地理，物理，化学，生物学，技術，芸術，体育・健康である。外国語は英語，日本語，ロシア語，ドイツ語，フランス語，スペイン語の6教科，技術は情報技術及び一般技術の2教科，芸術は芸術，音楽，美術の3教科を含んでおり，それぞれの教科に関する基準が公表されているため，公表された基準の文書総数は，「課程プラン」も含めると21である。

【資料】
教育部ウェブサイト「教育部関於印発『普通高中課程方案和語文等学科課程標準（2017年版）』的通知」2017年12月29日，「教育部教材局負責人就普通高中課程方案和課程標準修訂答記者問」2018年1月16日（http://www.moe.gov.cn）／中国教育報「為学生的終身発展奠定基礎——解読普通高中課程方案和課程標準（2017年版）」2018年1月17日

4.2　2017年2月から全国の義務教育段階の教科書が無償に

　2016年度春学期（2017年2月末頃～7月中旬）より全国の義務教育段階の教科書が無償化された。同措置に関連して，2017年5月に教育部と財政部は共同で義務教育段階の教科書の無償供与及び一部教科書の無償貸与についての意見[注1]を発表した。同意見により，国の課程基準に基づく義務教育段階の教科書は国が，地方が定める課程の教科書は地方が負担することとなった。また，科学や音楽などの一部の教科の教科書については，学校に保管して無償貸与で繰り返し使用することで無償とした。
　義務教育法（1986年制定，2006年改正）では，「各レベルの政府は経済的に困難な家庭の子供に対して教科書を無償供与する」（第44条），「国は教科書の無償貸与を奨励する」（第41条）と定められているが，無償措置は財政的な制限から一部の児童・生徒に限られていた。しかし，2012年に国内総生産に占める公財政支出教育費の割合が4％に達し，それ以降も4％以上の割合を維持するなど，教育予算が拡大している中（**表**参照），国務院（内閣）は，都市部と農村部の義務教育予算を保障する体制を改善する通知を2015年に公表し，教科書や教育雑費を無償にし，家庭の経済が困難な寄宿児童・生徒に生活費を補助する「2つの免除と1つの補助（原語：両免一補）」を都市部と農村部で同様に行うとした。その具体的な実施に関しては，2017学年度途中の春学期からと定められていた。

表：2012年以降の公財政支出教育費

年	2012	2013	2014	2015	2016
公財政支出教育費	2兆3,148億元（約39.4兆円）	2兆4,488億元（約41.6兆円）	2兆6,421億元（約44.9兆円）	2兆9,221億元（約49.7兆円）	3兆1,396億元（約53.4兆円）

表注：1元＝17円で換算。

教育部が発表した義務教育段階の教科書の無償供与及び一部教科書の無償貸与についての意見の主な内容は，次のとおりである。

○2017年の春学期[注2]より，国が選定した教科書[注3]は国の予算で全国の義務教育段階の児童・生徒に無償で提供される。
○2017年の春学期より，地方が定める課程の教科書は地方の予算で義務教育段階の児童・生徒に無償で提供される。
○予算的に可能であるならば，国が選定した教科書に関連した補助教材や練習帳，教員用の教材などを地方政府は一括して調達する。
○無償貸与で繰り返し使用する教科書は，学校の備品として学校の管理下で児童・生徒が無償で使用する。また，各レベルの教育行政機関は，1人1冊の割合で教科書を配備する。
○小学校段階の「科学」「音楽」「美術（あるいは芸術）」「情報技術」，初級中学段階の「音楽」「技術（あるいは芸術）」「体育・健康」「情報技術」の教科では，教科書を無償貸与で繰り返し使用する。なお，無償貸与する科目は，実際の状況に基づいて調整される。
○無償貸与する教科書については，各地方政府が管理規程を定めるとともに，2018年度から国は無償貸与する教科書の補充や買い替えのための予算を設ける。

　なお，上海市，四川省，寧夏回族自治区などの義務教育に十分な予算を投入できる地方では，教科書以外の宿題用の練習帳や補助教材も無償提供する。

【注】
1．国務院（内閣）や教育部等が制定する行政法規には「条例」「規程」「規則」などがあるが，「意見」「決定」「通知」もこうした法令に準じる拘束力を持つ。
2．学年度は9月に始まり，7月に終了する。2学期制を採り，第1学期は9月から翌年の1月末ないし2月初めまでで，旧正月を挟んで冬休みの後，2月末頃から7月中旬までが第2学期である。
3　教科書は各地の出版社が著作・編集を行った後，国が検定を行い「全国初等中等教育機関の教育用書籍目録」を各省政府に提供する。省政府は同目録を基に，省政府が検定を行い，当該省向けの教育用書籍目録を作成する。地区レベルでは，省作成の目録を基に，教科書選定・採択委員会が教科書を選定・採択し，地区内で一斉に使用する。

【資料】
　教育部ウェブサイト「教育部財政部関於全面実施城郷義務教育教科書免費提供和做好部分免費教科書循環使用工作的意見」(http://www.moe.edu.cn/) 2017年5月23日／中央政府ウェブサイト「国務院関於進一歩完善城郷義務教育経費保障機制的通知」(http://www.gov.cn) 2015年11月25日／中国教育報「免費教科書　城郷学生都享受」2017年9月30日

4.3　新学年度より義務教育段階で「言語・文学」「道徳と法治」「歴史」の3教科で全国版教科書の使用を開始

　2017年9月に始まる新学年度より，義務教育段階の「言語・文学」「道徳と法治」「歴史」の3教科で新たに編纂された全国版の教科書の使用が開始された。新たな教科書は，まず2017年度に小学校の第1学年及び初級中学第1学年で使用され，2019年度までに全学年で使用される予定である。
　教科書は，1980年代半ばまで教育部の直属機関である人民教育出版社が1種類の全国共通の教科書を執筆・編集し，審査もその過程で行われていた。1980年代後半からは執筆・編集と審査が分離され，

審査は国が検定を行い、各地の出版社が執筆・編集を自由にできるようになったため、1993年頃には全国で数種類の教科書が使用されるようになった。2001年には、市場主義経済の進展に基づく社会・教育の多様化に対応した義務教育課程基準の改正が行われ、その方針に従い各地の出版社は多様な教科書を出版した。また、各省及び地区レベルの政府は国が検定した教科書リストを基に、当該地域の教育状況に合わせた教科書を選定・採択するようになり、各地域で使用される教科書の多様化が進展した[注1]。この形式は、2011年に行われた義務教育課程基準の再度の改正においても変わらなかった。

しかし、2012年の中国共産党第18回全国代表大会で成立が決定した習近平政権は、①全国統一の教科書制度の構築、②教育部から独立して国の教科書について立案・決定を行う国家教科書・教材委員会[注2]の設立、③「言語・文学」「道徳と法治」「歴史」の3教科における全国統一の教科書の出版[注3]を優先的な政策課題としたことから、2012年から5年をかけて新しい教科書が編纂された。今回編纂された全国版の教科書の特徴は、次のとおりである。

○言語・文学の教科書では、児童・生徒の国際的な視野を広めるために外国文学を掲載するとともに、中国の伝統文化や中国共産党による革命の歴史を重視した内容となった。
○今まで、「品徳と生活」「品徳と社会」「思想品徳」と学年ごとに異なっていた道徳の教科の名称が「道徳と法治」に統一され、児童・生徒の生活に関連した実践的内容や政府の法治教育を強化する方針に従って憲法や法律に関する内容の充実が行われた。
○歴史の教科書では、中国の近現代以前の思想、文学、科学技術、芸術等の伝統文化の内容や、中国共産党の成立及び発展、日中戦争に関する記述[注4]など、政治に関連した内容を豊富にした。

新たな全国版の教科書は2017年9月の新学年度から小学校第1学年及び初級中学第1学年で使用が開始された。今後は、学年進行で使用する学年が拡大し、2019年度には全学年で使用される予定である。なお、同3教科以外の教科書については従来どおり、教育部の課程基準に基づいて編纂されたものを国が検定の上、各地が選定・採択して使用する。

【注】
1. 教科書は各地の出版社が著作・編集を行った後、国が検定を行い「全国初等中等教育機関の教育用書籍目録」を各省政府に提供する。省政府は同目録を基に、省政府が検定を行い、当該省向けの教育用書籍目録を作成する。地区レベルでは、省作成の目録を基に、教科書選定・採択委員会が教科書を選定・採択し、地区内で一斉に使用する。
2. 国家教科書・教材委員会（原語：国家教材委員会）は、全国の教科書に関する事業を総括し、教科書の開発、国の課程基準の制定、各地の教科書使用に関する指導などを行うため、2017年7月に国務院に設置された機関。
3. 胡錦濤政権下の2004年に開始された社会の変化に対応したマルクス主義理論の刷新を推進する「マルクス主義理論研究・開発プロジェクト」に基づいて高等教育段階で実施されるマルクス主義の学習に関する教科書も全国統一版を国家教科書・教材委員会が編纂することとなった。
4. 2017年1月に教育部は日中戦争の期間を盧溝橋事件のあった1937年から日本の終戦の1945年までの8年間でなく、満州事変の起こった1931年から起算した14年間とし、2017年の春学期（2月末頃〜7月中旬）から、同内容を記した教科書を使用することを全国に通知していた（新京報ウェブサイト「教材中"8年抗戦"将改為"14年抗戦"」（http://www.bjnews.com.cn/）、2017年1月11日参照）。

【資料】
教育部ウェブサイト「教育部教材局負責人就義務教育三科教材統編工作答記者問」（http://www.moe.gov.cn/）、2017年8月28日

4.4 教育部が小学校の理科の課程基準を公表——小学校第1学年から理科を実施

2017年1月,教育部は,小学校の理科の課程基準を公表した。同基準によって今まで第3学年から開始されていた理科は,2017年9月から対象を第1学年に引き下げて,週当たり1時間以上の授業数で教えられることとなった。

児童・生徒・学生の全面的発達を目指す資質教育の充実を目指す教育部は,2001年に「基礎教育課程改革要綱(試行)」を公表し,その後,10年間の試行を経て2011年12月に言語・文学等19科目の新しい課程基準を公表した。しかし,従来第3〜6学年を対象とした理科を第1学年から導入したいと考えるグループと,第1〜2学年では道徳の教科である「品徳と生活」の中で理科の内容を教え[注1],第3学年から理科の教科を導入すべきと考えるグループが対立し,小学校段階の理科の新基準が公表されない事態となっていた。2013年には直轄市の1つである重慶市の共産党機関紙である重慶日報が,教育部が「小学理科課程基準」を同年末に公表し,2014年の秋の新学期から小学校第1学年から理科の教科が設置されると報道していたが,その後,公表はなかった。

今回,教育部は小学校の理科の課程基準の改正を終了させ,理科の課程基準の全文を公表した。教育部の通知では,小学校の理科は第1学年から開始され,第1〜2学年では,週当たり1時間[注2]以上行われ,第3〜6学年では現行の授業時間数が保たれる[注3]。今回発表された理科の課程基準は,物質,生命,地球及び宇宙,技術及びエンジニアの4つの項目を基に小学生に科学的リテラシーの基礎の育成とその持続的な発達を促す内容となっており,第1〜2学年,第3〜4学年,第5〜6学年の3つの学習段階で構成される。同課程基準は,2017年9月の新学期から実施される。

【注】
1. 「品徳と生活」の課程内容には,天候,疾病,自然災害,動植物愛護,環境保護,おもちゃや模型の作成,観察・比較・調査等の学習など,理科と関連する項目が含まれている。
2. 時間数は単位時間。1単位時間は,第1〜6学年(小学校)は40分。
3. 課程設置に関するガイドラインは,2017年4月現在改正中。

【資料】
教育部ウェブサイト「教育部関於印発『義務教育小学科学課程標準』的通知」2017年1月19日(http://www.moe.gov.cn/)

4.5 教育部が「総合実践活動」の課程基準を公表
——小学校第1学年からの必修化や指導体制に関する方針を明示

2017年9月,教育部は日本の「総合的な学習の時間」に相当し,児童・生徒が実践的能力を獲得することを目指す課程である「総合実践活動」の課程基準「初等中等教育総合実践活動課程指導綱要」を公表した。同基準において「総合実践活動」が教科横断的な性格であることとともに,活動(学習)の目的や具体的内容,実施学年などが明示された。また,教師の配置など指導体制についても方針が示された。

2001年に改訂された義務教育課程基準において,児童・生徒の応用力や全人格的な発達を促す「資質教育(原語:素質教育)」の促進のため,必修教科として「総合実践活動」が創設された。しかし,当時は第3学年以上を対象として全国的な課程基準のない実験的な導入であり,各学校が情報技術教育や研究型の学習,コミュニティでのボランティア活動,職業体験等の児童・生徒の主体的で実践的

な学習活動を引き出す課程を独自に開発していた。その後，教育部は2011年に再度，義務教育課程基準を改正したが，当時も「総合実践活動」に関する全国的な課程基準は公表されなかった。また，高級中学段階では2003年に公表された「普通高級中学課程基準（実験）」において「総合実践活動」が必修となったが，こちらも全国的な基準は示されなかった。

今回発表された「初等中等教育総合実践活動課程指導綱要」の主な内容は，以下のとおりである。

〇「総合実践活動」は，地方政府の管理・指導の下で各学校が具体的な課程内容を開発して小学校第1学年から高級中学第3学年までの全学年を対象に必修教科として実施する（**表**参照）。

表：義務教育段階の教育課程基準（2011年版）

科目	学年								
	1	2	3	4	5	6	7	8	9
	品徳と生活	品徳と生活	品徳と社会	品徳と社会	品徳と社会	品徳と社会	思想品徳	思想品徳	思想品徳
							歴史と社会（又は歴史，地理を選択）		
	理科	理科	理科	理科	理科	理科	理科（又は生物，物理，化学を選択）		
	言語・文学	言語・文学	言語・文学	言語・文学	言語・文学	言語・文学	言語・文学	言語・文学	言語・文学
	算数	算数	算数	算数	算数	算数	数学	数学	数学
			外国語	外国語	外国語	外国語	外国語	外国語	外国語
	体育	体育	体育	体育	体育	体育	体育	体育	体育
	芸術　（又は音楽，美術を選択）								
	総合実践活動	総合実践活動	総合実践活動	総合実践活動	総合実践活動	総合実践活動	総合実践活動	総合実践活動	総合実践活動
	地方及び学校が定める課程								

表注：表中の太枠の箇所が「総合実践活動」の課程基準の公表によって新たに加わった部分。同表は2001年公表の課程基準及び2017年1月に公表された小学校の理科の課程基準を参考に作成した。

〇「総合実践活動」は，教科横断的で実践的な教科として児童・生徒が探求，制作，体験等を通じて現実に存在する問題を学習，分析，解決することを目的としており，①研究型学習，②ボランティア活動等の社会サービス，③情報技術や工具を使った工芸等の設計と制作，④職業体験の4項目を主な内容とする[注1]。
〇運営に当たって，学校は総合実践活動指導チームを設立し，必要に応じて課程研究センターや教育研究チームを設置しなければならない。
〇学校は，「総合実践活動」を担当する専任の教師を必ず1名以上配置し，その教師の指導の下，教職員全員が総合実践活動に分担して参加する。
〇専任の教師は，他の教科の教師とともに総合実践活動に関する学校独自の課程を開発する。また，保護者や，学校外教育施設の教師，コミュニティの人材が総合実践活動の兼任教師となるように働きかける。
〇各学校は「総合実践活動」を担当する専任・兼任の全教師に研修を実施するとともに，日常的に「総合実践活動」の指導方法を研究する。
〇地方政府，教育研究機関及び学校は，インターネット上に掲載する「総合実践活動」の教育資源を開発する。学校は「総合実践活動」のための施設・設備を整備する。また，地方政府は，「総合実践活動」で使用する図書館，博物館，科学技術館等の学校外の教育資源を積極的に整備する。

【注】
1．その他，少年先鋒隊や中国共産主義青年団での活動や，博物館等の社会教育施設での学習も含まれる。

【資料】
　教育部ウェブサイト「教育部関於印発『中小学総合実践活動課程指導綱要』的通知」2017年9月25日（http://www.moe.gov.cn/）／中華人民共和国中央人民政府ウェブサイト「教育部教材局負責人就『中小学総合実践活動課程指導綱要』答記者問」2017年10月30日（http://www.gov.cn/）

5　高等教育

　2017年の全国統一入学試験に前年と同数の約940万人が参加した。近年の高等教育改革を反映する形で，教育部が学生管理規程を12年ぶりに改正した。高等教育の質の向上を目指す政府は，世界一流レベルの大学及び学科を構築するためのプロジェクト「2つの一流」の認定校を公表し，同プロジェクトが具体的に開始された。一方，『中国週刊新聞』は，改革開放政策の進展や高等教育の質向上政策の背後で大学の地域間格差が生じたことや，経済発展を続ける深圳市で国内有名大学の分校が設立されている状況を報告した。教育部はMOOCの発展を推進するため，国内の優秀なMOOCの490課程を初めて選出した。2016年の留学生統計が発表され，「一帯一路」政策の沿線国から中国への留学生の増加が明らかになった。留学生の増加により，政府は，国内外で修士課程の学位を取得した留学生・外国籍学生の国内での就職を許可する通知を公表した。

5.1　2017年の全国統一入学試験に前年と同数の約940万人が参加

　2017年6月，全日制高等教育機関の入学者選抜である全国統一入学試験が実施され，前年と同様，約940万人が受験した。2008年に史上最多の約1,050万人が受験して以降，該当年齢人口の減少により受験者数は減り続けてきたが，近年は，940万人前後で推移している。2017年の全国統一入学試験は，同年9月に高等教育機関に入学する学生を選抜するものであり，全国共通の試験問題を使用する地域は全31省・自治区・直轄市中の26地域であった。また，上海市と浙江省で実験的な方式で試験が行われた。
　2017年の全国統一入学試験の実施状況は，以下のとおりである。

〇受験者数
　　2017年の受験者数は，前年と同様，約940万人（浪人生を含む）。
〇募集定員及び受験者数と募集定員から換算した合格率
　　全国の募集定員は653万6,340人，そのうち学部レベルの本科は328万2,190人，短期高等教育の専科は325万4,150人。受験者数と募集定員から換算した合格率は69.5％。
〇26の省・自治区・直轄市が教育部作成の試験問題を使用
　　1990年代の全国統一入学試験の試験科目は，言語・文学，数学，外国語の3科目に文系が歴史，政治，理系が物理，化学の2科目を加える「3＋2」方式であったが，2002年からは大学の裁量権拡大や試験に対応した暗記型学習への反省，創造性の育成を課題とする資質教育の推進等の教育政策の変化から「3＋X」方式（Xは地方や高等教育機関・学科が指定）が全国で実施されていた。しかし，

2014年以降，教育部試験センターが作成した試験問題を全試験科目で使用する地域が徐々に増えて，2017年は，全国31の省・自治区・直轄市のうち，26の省・自治区・直轄市が同試験問題を使用した[注1]。

○上海市と浙江省で実験的な方式で試験を実施

教育部試験センター作成の試験を使用しなかった地域のうち，上海市と浙江省で2014年9月から開始されていた試験改革に基づいた高等教育入学者選抜試験が初めて実施された。試験科目は，言語・文学，数学，外国語の主要科目に，上海市では思想政治，歴史，地理，物理，化学，生命科学の6つの選択科目から3つを選択し，浙江省でも情報技術を加えた7つの選択科目から3つを選択する「3+3」の形式となった[注2]。両地域では，選択科目は高級中学在学中に実施される学習到達度を測る学力試験で受験することから，全国統一入学試験の期間中に受験生は全科目を受験することがなくなった[注3]。また，高級中学在学時の学力試験の成績や総合資質評価[注4]の結果，在学中の社会実践やボランティア活動などが審査に含まれるようになり，生徒の選抜方法は多面的になった。

【注】
1. ただし，海南省は選択科目で，山東省は言語・文学と数学で独自の試験問題を採用し，その他の科目で教育部試験センターが作成した試験問題を使用した。
2. 2002年から言語・文学，数学，外国語の3科目に地方や高等教育機関・学科が指定する文科総合，理科総合，文理総合のどれかを加える「3+X」が全国で実施されていた。そのうち上海市は，主要3科目及び文理総合に物理，化学，地理，政治，生物，歴史のどれか1つを選択する「3+文理総合+1」の方式を採用していた。
3. 上海市では，試験科目は言語・文学，数学，外国語の主要3科目が150点，思想政治，歴史，地理，物理，化学，生命科学の選択科目は各70点で，受験者はそのうち3つを受験する。教育部主管の新聞社が発行する『中国教育報』の例によると，物理，地理，生命科学を選択した上海市の受験者は，高級中学第2学年時に地理を受験し，全国統一入学試験の1か月前に物理と生命科学を受験した。浙江省の生徒の例では，歴史，科学，政治を選択した生徒は，高級中学第2学年のときに，3つ全ての科目を受験し，第3学年で再度同じ科目を受験してより良い結果を提出した。また，毎年2回，定期的に試験が行われる外国語（上海市は1月と6月，浙江省は6月と10月）では，受験者は在学中に2回受験し，より良い方の成績を提出できる。
4. 総合資質評価は，受験偏重教育を克服し，児童・生徒の全面的な発達状況を評価する手段として導入された評価方法であり，思想品徳，学力，心身の健康，芸術的素養，社会的実践の5つの項目について評価を行い，進学の際に生徒の総合的な発達状況を示す根拠として使用される。

【資料】
教育部ウェブサイト「2017年各地，各部門普通高等教育招生計画」2017年5月10日（http://www.moe.edu.cn/）／中国教育報「2017年"新"高考前瞻：高考改革到底会取得哪些進展与突破？」2017年6月7日，「2017高考特別報道：滬浙新高考首日観察」2017年6月8日／新浪教育「高考改革第一年各省怎麼考　全面分析2017高考」2016年11月30日（http://edu.sina.com.cn/）

5.2　教育部が学生管理規程を12年ぶりに改正

2017年2月，教育部は，12年ぶりに全日制高等教育機関の学生の管理に関する規程を改正し，公表した。7章68条から成る同規程は，近年の高等教育改革を反映して，起業活動中の休学制度の設定や，所属する大学で学ぶ専門分野以外の分野をインターネットや他大学で自主的に学ぶことの奨励など，学生が自主的な活動を展開する上で，大学が必要とする学生管理の方法等が定められている。同規則は2017年9月1日より施行される。

高等教育機関の学生を管理する国の規程として，当初，国家教育委員会（現教育部）が1990年に発

表した「全日制高等教育機関学生管理規程」と1995年に発表した「大学院学生学籍管理規程」の2つがあったが，2005年に教育部はこれらをまとめた「全日制高等教育機関学生管理規程」を発表した。日本の省令に相当する同規程では，入学条件，成績審査，休学及び復学，校内秩序，課外活動などの学生管理のための一般原則を定めていた。同規程は，1998年に制定された「中華人民共和国高等教育法」や当時の社会情勢に見合った人材育成方法などに対応する内容であったが，制定から12年を経て，高等教育の環境や社会・人材育成方法が変化したことを受けて，改正が行われた。今回改正された規程は，7章68条から成り，学生の自主的な活動を推進する内容が新たに加わっている。

　改正された「全日制高等教育機関学生管理規程」（**資料6**参照）の主な内容は，以下のとおりである。

○学生の権利及び義務（第6，7条）
○学籍の管理（第8～38条）
- 学生は，学校の関連規定に基づいて，学内のその他の専門分野を追加的に履修することやその他の専門分野の課程を選択して履修することができる。また，他校の専門分野の課程への履修申請や学校が認可した公開式のインターネット課程への参加ができる。学生が取得した成績・単位は学内審査の後，承認される（第16条）。
- 学生が起業，社会実践等の活動及び論文の発表に参加して獲得した特許等及び専門分野の学習，学業の要求に関連した経歴，成果は単位として換算し，学業成績に含める。具体的な方法は，学校が規定する（第17条）。
- 休学・起業・退役後に復学した学生が専門分野の変更を申し出た場合，学校は優先的に考慮する（第21条）。
- 学校は，起業を目的に休学する学生に対しては，休学認可の手続を簡素化できる（第26条）。

○学生代表大会やアルバイト，集会の実施等に関する管理（第39～48条）
○学生に対する奨励や処分（第49～58条）
○学生による学校への異議申立て方法やその処理方法（第59～65条）

【資料】
　教育部ウェブサイト「普通高等学校学生管理規定」2017年2月4日（http://www.moe.gov.cn/）／教育部ウェブサイト「教育部有関部門負責人就修訂『普通高等学校学生管理規定』答記者問」2017年2月16日（http://www.moe.gov.cn/）

5.3　教育部が世界一流の大学及び学科を構築するためプロジェクトの認定校を公表

　2017年9月，教育部等は，世界一流レベルの大学及び学科を構築するためのプロジェクト（以下「2つの一流」という。）の認定校を公表した。同プロジェクトの認定校総数は137校であり，そのうち，北京大学などの世界一流レベルの大学の構築を目指す「一流大学構築大学」が42校，北京交通大学などの世界一流レベルの学科の構築を目指す「一流学科構築大学」は，95校であった。

　高等教育の質の向上を目指して一部の大学に重点投資する事業は1990年代から実施されてきた[注1]が，投資対象校は政府の評価が高い高等教育機関に集中し，一度認定されれば，認定が取り消されることがなかったため，大学間で予算や教育資源の点で格差が生じてしまった。また，市場経済体制への移行とともに，大学の運営権は政府から各大学に移譲され，国が主導する一部の大学を対象とする

支援策とは異なる政策を各大学が求めるようになった。そのため，政府は2015年11月に従来の事業に代えて，今世紀中頃までに一流の大学及び学科の数と実力が世界ランキングの上位に入る「高等教育強国」となることを目標とする「2つの一流」の実施プラン[注2]を発表した。

2017年1月に公表された「2つの一流」の実施規則によると，同プロジェクトに選定される条件は，大学や学科のパフォーマンスに基づく評価や人材育成・教員育成の実施，産・学・研の連携や他大学との連携等の社会貢献，国際交流などであり，多面的に各大学の特質に注目する内容となっている。また，同規則では，「2つの一流」プロジェクトは5年周期で実施されることや，中間評価や期末評価の結果次第で，大学への交付金が増額若しくは減額されること，次期プロジェクトの継続が取り消されることが示されている。こうした大学間の公平な競争を促す制度により，これまで重点投資の対象とならなかった大学も認定される可能性があったため，認定校の選定に社会の注目が集まっていた。

今回発表された認定校は，北京大学や清華大学等の世界一流レベルの大学構築を目指す「一流大学構築大学」が42校，学内の一部の優れた学科に重点投資をして世界一流レベルの学科の構築を目指す北京交通大学や天津工業大学等の「一流学科構築大学」が95校の，総計137校[注3]であった。また，「一流大学構築大学」はA類とB類に分かれている。A類はもともと985プロジェクトに参加し，優れた教育資源を持つ大学を主とした36校[注4]であり，B類は最大の人口規模を持つが教育部直属の大学が存在しない河南省にある鄭州大学や東部沿海地域に比べて経済発展の遅れた西北地方や西南地方に位置する新疆大学や雲南大学などの地域の発展に寄与すると期待される大学6校であった。

【注】
1. 1990年代半ばから開始された高等教育の質向上プロジェクトには，1996年から開始された100校前後の特定大学及び一部の学科へ重点投資を行う211プロジェクト，及び1998年から開始された世界トップレベルの大学づくりを目指して一部の大学（当初34校，2004年以降の第2期には合計39校が対象）に重点投資をする985プロジェクトの2つが存在する。
2. 実施プランは，①2020年までに若干の大学と学科が世界一流のレベルに入り，若干の学科が世界ランキングの上位に入るようにする，②2030年までにより多くの大学と学科が世界一流のレベルに入り，そのうち若干の大学及び一定数の学科がランキング上位に入るようにし，高等教育全体の実力を顕著に押し上げる，③今世紀中頃までに一流の大学及び学科の数と実力が世界ランキングの上位に入る，の3段階から構成されている。
3. 教育部の教育統計によると，2016年度の高等教育機関総数は2,596校。そのうち，国公立の4年制大学は813校，私立の4年制大学は424校である。したがって，「2つの一流」認定校は，4年制大学全体の11％，国公立大学全体の17％が対象となった（教育部ウェブサイト「2016年教育統計数据」2017年8月24日（http://www.moe.gov.cn/）参照）。
4. 「一流大学構築大学」のうち，中国海洋大学や華東師範大学などの5大学は，もともと985プロジェクトに参加した大学でなく，今回新たに認定された。

【資料】
　教育部ウェブサイト「教育部 財政部 国家発展改革委関於印発『統籌推進世界一流大学和一流学科建設実施弁法（暫行）』的通知」2017年1月27日（http://www.moe.gov.cn）／中国教育報 "双一流" 建設高校和学科名単公布」2017年9月22日／中国教育報「禁実推進中国特色世界一流大学和一流学科建設」2017年9月22日

5.4 『中国週刊新聞』が高等教育改革の陰で生じた大学の地域間格差について報告

　2017年6月,『中国週刊新聞』[注1]は,計画経済体制下で優秀な大学と評価されていた蘭州大学が,改革開放政策の進展や政府の高等教育の質向上政策等の陰で衰退した状況を報告し,経済発展の進んだ東部沿海地域とそれ以外の内陸地域の大学の財政・人材における格差問題を指摘した。同誌は,専門家の言葉として格差問題の解消には,政府予算に頼った現行の大学管理・運営体制から,大学が社会やマーケットから支援を得られる体制へ転換する必要性を説いている。

　西北地域の甘粛省に位置する蘭州大学は,1940年代から当該地域の経済社会の発展に寄与する重要な大学として位置付けられてきた。当時の中央政府は,ソ連を参考にして内陸地域の経済発展を主導していたため,1954年に全国14か所の教育部直属の総合大学の1つに蘭州大学を認定し,1960年代には当該地域で唯一の全国レベルの重要な総合大学として多くの財政支援を振り向けた。当時,同大学は,物理や化学の基礎科学分野で国内トップレベルの評価を受けていたが,1980年代に改革開放政策が進展し,経済発展を主導した東部沿海地域で大学に多くの資金が投入されるようになったことから,財政投入が相対的に落ち込んでいった。

　1990年代半ばまでは,蘭州大学は東部沿海地域の大学と比較して半分から3分の1の教育資源の投入で優秀な教育・研究成果を上げていたが,1990年前半には,東部沿海地域での複数の高等教育機関が合併して公立の総合大学が誕生する状況が多く発生し,急遽教員が必要となったそれらの大学は,蘭州大学等の内陸地域の大学から多くの教員を引き抜いた。また,985プロジェクト[注2]及び1999年に始まった高等教育の規模拡大政策では,国と地方の双方の出資による大学振興が行われ,経済発展の進んだ東部沿海地域に位置する大学には潤沢な資金が流れる一方,経済発展の遅れた内陸部では,大学は地方財政から十分な支援を受けることができず,大学の地域間格差が一層拡大し,多くの教員が待遇の良い東部沿海地域の大学に流れた。

　人材不足に陥った蘭州大学は,2000年代以降には985プロジェクトの認定校の中[注3]でも低い評価を受けるようになり,各種の研究予算を獲得することも困難となってしまった。また,大学の評価が下落したため,優秀な大学院生が北京市や上海市の有名大学に転学したり,全国からの優秀な生徒が入学しなくなり,2017年現在,同大学の学生は地元である西北地域の農村出身者が60%を占めるようになった。2015年11月に国務院(内閣)が世界一流レベルの大学及び学科を構築する大学を支援する「2つの一流」プロジェクトを発表してからは,プロジェクト認定校を目指す東部沿海地域の大学が人材獲得競争を始めたため,蘭州大学に再度人材流出の圧力がかかり,地方の重要な総合大学としての存続が危ぶまれる状況となった。

　以上の状況に関して,高等教育の専門家で清華大学高等教育研究院長の謝維和氏は,現在,高等教育は政府と大学の2極によってのみ管理されており,大学運営が政府予算に頼りきっていることに格差が生じる要因があると指摘している。その上で,社会・経済が参加した政府・大学・マーケットの3極が連携した高等教育管理体制を打ち立て,大学が政府以外のセクターからも資金を得る必要性を述べた。また,「2つの一流」プロジェクトは大学が民間からの支援を得て,自主的に発展する管理体制の改革を促す一面もあるため,同プロジェクトの推進によって大学の自主的な管理運営体制に活力が生まれるだろうと述べた。

【注】
1. 『中国週刊新聞』（原語：中国新聞週刊）は，中国の対外的報道を主要業務とする中国新聞社が発刊している雑誌。
2. 985プロジェクトは，1998年に始まった世界トップレベルの大学づくりを目指して一部の大学に重点投資をする政府の高等教育の質向上政策。
3. 蘭州大学は2001年に985プロジェクト認定校となった。

【資料】
中国週刊新聞「失落的名校　蘭州大学啓示録」2017年6月5日

5.5　深圳市に国内有名大学の分校が集結
――『中国週刊新聞』が同市の高等教育政策を特集

　2017年8月，『中国週刊新聞』は，高度な科学技術を振興して経済構造を転換することを志向した深圳市が，高度人材の育成を担う高等教育を急速に発展させるために国内の有名大学の分校を設置している状況を報告した。大学側のニーズとマッチした同市の政策により1980年代前半には公立の深圳大学の数千人であった高等教育の規模は，2017年に清華大学や北京大学などの分校が13校，在学者数は9.2万人にまで発展した。さらに22校が2017年現在，建設中もしくは建設計画中である。

　1980年に深圳経済特区が誕生した後，全国各地から集まって同市の生産力を支えた労働者を対象とする教育が必要となったため，同市は1983年に公立の深圳大学を設立した。同大学では，数千人の在学者に高等教育を提供するとともに，下部組織である成人教育学院において，数万人の労働者に職業教育や成人教育の機会を提供した。また，経済成長著しい同市は，1980～90年代にかけて北京市や上海市の有名大学卒業者にとって魅力的な就職場所であったが，90年代に経済改革が全国規模で展開され，深圳市の経済的な優位性が低下すると，90年代末頃に有名大学卒業者の就職希望者が減少する状況が生じた。

　この問題を解決するため，深圳市は2000年代に高等教育を発展させて科学技術に長けた人材を自前で育成する方針を採用した。同市は大学を運営するノウハウがなかったため既に教育資源が十分に備わっていた清華大学と協同で大学を設置する方法を採用し，2000年10月に大学院レベルの清華大学深圳研究生院を創立する署名を行った。清華大学の例に続いて，深圳市は北京大学やハルビン工業大学等の国内有名大学に対して資金の提供や施設の建設などを請け負い，大学がただ人員を送り込めばよいような優遇策を提示して誘致に成功すると，同市の高等教育政策を好機と見た国内の大学は，次々に深圳市に分校を設置するようになった。この経験に基づいて深圳市は，2016年に高等教育の発展に関する「意見」[注1]を発表し，2025年までに20校あまりの大学を設置し，在学者数を20万人に増やし，市内の大学のうち，3～5校を全国ランキングの50位以内にするという目標を示した。

　2017年現在，深圳市には13校の高等教育機関が存在し，在学者数は9.2万人となっている。また，建設中もしくは建設予定の高等教育機関は22校に上っている（**表**参照）。近年，同市は，グローバル化への対応に向けて海外の大学と国内の大学が協同運営する学院の設置を進めており，社会状況に応じて必要な人材を育成するために，自身にはない高等教育の資源や運営能力を外部から取り込む形で高等教育の規模拡大と同市の経済発展に対応した人材開発の双方を推進している[注2]。

表：深圳市内の大学（建設中・建設予定含む）

設置済み	建設中，建設予定
深圳大学	清華・バークレー深圳学院（清華大学，カリフォルニア大学バークレー校，深圳市の協同運営）
南方科技大学	清華大学深圳国際キャンパス
深圳職業技術学院	北京大学深圳キャンパス
曁南大学深圳旅行学院	ハルビン工業大学深圳キャンパス
清華大学深圳研究生院	天津大学・ジョージア工科大学深圳学院
北京大学深圳研究生院	上海交通大学深圳キャンパス
ハルビン工業大学深圳研究生院	中国科学院大学深圳キャンパス
広東新安職業技術学院	武漢大学深圳キャンパス
中山大学深圳キャンパス	湖南大学・ロチェスター工科大学デザイン学院
深圳情報学院	中国人民大学深圳キャンパス
香港中文大学深圳キャンパス	南開大学深圳キャンパス
深圳北京理工・モスクワ大学	深圳シティ大学
深圳ラジオ・テレビ大学	深圳吉林大学・クイーンズランド大学
	華南理工大学・ラトガース大学イノベーション学院
	深圳国際宇宙科学技術学院（ハルビン工業大学宇宙飛行士センターと深圳市の協同運営）
	深圳メルボルン生命健康工学院（広州中医薬大学，ロイヤルメルボルン工科大学，深圳市の協同運営）
	深圳技術大学
	北京中医薬大学深圳キャンパス
	深圳大学・ヘブライ学院（深圳大学とヘブライ大学の協同運営）
	広東海洋大学
	南方科技大学海洋学院
	深圳海洋工学技術研究院

（出典）　中国週刊新聞「深圳：大学城不是一天建成的」2017年8月14日，pp.20-21。

【注】
1. 国務院（内閣）や教育部等が制定する行政法規には「条例」「規程」「規則」などがあるが，「意見」「決定」「通知」もこうした法令に準じる拘束力を持つ。
2. 同様の例は，山東省の青島市においても行われており，中国科学院大学，四川大学，同済大学，復旦大学，北京大学等が分校を設置している。2017年現在，青島市と分校設置のための署名を行った大学は21校であり，その他，海外の大学と国内の大学との協同運営による高等教育機関の4校が同市での設置に向けて署名を行っている。青島市教育局では，2020年までに同市の高等教育機関を50校以上にする予定である。

【資料】
中国週刊新聞「深圳能否"山寨"出斯坦福」「深圳：大学城不是一天建成的」「深圳能不能在高教流域也創造出一個特区来」「異地弁学：大学与城市的合謀」2017年8月14日

5.6　教育部が国内の優秀なMOOCの490課程を初めて選出

　2018年1月，教育部は国内の優秀なMOOCの490課程を初めて選出した。2013年から本格的に導入されたMOOCは，2018年現在約460の高等教育機関[注1]が3,200余りのプラットフォームを構築するなど爆発的に規模を拡大させ，課程数は世界一になっている。今回，教育部は国内のMOOCの発展を一層推進し，高等教育の質向上を図るため，優秀な課程を選出した。

　2012年からMOOCの世界的動向を注視していた教育部は国内の特色を生かしたMOOCを構築するために2015年に「高等教育機関のネットワーク上の公開課程構築の応用及び管理を強化することに関する意見」を公表し，高等教育機関の積極的なMOOC構築を支援している。MOOC導入から5年が経過する中で中国のMOOCは爆発的に成長し，「学堂在線」「覚課程」などの10余りの主要プラット

フォームが形成されるとともに、460に上る高等教育機関が3,200余りのプラットフォームを構築したことで、既に5,500万人の学生及び一般人がMOOCによる学習を享受した。2018年4月現在、中国のMOOCの課程数は世界第一位となり、「清華中国語」などの200余りの課程が国際的なプラットフォームで紹介されるなど、利用者は世界に広がっている。

このようなMOOCの急激な発展を受けて、教育部は優良なMOOC事業を推進するために490の優秀な課程を選出する事業を今回始めて実施した。選ばれた課程は、優秀な伝統文化に関する課程、起業に関する課程、思想政治に関する課程等であり、そのうち、北京大学、清華大学、武漢大学、ハルビン工業大学等の世界一流レベルの大学を構築するプロジェクトに参加している大学が開発した344課程が入選した。また、10万人以上が利用した課程は78あり、その中で利用者数の多い課程は、中国防科技大学の「大学英語会話」（利用者：98万人）、同済大学の「高等数学」（同：85万人）、北京大学の「初級中国語」（同：45万人）であった。

今後、教育部は2020年までに3,000の優秀なMOOCの課程と1,000のモデルとなるヴァーチャル教育プロジェクト[注2]を選出する。さらに、1万のMOOCの課程の開発を目指すとともに、5,000のヴァーチャル教育プロジェクトを実施する予定である。また、独自のMOOCの基準を作り、利用方法を開発するなどで、MOOCの国際的な主導権を握り、高等教育における国際競争を優位に進めることを計画している。

【注】
1. 教育部の発行する『中国教育統計年鑑・2016』によると2016年の高等教育機関数は2,596校である。
2. 2017年7月に教育部は、教育の情報化を推進するためにモデルとなるヴァーチャル実験教育プロジェクトを実施する通知を公表した。同通知は2017～2020年にかけて1,000余りのヴァーチャル実験教育プロジェクトを実施し、マルチメディア、ビッグデータ、3D、人工知能、ヴァーチャルリアリティ、拡張現実、クラウドコンピュータ等の技術を用いて実験的な教育方法を開発することを目指している（教育部ウェブサイト「教育部弁公庁関於2017～2020年開展示範性虚擬倣真実験教学項目建設的通知」2017年7月11日（http://www.moe.gov.cn/）参照）。

【資料】
　教育部ウェブサイト「教育部推出首批490門"国家精品在線開放課程"情況介紹」2018年1月15日（http://www.moe.gov.cn/）

5.7　教育部が2016年の留学生統計を報告

　教育部は2017年3月、2016年の留学生統計を公表した。その内容は、中国から海外に留学して帰国する留学生の増加及び、「一帯一路」政策の沿線国から中国の教育機関への留学生の増加などであり、留学事業が順調に拡大している状況が明らかになった。

　中国はWTO（世界貿易機関）に加盟した2001年以降、留学生の送り出しと受入れ、海外の教育機関との連携等を急速に進めている。留学事業に関しては、2010年に「中国留学計画」を公表し、2020年までに50万人の留学生を受け入れるとしている。また、2016年4月には、中国共産党中央委員会及び国務院（内閣）は、教育の対外開放事業を推進することに関する意見[注1]を公表し、教育事業による国際貢献と留学事業を拡大させることの重要性を指摘している。

　今回教育部が発表した留学生統計の主な内容は、以下のとおりである。

○中国から海外に留学した留学生数
- 2016年度の中国から海外に留学した留学生の総数は54万4,500人，そのうち，公的派遣は4万6,300人（国家派遣は3万人，事業単位派遣[注2]が1万6,300人），私費留学は49万8,200人。私費留学者が91.5％を占め，2012年以来の92％前後の数値を維持している（**表1**参照）。

表1：中国から海外に出国し，帰国した留学生数（2016，2015，2012年度）

年度	出国者数(万人)	帰国者数(万人)	出国した留学者数と帰国した留学者数の比率
2016	54.45	43.25	1.26：1
2015	52.37	40.91	1.28：1
2012	39.96	27.79	1.46：1

- 1978年から2016年末までに海外に出国した留学生数は累計458万6,600人となった。そのうち322万4,100人が学業を完了させ，その82.2％に当たる265万1,100人が留学終了後に帰国を選択した。
- 2016年度の海外に留学した者が留学先で学部課程以上に在籍する割合は，学部課程で31％，修士・博士課程で36％。
- 地域別では，アメリカ，イギリス，オーストラリア等の上位10か国に9割の留学生が在学。英語圏への留学者は78％に上る。

○中国の教育機関への留学生数
- 2016年，約205の国・地域から高等教育機関に留学生を受け入れ，その総数は44万3,000人。前年比4万5,000人増，増加率は11.4％。また，就学前教育機関や初等中等機関で学習する外国籍の児童・生徒数は13万人。
- 留学生を中国に派遣している国の上位は，韓国7万540人，アメリカ2万3,838人，タイ2万3,044人，次いで，パキスタン，インド，ロシア，インドネシア，カザフスタン，日本，ベトナム，フランスの順となっている。特に「一帯一路」政策[注3]の沿線国であるパキスタン，カザフスタン等の国からの留学生が増加している（**表2**参照）。

表2：留学生を中国に派遣している国の年度別ランキング（2016，2015，2012年）

順位	2016年国名(人数)	2015年国名(人数)	2012年国名(人数)
1	韓国 (7万540)	韓国 (6万6,672)	韓国 (6万3,488)
2	アメリカ (2万3,838)	アメリカ (2万1,975)	アメリカ (2万4,583)
3	タイ (2万3,044)	タイ (1万9,976)	日本 (2万1,126)
4	パキスタン (1万8,626)	インド (1万6,694)	タイ (1万6,675)
5	インド (1万8,717)	ロシア (1万6,197)	ロシア (1万4,971)
6	ロシア (1万7,971)	パキスタン (1万5,654)	インドネシア (1万3,144)
7	インドネシア (1万4,717)	日本 (1万4,085)	ベトナム (1万3,038)
8	カザフスタン (1万3,996)	カザフスタン (1万3,198)	インド (1万237)
9	日本 (1万3,595)	インドネシア (1万2,694)	パキスタン (9,630)
10	ベトナム (1万639)	フランス (1万436)	カザフスタン (9,565)

- 学位取得に結び付く課程に在籍している学生は，20万9,966人，前年比では2万5,167人の増加，増加率は13.6％で全留学生の約47.4％を占めている。修士及び博士課程の学生数は6万3,867人であり，前年比19.2％増。
- 2016年に中国語の語学研修をする留学生は全体の30.2％。2012年の53.5％より15.3ポイント下落。

- 中国語以外の専門分野を学習する留学生が増加している。
- 中国政府支給の奨学金取得者は4万9,022人，全留学生の11％である。取得者数は2012年と比べて70％の増加。

【注】
1. 国務院（内閣）や教育部等が制定する行政法規には「条例」「規程」「規則」などがあるが，「意見」「決定」「通知」もこうした法令に準じる拘束力を持つ。
2. 事業単位とは，政府から資金を提供されてサービスを提供する事業体であり，我が国の独立行政法人や特殊法人等に相当する。事業単位派遣は，事業単位によって留学生が選定され，正規の教育機関に派遣される留学である。国家派遣とは，教育部の直属機関である国家留学基金管理委員会により選定され，派遣される留学である。
3. 「一帯一路」は，中国西部−中央アジア−欧州を結ぶ「シルクロード経済帯」（一帯）と，中国沿岸部−東南アジア−インド−アフリカ−中東−欧州と連なる「21世紀海上シルクロード」（一路）の略称であり，2013年に習近平国家主席が提唱した新たな経済圏や各国間の関係を形作る構想。教育分野では，「一帯一路」沿線各国に対する奨学金の創設，学歴の相互認証，教員及び学生の交流，高等教育機関及び職業教育機関と連携した企業の海外進出等からなる各国との連携強化を計画している。

【資料】
　教育部ウェブサイト「聚焦国家戦略 提供人材支撑 留学工作取得顕著成績──十八大以来留学工作情　況介紹」「十八大以来国家公派出国留学情況」「2016年度我国出国留学人員情況統計」「2016年度我国　来華留学生状況統計」2017年3月1日（http://www.moe.edu.cn）

5.8　政府が国内外で修士以上の学位を取得した留学生・外国籍学生の国内での就職を許可する通知を公表

　2017年1月，教育部，人的資源・社会保障部，外交部は，修士以上の学位を取得した留学生が国内で就職することを許可する通知[注1]を公表した。従来，外国籍の者が国内で就職する場合は，実務経験が必要とされていたが，今回の通知により国内の大学及び海外の有名な大学の修士以上の学位を取得すれば，2年以上の実務経験がなくとも国内の企業に就職できるようになった。同通知の内容は公表と同時に施行された。

　中国は2020年までに50万人の留学生を受け入れる「中国留学計画」を2010年に公表するなど，留学生の受入規模を拡大させており，中国の大学を卒業し，国内企業に就職することを希望する留学生の数も増加している。2015年以降，上海市や北京市などの一部地域では，留学生が将来起業する場合や自由貿易試験区，産業開発区等で就職する場合に特例として，新卒での就業が認められていたが，人的資源・社会保障部の前身である労働部等が1996年に公布した「外国人の中国における就業管理規程」により，外国人が中国国内で就職するには実務経験が必要とされるため，留学生が新卒で就職することは不可能であった。

　今回発表された通知により，国内外の大学で修士以上の学位を取得して，1年以内の留学生や外国籍の者で，特定の条件[注2]を満たした場合に，雇用主が当該地域の人的資源・社会保障部門及び外国の専門家を管理する部門に申請を行えば，外国人就労許可証及び外国人就労証を取得できることとなった。

【注】
1. 国務院(内閣)や教育部等が制定する行政法規には「条例」「規程」「規則」などがあるが,「意見」「決定」「通知」もこうした法令に準じる拘束力を持つ。
2. 特定の条件は,満18歳以上の年齢,健康,犯罪記録なし,平均した成績が100点満点中80点以上もしくはB以上である。

【資料】
人的資源・社会保障部ウェブサイト「人力資源社会保障部外交部教育部関於允許優秀外籍高校卒業生在華就業有関事項的通知」2017年1月6日(http://www.mohrss.gov.cn/)／復旦大学ウェブサイト「留学生在華創業就業簽証条常見問題」2015年12月15日(http://iso.fudan.edu.cn/job/zhcyqz20151225.pdf)／国家発展・改革委員会ウェブサイト「来華留学生如何在華求職就業(人在中国)」2016年12月30日(http://www.ndrc.gov.cn)

6 教師

6.1　中国共産党中央委員会及び国務院が新時代の教師を育成するための意見を公表

2018年1月,中国共産党中央委員会及び国務院(内閣)は,新時代の教師を育成するための「意見」を公表した。同意見は,中国共産党中央委員会が初めて提出した就学前教育から高等教育までの教師育成に関する政策文書である。同意見では2035年までに教師の総合的な資質,専門的レベル及び創造的な能力を大幅に向上させ,100万人の学校現場で中核となる教師,10万人の卓越した教師[注1],1万人の教育専門家としての教師[注2]を育成するとともに,教師の管理体制の現代化,情報化や人工知能などの新技術への適応などを行うとしている。

中国の教師は,学校に契約任期制で雇用されるが,準公務員的立場で,その給与は国家公務員の平均給与と同一レベルかそれ以上であることが教師法第25条で定められるなど待遇が保障されており,また,冬季夏季の長期休暇[注3]があるとして,2000年代以降では,人気の職業であった。しかし,給与以外の各種手当や福利厚生が公務員と同一レベルでないなどの理由から,多数の地域で教師の生活水準が同地域の中位から下位レベルであったり,教育課程基準の改正等による教育の多様化・高度化に伴い,教師の業務負担が増加したりするなど,教師のモチベーションや教職への人気に陰りが生じていた。だが,習近平総書記は,2017年10月に行われた第19回党大会で,中華民族の偉大な復興の夢を実現する「新時代」に対応したハイレベルな教師を育成する必要性を説いており,優秀な人材に教師として活躍してもらうために,教師の身分及び待遇を向上させる政策が必要とされていた。

今回発表された「新時代の教師を育成する改革を全面的に深化させる意見」[注4]は,中国共産党中央委員会が初めて教師の育成について発表した政策文書であり,教師の身分・待遇を改善し,教師の質全体を向上させることを目的としている。同意見の主な内容は,以下のとおりである。

○中国共産党と人民の満足する高い資質を持ち,専門的で,革新的な教師を育成する。
○教師の正確な政治的方向と職業道徳を確保しつつ,国情と個々の教師の状況に基づいて政策を実施し,5年間で教師の養成体系,キャリア発展,人事等の管理体制,待遇などの面を改善する。
○2035年までに,教師の総合的な資質,専門性,創造的な能力を大幅に向上させ,100万人の指導的役割を持つ教師,10万人の卓越した教師,1万人の教育専門家としての教師を育成するとともに,教師が主体的に情報化や人工知能などの新技術に適応し,積極的に有効な教育を展開することで,

○教師の幸福感と業務の達成感，社会的評価を高め，教師を魅力的な職業とする。
○教師養成系の高等教育機関やそれ以外のハイレベルな高等教育機関の教師養成を支援し，教師養成事業を振興する。
○就学前から高等教育に至るあらゆる教育段階で研修等を通して教師の資質を高める。特に初等中等教育段階では，大学院レベルの教師養成を拡大させるとともに，教師全員に研修を行うことで，教師の生涯学習と専門性の発展を促進させる。
○学校に活力をもたらし，変化する教育需要に対応するため教師配置，教師の資格・評価，任用等を改善する。
○公立の初等中等教育機関に所属する教師に対して，国の公務を遂行する人員[注5]としての特別な法律的地位を確立するとともに，給与[注6]やその他パフォーマンスに基づく手当の総額を確定するとき，当該地域の公務員の実際の収入水準を考慮するなど，社会的地位と待遇の面を向上させる。私立学校の教師に対しても給与や福利厚生を保障し，研修や任用，就業年数の計算，表彰等の面で公立学校の教師と同等の権利を付与する。
○教師の思想政治的な資質[注7]を高め，職業道徳を強化する。

【注】
1. 2014年9月に習近平総書記が北京師範大学の学生代表と座談をした時に，教師の重要性と教師養成体系の強化を述べたことを受けて，同年教育部は「卓越した教師を養成する計画を実施することに関する意見」を公表した。同意見では，徳が高く，専門性がしっかりとしていて，教育及び自己を発達させる能力に優れた高い資質を持ち，専門化した教師を養成することを目的としている（教育部ウェブサイト「教育部関於実施卓越教師培養計劃的意見」2014年8月18日，「教育部啓動実施卓越教師培養計劃努力培養党和人民満意的好教師」2014年9月5日（http://www.moe.gov.cn）参照）。
2. 教育専門家としての教師とは，自ら教育実践行い，重要な教育の業績を作り出すとともに，教育思想や実践で重要な影響をもたらす優秀な教師である。今回発表された意見に先立って，教育の質向上を重視する江蘇省では，2009年より5年周期の「人民教育専門家育成プロジェクト」を開始し，200人（教師120人，校長80人）に対して年間1人当たり3万元（約51万円，1元＝17円で換算）を投入し，研修，教師自身の研究推進，専門書の出版等を行った（中国江蘇ネット「江蘇省在全国率先啓動人民教育家培養工程」2018年1月6日（http://jsnews.jschina.com.cn/）／江西教育オンライン「成為教育家型教師是高校教師努力方向」2018年2月8日（http://www.jxedu.gov.cn/）参照）。
3. 2011年から一部地域で実験的に始まった教師資格の5年ごとの更新制は2017年に全国に広まり，教師は5年間の内に360時間以上の研修が必要となったため，冬季夏季の休暇中においても，教師は各種研修に参加するとともに，授業準備や授業研究等を行っている。
4. 国務院（内閣）や教育部等が制定する行政法規には「条例」「規程」「規則」などがあるが，「意見」「決定」「通知」もこうした法令に準じる拘束力を持つ。
5. 原語で，「国家公職人員」となっており，「公務」と明示されていない。なお，「中華人民共和国公務員法」（2005年制定）は，公務員（原語ママ）を「法に則った公務を履行し，国の行政の定員・構成管理体系に所属し，国の財政によって給与と福利厚生を負担される職員」（第2条）と規定している。
6. 教師の給与は公務員の給与体系に属するものでなく，政府が設置し，公益的なサービスを提供する非営利事業体である「事業単位」の給与体系における専門技術職の俸給制度に基づいており，教育に従事することによる特別な措置はない。
7. あらゆる場面で中国共産党の影響が及んでいる中国では，教育機関にも中国共産党支部が設置されており，教師は社会主義思想，歴史観，愛国心等の思想及び政治面での資質の向上が求められる。

【資料】
中華人民共和国中央人民政府ウェブサイト「中共中央　国務院関於全面深化新時代教師隊伍建設改革的意見」2018年1

月31日（http://www.gov.cn/）／中国教育報「如何譲教師成為令人羨慕的職業」2018年3月13日

7 その他

7.1 初等中等教育で国歌の学習が義務化――中華人民共和国国歌法が成立

　2017年9月，中華人民共和国国歌法の成立により，愛国主義教育のために国歌の歴史や精神等について初等中等教育段階で学ぶことが義務化された。同法は，2017年10月1日に施行された。

　国歌については，2004年改正の憲法第136条で「義勇軍行進曲」であることが示されていたが，教育分野での取扱いについては明確ではなかった。また，1990年に施行された中華人民共和国国旗法の第13条で，全日制初等中等教育機関では休みの期間を除いて毎週1回国旗掲揚の儀式を行うことが示されており，国旗掲揚の際には国旗に向かって敬意を表して立ち，国歌を演奏するか国歌を歌うことができるとされていた。このように，国旗法では，国歌の斉唱に関する言及はあったものの，その実施義務を定める規定はなかった。

　今回の国歌法は，全16条から成り，国歌の名称と意味，国歌を歌う機会，国歌の歌い方などの一般的な国歌に関する規定のほか，第11条において，国歌の歴史や精神，国歌を歌う際の礼儀について初等中等教育で取り扱われること，また第4条において，国旗掲揚の儀式の際には，必ず国歌を演奏し，歌うことが規定されている。

【資料】
　人民日報「中華人民共和国国歌法」2017年9月2日

韓 国

1 概 観 144
2 教育政策・行財政 144
3 生涯学習 154
4 初等中等教育 158
5 高等教育 167
6 教 師 185

1 概　観

　朴槿恵前大統領の罷免に伴う混乱が続く中,9年振りの政権交代が果たされ,文在寅政権が発足した。前政権は保守系であったが,教育政策に限ってはリベラル路線を基調としていたため,続く文政権の教育施策も,基本的な方向性においては前政権と大きく変わっていない。それでも,単位制高校の全面的な導入を検討するなど,公約の一部として独自色を打ち出している。

　教育政策・行政分野では,政権公約が発表され,それを実現するための基盤整備として,教育省の組織改編や大統領諮問機関の設置が推進された。また,教育予算の策定に当たっては,予算規模の拡大傾向が維持され,教育分野に対する政府の積極的な姿勢が示された。

　生涯学習分野においては,5年ごとに策定される生涯学習振興計画の最新版が発表され,新政権の生涯学習施策の概要が明らかになった。時間・空間的な制限や,経済的な理由などで生涯学習の機会に恵まれていない人々への支援に焦点が当てられている。K-MOOCの重点化が引き続き進められたほか,成人職業教育・訓練を促進する新たな制度も始まった。

　初等中等教育関連で注目されたのは,全ての高校を対象に単位制を導入する計画である。高校教育にとって大きな変革となるため,モデル事業を含む段階的な導入が検討されており,慎重に取り組まれる予定である。また,特別な教育ニーズに対する支援策も積極的に進められた。障害を持つ児童・生徒や貧困家庭の子供,外国人児童・生徒といった従来からの対象に加えて,学校での学習時間が十分に確保できていない中高生アスリートに対する教育支援も模索されるなど,より幅広い対象を視野に入れつつある。そのほか,保守政権下において抽出調査から悉皆調査へ切り替えられた全国学習到達度調査が,新政権発足直後に再び抽出調査に変更され,政権交代の象徴的な出来事となった。

　高等教育分野では,2000年代以降の歴代政権にとって大きな課題となっている大学構造改革をめぐって大きな動きがあった。約3年振りに大学閉鎖命令が発出され,3校が閉鎖された一方,大学評価と連動した定員削減施策が一部緩和されるなど,政府の硬軟織り交ぜた対応がみられた。もう1つ社会の注目を集めたのが,入試改革計画である。大学修学能力試験の評価方法の改革案が示されたが,受験生側の批判の高まりを受けて政府が案の見直しを迫られるなど,改革をめぐる動きは終始混乱した。そのほか,高等教育における職業教育について,専門大学を中心に改革・改善計画が発表され,引き続き重点政策課題に位置付けられている。社会的な関心の高い学生の経済的負担の緩和をめぐっては,給付・貸与奨学金制度の充実が引き続き取り組まれているが,新たな動きとして大学入学金の廃止・縮小が推進された。

　教員に関しては,国公立学校の非正規教員の待遇改善計画が教育省の下で策定されたが,改善の対象が一部教員に留まったことから,教員側の批判が高まった。

2　教育政策・行財政

　2017年5月に発足した文在寅政権は,教育財政の拡大や高校教育改革など,教育各分野にわたる改革案を次々と明らかにした。そして,それらを速やかに実現するため,諮問機関として国家教育会議の設置や教育省の組織改編などを矢継ぎ早に進めた。2018年度も引き続き同趣旨の教育改革を進め

るための基盤として，予算案の編成や政策の年度計画の策定を行った。

2.1　第19代大統領に文在寅氏を選出
——教育に対する公財政支出の引上げなどを公約

　朴槿恵前大統領の失職を受けて実施された韓国の第19代大統領選挙は，2017年5月9日の投開票の結果，野党「共に民主党」代表の文在寅氏[注1]が選出され，翌5月10日に大統領に就任した。これにより，保守政権（自由韓国党）から革新政権（共に民主党）へと9年ぶりの政権交代が実現した。大統領選を通じて同氏は，教育政策関連の公約として財政支出の引上げや国家教育会議の設置，教員の増員，特殊目的高校の一部廃止，大学入試の単純化などを掲げた。今回の選挙では，教育政策に関して政党間で方向性が一致する部分も多く，大きな争点とはならなかった。文在寅氏の公約には，高校無償化や大学授業料の大幅削減など，歴代の政権も掲げてきた福祉的な施策が多く盛り込まれているが，これらの施策はいずれも財源問題に直面してきた経緯があり，実現可能性は未知数である。

　2016年10月に発覚したいわゆる「崔順実（チェスンシル）ゲート」[注2]事件により，2017年3月に朴槿恵前大統領が罷免され，失職したことを受け，第19代大統領を選出する選挙が実施された。主要候補として，野党「共に民主党」から出馬した文在寅氏のほか，「国民の党」の安哲秀（アンチョルス）氏や与党「自由韓国党」の洪準杓（ホンジュンピョ）氏らが争ったが，一貫して優勢を保った文在寅候補が当選を果たした。大統領選では安保問題が大きな争点となった一方，教育政策をめぐっては，社会の二極化が重大な社会問題として認識される中，保守，革新ともに教育の福祉的側面を強調し，政策の方向性に大きな違いは示されなかった。

　今回の大統領選を通じて共に民主党は，党の公約として国公立幼稚園や保育所の拡大，終日学童保育の運営，私教育費の削減，高校の単位制への転換などを掲げた。文在寅氏は，これらの公約に加えて，大学入試の単純化など，国民の関心が高い分野についても積極的に言及した。教育政策に関する同氏の主な公約は，次のとおりである。

○教育政策・行政関連
- 教育に対する公財政支出をOECD加盟国平均水準に引き上げる。
- 大統領直属組織として国家教育会議を設置する。また，教育省の機能を高等教育や職業教育，生涯学習に限定し，初等中等教育政策については各地方に委ねる。

○初等中等教育関連
- 全ての高校に単位制を導入する。
- 特殊目的高校のうち，当初の趣旨に反して「進学校」化している外国語高校や国際高校などを廃止する。
- 高校無償化を実現する。
- 朴槿恵政権期に再導入された国定歴史教科書を廃止し，検定教科書に戻す。

○高等教育関連
- 大学入学金の廃止や授業料の大幅削減を実現する。
- 入試の類型を「学校生活記録簿教科中心」「学校生活記録簿総合中心」「大学修学能力試験中心」の3類型に単純化し，受験生の負担を軽減する。
- 大学修学能力試験の全科目を絶対評価に転換する。

○**教員関連**

　教員を3,000人増員する。定員を満たしていない特別支援教諭や養護教諭，栄養教諭，司書教諭，専門相談教諭など，教科以外の資格の教員採用を優先的に実施する。

　上述の公約のうち，新政権発足後の2日後に早速実施されたのが，国定歴史教科書の廃止である。これにより，記述内容をめぐって保守と革新が対立し，暫定的な措置として国定教科書と検定教科書が混在する制度が適用されていた中学校と高校の歴史教科書は，検定教科書に一本化されることとなった[注3]。

　代表的な教員団体である韓国教員団体総連合会は，革新派の新政権発足を概ね歓迎しており，公約の実現に期待感を示しつつ，拙速な改革の自重や教員評価制度の見直しなどを求めている。

【注】
1. 1953年1月24日，慶尚南道巨済市生まれ。慶熙大学出身。兵役中は特殊部隊に所属。除隊後に司法試験に合格し，人権派弁護士として活動。盧武鉉元大統領の秘書室長を務めた。
2. 朴槿恵前大統領の知人女性である崔順実被告を中心とする事件。前大統領を通じた同被告の国政への介入や，利権の獲得などが明らかになった。
3. 朴槿恵政権期の2015年10月に決定された歴史教科書の国定化は，植民地統治期の美化や軍事政権の正当化などを懸念する左派陣営から強い反発があったため，国定教科書と検定教科書を併存させ，歴史教科書の採択を各学校の裁量に委ねる措置が一時的に取られていた。

【資料】
共に民主党報道資料 2017年4月28日／教育省報道資料 2017年5月12日／東亜日報 2017年5月3日，4日

2.2　文在寅政権，教育政策における重点課題を発表
——「文在寅政府の国政運営5か年計画」

　大統領諮問機関である政策企画諮問委員会は，2017年7月19日，文在寅政権の公約集に位置付けられる「文在寅政府の国政運営5か年計画」を発表した。同計画は，文在寅政権の政策ビジョンや，政権公約として100の政策課題の提示を主な目的としている。「100大国政課題」と称されるそれらの重点課題に，教育関連の課題は6つ含まれている。

　本来こうした公約集は，大統領選挙後に設置される大統領職引継ぎ委員会によって作成され，政権移行期に発表されるのが一般的である。しかし，朴槿恵前大統領の任期中の失職を受けて誕生した文在寅政権の場合，大統領の選出後すぐに政権が発足したため，通常行われる引継ぎ等の時間的余裕がなかった。文在寅政権は，大統領職引継ぎ委員会の代わりに，政府関係者や有識者などから構成される政策企画諮問委員会を2017年5月に組織し，大統領選挙時の公約や各省庁の2017年度業務計画，政策に対するパブリックコメントなどに基づき，今回の計画の策定作業を進めていた。

　「文在寅政府の国政運営5か年計画」は，「国民の国，正義の大韓民国」というビジョンの下，100の重点課題を定めている。そのうち，教育省が所掌機関に定められた課題は，次の6つである。

○**第49課題「就学前から大学に至るまで，教育の公共性の強化」**
- 従来，地方財源にも頼っていた保育所無償化の財源について，2018年度から国庫から全額を支援。

- 初等学校の学童保育の対象を段階的に全学年に拡大。
- 2020年度から,高校の無償化を段階的に実施。
- 入学金の廃止など,大学の学生納付金の負担軽減を推進。

○第50課題「教室革命を通した公教育の革新」
- 就学前を含む児童の適切な学習・休息時間の保障を法制化。
- 2018年度から単位制高校の導入を推進。
- 基礎学力の確実な修得を促すため,2017年内に「基礎学力保障法(仮)」を制定。
- 2018年度から校長公募制度を拡大。

○第51課題「教育希望のはしごの復活」
- 2021年度から,大学入試における社会的弱者に対する配慮を義務化。
- 雇用における高卒者枠を拡大。

○第52課題「高等教育の質の向上及び生涯・職業教育の革新」
- 拠点となる国立大学の集中支援と公営型私立大学の導入を推進。
- 2018年に職業教育マスタープランを整備。
- 2017年に専門大学に対する支援拡大計画を策定。
- 「韓国版ナノディグリー」の開発・運営を通して,成人の生涯学習を活性化。

○第54課題「未来に向けた教育環境の整備及び安全な学校教育の実現」
- ソフトウェア教育の充実と教員の専門性を向上。
- 教員1人当たりの児童・生徒数をOECDの平均水準に改善。

○第76課題「教育民主主義の回復及び教育自治の強化」
- 2017年に国定歴史教科書を廃止。
- 2017年に大統領諮問機関として国家教育会議を設置。
- 教育省を高等教育,生涯・職業教育中心の組織に改編するとともに,初等中等教育政策に関する所掌について地方への移譲を準備。

　これらの課題の中には,政権発足直後から取り組まれ,既に実施に移されているものもあれば,まだ具体的な計画が示されていないものもある。教育省は今後,政権の公約に沿った施策の計画の策定を進めていく予定である。

【資料】
　国務調整室報道資料 2017年7月19日／国政企画諮問委員会「文在寅政府の国政運営5か年計画」2017年7月

2.3　教育改革推進のため,大統領諮問機関として国家教育会議を設置

　教育省は,2017年9月5日,大統領直属の諮問機関として国家教育会議を新たに設置することを発表した。9月12日には「国家教育会議の設置及び運営に関する規程」が制定され,同年12月13日に国家教育会議が正式に発足した。同会議は,中長期的な見地から教育・学術・人的資源開発及び人材養成政策について審議,調整することを主な機能とする。教育長官を含む9人の充て職委員と12人の民間委員の合計21人の委員から構成される。教育省は,同会議を通して,教育が直面する現代的課題

への取組を議論していくとしている。

　教育政策について審議する大統領直属の諮問機関は，これまでも何度か設置されてきた。1990年以降では，1993年設置の教育改革委員会や1998年の新しい教育共同体委員会（後に教育人的資源政策委員会），2003年の教育革新委員会などがある。2008年に李明博(イミョンバク)政権が成立すると，教育に関する大統領直属の諮問機関の設置はしばらくなかったが，2017年5月の文在寅政権の誕生により9年振りの政権交代が実現すると，より抜本的な教育改革が模索される機運が高まり，今回の国家教育会議の発足につながった。

　国家教育会議の概要は，以下のとおりである。

○委員の構成
　　同会議委員は，充て職委員9人（教育長官など関係5省の長官，大統領秘書室主席，全国教育監協議会長，韓国大学教育協議会長，韓国専門大学教育協議会長），民間委員12人（教育や学術振興，人材養成分野などの専門家）の合計21人から構成される。

○機関の運営
　　委員全員が出席する全体会議のほか，より詳細な内容を検討する分野別の専門委員会を設置する。専門委員会には，有識者などから成る諮問組織を置くことを可能とする。

○審議，調整する主な事項
- 教育革新や学術振興，人的資源開発，人材養成に関連する中長期国家計画及び主要政策に関する事項。
- 教育財政の確保計画及び教育福祉の拡大計画に関する事項。
- 教育機会の平等な保障のための支援及び制度に関する事項。
- 児童・生徒の素質と適性の開発，民主市民育成に資する学校教育の革新に関する事項。
- 国の競争力の向上と高等教育の公共性の拡大に資する高等教育の革新に関する事項。
- 国と地方自治体間の教育・学芸に関する事務分掌調整及び協力に関する事項。
- 雇用関連の問題解消と雇用創出支援のための職業教育拡大等に関する事項。
- 人文教養教育の拡大や平等な生涯学習機会の確保など，生涯学習の活性化に関する事項。
- 特別支援教育対象者の社会参加力を強化する支援の拡大等に関する事項。
- 第4次産業革命及び未来社会に対応する教育革新等に関する事項。
- 学校を中心とする学校と地域社会間の協力及び産学官連携等に関する事項。
- 教育のガバナンス改革に関連する調査，研究及び制度改善に関する事項。

【資料】
教育省報道資料 2017年9月5日／ハンギョレ新聞ウェブサイト版(http://www.hani.co.kr/) 2017年9月5日／聯合ニュースウェブサイト版 (http://www.yonhapnews.co.kr/) 2017年12月13日

2.4　教育省の組織を改編——生涯学習や職業教育などの政策立案機能を強化

　2017年12月8日，「教育省とその所属機関の職制施行規則」の改正案が発表され，文在寅政権の公約の1つである教育省の組織改編について，その詳細な内容が明らかになった。骨子は，教育省を高等教育と生涯学習，職業教育中心の組織に改編することにあり，所定の手続を経て2018年1月から実

施に移される計画である。
　2017年5月に発足した文在寅政権は，教育政策に関する公約の1つとして，初等中等教育に関する所掌事務を地方に移譲し，教育省は主に高等教育と生涯学習，職業教育を所掌する機関に改編する考えを提示していた。今回の教育省の改編は，この公約の趣旨に沿って行われるものであるが，所掌事務の地方への移譲は拙速には進められないため，省内に専従の検討チームを設置して検討を進めることになった。
　今回の改編の主な内容は，以下のとおりである。

○**高等教育政策局に職業教育政策官を新設**
　　高等教育政策局（従前の大学政策局）に，後期中等教育段階から高等教育段階までの職業教育を所管する職業教育政策官を新設し，公教育における職業教育政策の強化を図る。
○**生涯職業教育部を生涯未来教育部に改編**
　　従来の生涯職業教育部を生涯未来教育部に改編し，第4次産業革命や高齢化社会に対応する生涯学習政策の推進を図る。
○**教育福祉政策部と児童・生徒支援部を新設**
　　従来の学校政策局を学校革新支援局に再編するとともに，同局から独立させる形で幼児教育や地方教育財政を所管する教育福祉政策部と，学校の安全や特別支援教育を所管する児童・生徒支援部を新たに設置する。
○**教育国際化担当官を新設**
　　国際協力官の下に教育国際化担当官を新設し，留学生政策や外国人学校関連の政策などをより一層推進する。
○**地方教育自治強化推進団を設置**
　　地方教育行政の自律性を拡大する制度検討のため，時限的な組織として地方教育自治強化推進団を設置する。

図1 新政府組織　　　　　　（2017年12月現在）

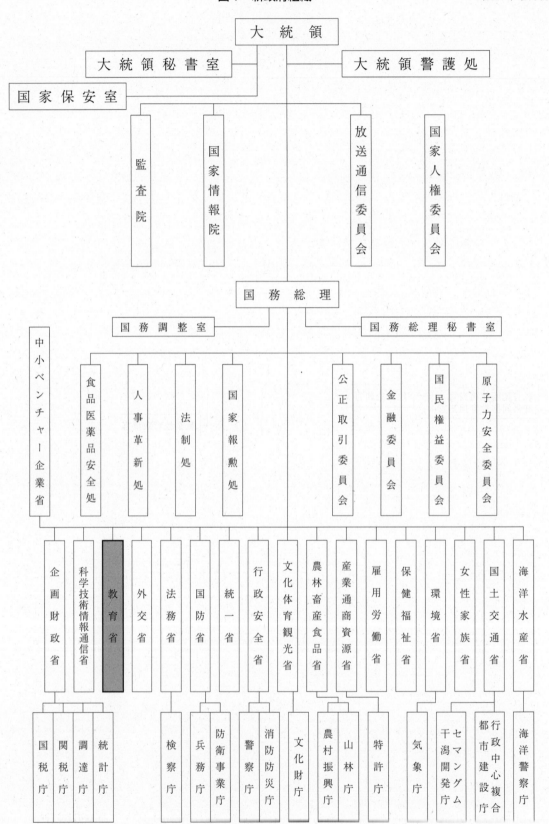

図2 教育省組織（2018年1月以降）

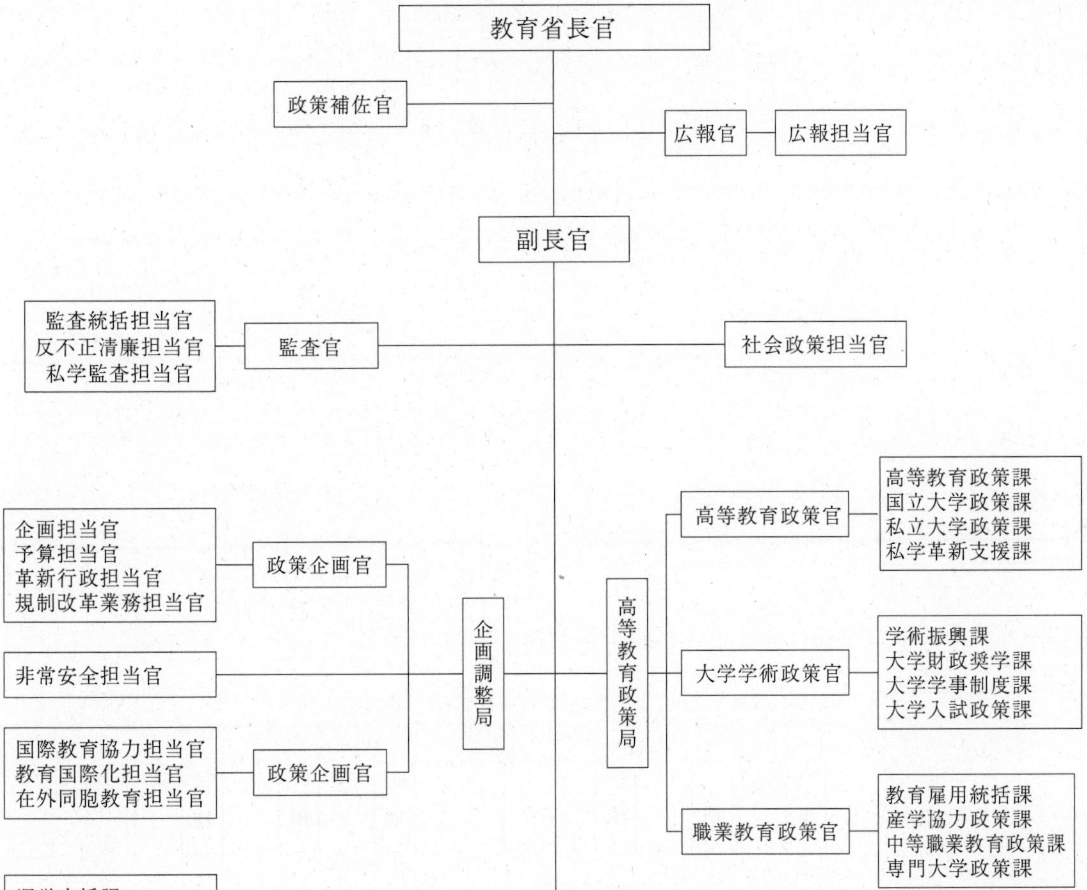

```
                              教育省長官
                                  │
        政策補佐官 ─────────────┼───────────── 広報官 ─ 広報担当官
                                  │
                               副長官
                                  │
監査統括担当官                     │
反不正清廉担当官 ── 監査官 ────────┼──────────── 社会政策担当官
私学監査担当官                     │
                                  │
企画担当官                         │                              高等教育政策課
予算担当官                         │                              国立大学政策課
革新行政担当官 ── 政策企画官       │              高等教育政策官 ─ 私立大学政策課
規制改革業務担当官                 │                              私学革新支援課
                                  │
非常安全担当官 ─────────────── 企画調整局                         学術振興課
                                  │              大学学術政策官 ─ 大学財政奨学課
国際教育協力担当官                 │                              大学学事制度課
教育国際化担当官 ── 政策企画官     │                              大学入試政策課
在外同胞教育担当官                 │
                                  │              高等教育政策局   教育雇用統括課
運営支援課 ───────────────────    │                              産学協力政策課
                                  │              職業教育政策官 ─ 中等職業教育政策課
                                  │                              専門大学政策課
学校革新政策課
教育政策課                                                        教育福祉政策課
教員養成研修課 ── 学校革新政策官                                   地方教育財政課
教育協力課                                         教育福祉政策部 ─ 幼児教育政策課
                                                                  専門大学政策課
教育課程政策課                    学校革新支援局
教科書政策課                                                       教育機会保障課
教授学習評価課 ── 教育課程政策官                                   学校生活文化課
民主市民教育課                                     児童・生徒支援部 ─ 児童・生徒健康政策課
                                                                  特別支援教育政策課
学校安全総括課
教育施設課                                                         未来教育企画課
教育情報化課 ── 教育安全情報部                                     生涯学習政策課
教育統計課                                         生涯未来教育部 ─ 進路教育政策課
                                                                  eラーニング課
企画チーム        地方教育自治
政策協力チーム ── 強化推進団
```

【資料】
教育省報道資料 2017年12月7日／大統領府ウェブサイト（http://www.president.go.kr/）

2.5 教育省,2018年度予算案を発表──前年度比で10.6%増

　教育省は,2017年8月29日,同省所管の2018年度予算案を発表した。同発表によると,2018年度(2018年1〜12月)予算案は,前年度比10.6%増の68兆1,880億ウォン(約6兆8,200億円)[注1]である。教育予算の増加率は,政府全体の予算の7.1%増を大きく超え,また過去5年間における教育予算の増加率の中でも最も大きい。2018年度予算案の作成に当たって,教育省は,「幼児から大学までの教育財政に対する国の責任の強化」「未来の教育環境の整備を通した知識情報・融合教育の強化」「高等教育の公共性及び競争力の強化を通した高等教育の質の向上」「個人の能力を開発する成人生涯学習の活性化」を基本的な方針として定めたという。分野別にみると,財源となる税収入の拡大を背景に,初等中等教育分野の予算が前年度比で14.0%増と,最も大きな伸びを示している。予算案は,既に政府側の調整が済んだもので,今後国会に提出されて審議を経た後,確定する。

　2017年5月に発足した文在寅政権にとって最初の予算案策定となった今回,大学生対象の給付型奨学金の給付額や,低所得層の児童・生徒に対する学用品購入支援金の引上げなど,福祉関連施策に対する予算の重点的な配分の傾向が指摘されている。そのほか,障害を持つ児童・生徒に対する支援や低所得層に対する生涯学習機会の拡大策なども盛り込まれた。国の予算全体に占める教育省の2018年度予算の割合は,2017年度から5ポイント上昇の15.9%となった。

　2018年度予算案における主な動きは,以下のとおりである(**表**参照)。

表:教育省2017年度及び2018年度の予算案内訳　　　　　　　　　　　　　　　　　(単位:ウォン)

分野	2017年度	2018年度案	増減率
総予算規模	61兆6,317億	68兆1,880億	10.6%
初等中等教育	47兆1,494億	53兆7,326億	14.0%
・地方教育財政交付金	44兆7,185億	49兆5,579億	10.8%
・地方教育政策支援	3兆9,409億	3兆8,927億	-1.2%
・学校教育の充実	2,080億	2,040億	-1.9%
・教育福祉の拡大	573億	536億	-6.5%
・学校教育の活性化	205億	245億	19.5%
高等教育	9兆2,807億	9兆4,417億	1.7%
・国家奨学金制度	4兆2,075億	4兆1,984億	-0.2%
・大学の教育力強化	1兆8,601億	1兆8,786億	1.0%
・学術研究力強化	7,287億	7,749億	6.3%
・韓国史の研究振興	262億	274億	4.6%
・国立大学の運営支援	2兆4,856億	2兆4,533億	-1.3%
・その他	1,172億	1,091億	-6.9%
生涯学習・職業教育	6,195億	5,874億	-5.2%
・人的資源政策基盤の強化	19億	18億	-5.3%
・生涯職業教育体制の構築	504億	423億	-16.1%
・国際教育協力の拡大	951億	963億	1.3%
・国立国際教育院への支援	896億	900億	0.4%
・産学官協力の活性化	3,740億	3,366億	-10.0%
・情報活用の活性化支援	85億	204億	140.0%
教育一般	1,079億	1,244億	15.3%
社会福祉分野(基金)	4兆4,742億	4兆3,018億	-3.9%

○初等中等教育分野 (14.0%増)

- 地方教育財政交付金は,財源の1つとして定められている内国税の収入が増加したことなどにより[注2],15.4%増の49兆5,579億ウォン(約4兆9,600億)。
- 特別支援教育対象者の学力向上支援のために,21.4%増の84億8,600万ウォン(約8億4,900万円)

- ソフトウェア人材養成の基盤構築のため,新規事業として26億4,000万ウォン(約2億6,400万円)。

○**高等教育分野 (1.7%増)**
- 特定の学問分野に対する集中支援など,国立大学の改革支援のため,376.2%増の1,000億ウォン(約100億円)。
- 大学院に特化した起業振興のため,新規事業として24億2,000万ウォン(約2億4,200万円)。
- 大学起業ファンドの整備のため,25.0%増の150億ウォン(約15億円)。
- 給付型奨学金の給付額引上げのため,1.0%増の3兆9,958億ウォン(約4,000億円)。

○**生涯学習・職業教育 (5.2%減)**
- 大学における生涯学習振興支援事業は,1校当たりの支援規模の縮小により,40.0%減の157億3,000万ウォン(約15億7,300万円)。
- 低所得層に対する生涯学習バウチャー支援など,新規事業として53億9,100万ウォン(約5億3,900万円)。
- インターネットを活用した教育コンテンツの開発のため,新規事業として106億5,500万ウォン(約10億6,600万円)。

【注】
1. 1ウォン=0.1円で換算。
2. 国から地方へ交付される地方教育財政交付金の財源は,「地方教育財政交付金法」第3条により,「当該年度の内国税(目的税,総合不動産税,その他の法律により特別会計の財源として使用される税目の該当金額を除く)の20.27%に該当する金額」と「当該年度の『教育税法』に基づく教育税歳入額の全額に相当する金額」を合算した金額を充てることが定められている。

【資料】
教育省報道資料 2017年8月29日/東亜日報 2017年8月30日

2.6 教育省,「2018年度政府業務報告」を発表

　教育省は,2018年1月29日,教育政策に関する2018年度(2018年3月～2019年2月)の施策計画として「2018年度政府業務報告」を発表した。政府業務報告は,省ごとに毎年策定,発表されており,当該年度の政策の基本的な方向性や内容などを示すものである。これによると,教育省は,2018年度のビジョンとして「教育が希望となる社会」を掲げ,「第4次産業革命を先導する人材養成」「『教育希望のはしご』の復活」「安全な教育環境の整備」「対話のある政策,協力する政府」を重要な政策課題として設定している。

　政府業務報告の策定は,文在寅政権下では初めてとなる。ただ,少なくとも教育政策に関しては,産業構造の変化に対応した人材育成や教育機会の保障など,基本的な方向性という点で朴槿恵前政権期から大きな変化はない。中学・高校の国定歴史教科書の廃止や全国学力テストの方法の変更(悉皆から抽出へ)など,前政権からの政策転換を示す象徴的な改革は,2017年5月の新政権発足直後に既に実施済みであり,今回の業務計画には反映されていない。

　「2018年度政府業務計画」の主な内容は,以下のとおりである(**資料7**参照)。

○**第4次産業革命を先導する人材養成**
- 単位制高校の導入推進
- 大学の競争力，自律性の強化
- 職業教育，生涯学習の活性化

○**「教育希望のはしご」の復活**
- 国公立幼稚園の支援拡大
- 高校無償化の導入準備
- 大学生の経済的負担の緩和
- 基礎学力の保障及び学業中断者の支援
- 生涯学習バウチャーの新設

○**安全な教育環境の整備**
- 学童保育の拡大
- 学校の耐震化の推進

○**対話のある政策，協力する政府**
- 「政策熟慮制」の導入
- 国家教育会議の協力機能の強化
- 首長部局と地方教育行政機関である教育庁との協力強化

【資料】
共同報道資料 2018年1月29日／教育省「2018年度政府業務報告」2018年1月

3 生涯学習

　生涯学習機会の格差解消を骨子とする生涯学習に関する振興基本計画が5年振りに策定された。それらの具体策の一部として、K-MOOCの2017年度事業計画や、成人の職業教育・訓練支援の一環として「韓国版ナノディグリー」制度の導入計画が策定された。

3.1　教育省，「第4次生涯教育振興基本計画 (2018～2022年)」を発表
　　　　──生涯学習機会の格差解消などを課題設定

　教育省は，2018年2月22日，生涯学習政策に関する中期計画として「第4次生涯教育振興基本計画(2018～2022年)」を発表した。2003年に第1次計画が発表されて以来，今回で4回目となる基本計画は，「個人と社会が共に成長する，持続可能な生涯学習社会の実現」をビジョンに掲げ，4つの重点分野を定めている。その特徴は，社会人や社会的弱者に対する学習機会の保障や，環境整備の地域間格差の解消などに力点が置かれていることにある。関連事業の2018年度予算は4,279億ウォン（約430億円）[注1]とされているが，基本計画の対象となる5年間を通じた予算総額は明らかにされていない。

　生涯学習に関する中期計画は，「生涯教育法」第9条でその策定が義務付けられているもので，朴槿恵前政権期に定められた第3次計画は，目標数値として国民の生涯学習参加率をOECD平均水準に引き上げることを設定するとともに，職業教育・訓練の推進を重点分野に定めていた。教育省は，これまでの基本計画の成果として，中央や地方行政における生涯学習推進体制の整備やK-MOOCなどを

通した学習コンテンツへのアクセスの向上，国民の生涯学習参加率の向上などを挙げている。一方，課題として，生涯学習参加率の学歴別また所得水準別の格差が大きいこと[注2]，高等教育段階における生涯学習プログラムの更なる拡充，地域の特性を反映させた学習プログラムの充実などが言及されている。今回の第4次計画の策定に当たっては，これらの課題を念頭に置きつつ，作業が進められた。「第4次生涯教育振興基本計画(2018～2022年)」の主な内容は，次のとおりである。

○「**誰でも参加できる生涯学習**」
- 全ての国民の生涯学習権を保障するため，社会人などの自発的な生涯学習を支援する。また，高齢者や高卒者，外国人などの多様なニーズに応じた学習機会を提供する。
- 社会的弱者に対する生涯学習支援として，識字教育や遠隔教育の充実や生涯学習バウチャーの給付，障害者の生涯学習推進体制の整備などを推進する。

○「**就職のために，いつでも参加できる生涯学習**」
- 第4次産業革命に対応した内容のK-MOOCや，個々人のニーズに応じた遠隔教育体制を整備する。
- 「Match業プログラム」(韓国版ナノディグリー)[注3]の運営モデルを構築する。また，職業教育マスタープランの策定及び官民共同体制を整備する。
- 大学において，成人学習者のニーズに応じた生涯学習プログラムの提供や柔軟な学事運営を実施する。
- 専門大学を生涯職業教育の中核機関として育成するため，専門大学における成人教育機能などを強化する。

○「**地域のどこでも参加できる生涯学習**」
- 地域単位の草の根的な生涯学習力を強化するため，生涯学習都市の特性化支援や生涯学習センターの拡大，地域専門人材としての生涯教育士の専門性の向上などを推進する。
- 生涯学習を基盤とする地域社会の未来価値創出のため，地域の大学と連携した市民教育の強化や人文学の振興，自発的な学習サークルの育成などを進める。

○「**土台がしっかりした生涯学習**」
- 生涯教育関連の法令及び統計を整備する。国と地方の生涯学習行政組織の連携強化を通して，生涯学習政策の推進体制を充実させる。国際機関との協力を拡大する。
- 生涯学習に対する国庫支出を拡大するとともに，国及び地方の生涯学習に関する予算管理システムを構築する。

今回の第4次基本計画の発表に当たって，教育省は，急激に変化する社会に対応するため，多様で質の高い生涯学習の実現に向けて持続的に努力していくとしている。

【注】
1．1ウォン＝0.1円で換算。
2．教育省によると，大卒以上の生涯学習参加率が44.2％であるのに対し，中卒以下は23.0％である。同じく月収500万ウォン(約50万円)以上の者の参加率が42.3％であるのに対し，150万ウォン(約15万円)未満の者は20.9％である(数値はいずれも2017年)。
3．主に成人を対象とする短期の職業教育・訓練プログラム。

【資料】
教育省報道資料 2018年2月22日／教育省「第4次生涯教育振興基本計画（2018〜2022年）」2018年

3.2　教育省，韓国版大規模公開オンライン講座（K-MOOC）の2017年度モデル事業計画を発表——公開講座数は300へ拡大

　教育省は，2017年5月11日，韓国版大規模公開オンライン講座（K-MOOC）の2017年度モデル事業計画を発表した。同計画によると，3年目となる2017年度は，モデル校として新たに10校を選定したほか，各大学にK-MOOC講座の運営目的に限って他の政府財政支援事業の予算の転用を認めることで，公開講座数が前年度の143講座から約300講座へ急増する予定である。教育省によると，2017年4月現在，約15万人がK-MOOCに会員登録し，約26万人（延べ数）が受講中若しくは受講を申請している。教育省は，K-MOOCが第4次産業革命に対応する競争力を備えた人材開発に寄与することを期待しているという。

　K-MOOCは，教育省の外郭団体である国家生涯教育振興院が主管する事業として，2015年に開始された。競争的資金に基づく支援事業であり，選定校は国庫の支援を受けてオンライン講座を無料で提供している。2016年度から政府の各種大学支援事業の補助金をK-MOOC事業に転用することが認められた結果，多くの大学がK-MOOCに参加するようになり，講座数の急速な拡大に繋がっている。

　2017年度モデル事業では，過去2年の事業と同様に10校が選定され，21講座が開設される予定である。これにより，K-MOOCのモデル校は合計30校となり，モデル事業としての規模も整いつつある。そして，他の事業予算の転用で参加する大学も含めると，2017年度は70校以上の大学が参加し，約300講座が開設される予定である。2年前の事業開始当初と比べると，参加大学数は7倍，講座数は11倍に急増した。2017年4月現在の会員登録者数は15万3,112人，受講者数及び受講申請者数は26万1,245人（延べ数）である。会員の年齢別構成をみると，20代が最も多い（**表**参照）。

表：年齢別のK-MOOC会員登録者数

年齢層	登録者数（全体に占める割合）
20歳未満	21,913人（ 14.3%）
20〜29歳	57,108人（ 37.3%）
30〜39歳	25,034人（ 16.4%）
40〜49歳	25,675人（ 16.8%）
50〜59歳	16,964人（ 11.1%）
60歳以上	6,418人（ 4.2%）
合計	153,112人（100.0%）

　2017年度に新たに開設される講座には，工学や自然科学分野，基礎教養のほか，学際的なテーマや韓国語学習関連も多く含まれているという。これまでと同様に，受講しても学位取得などに繋がる単位として認められることはない。教育省は，K-MOOCの拡大や充実を通して，第4次産業革命において求められる人材育成に努めるとともに，生涯学習者のより多様なニーズに応えることができるよう，努力する姿勢を明らかにした。

【資料】
教育省報道資料 2017年5月11日／K-MOOCウェブサイト（http://www.kmooc.kr/）

3.3 短期職業教育・訓練プログラムの普及体制を強化
——「韓国版ナノディグリー」の導入

　第4次産業革命とも呼ばれる新たな産業変化に迅速に対応するため，主に成人を対象とする短期の職業教育・訓練プログラムの充実が急がれている。教育省は，2017年11月8日，「韓国版ナノディグリー（仮称）の運営基本計画」を発表した。「ナノディグリー」は，アメリカのMOOC（大規模公開オンライン講座）の一部で採用されている課程履修証である。韓国版ナノディグリーの利用者は，教育・訓練機関が提供する短期プログラムをK-MOOC（韓国版大規模公開オンライン講座）などで履修し，企業が発給する認証書を就職や単位取得に活用できる。教育省は，同計画の推進のために，2018年度予算として約26億ウォン（約2億6,000万円）[注1]を計上している。

　ビッグデータや人工知能などに代表される技術革新によって，産業界で必要とされる知識・技術は急速に変化しており，既存の職業教育・訓練体制では対応に限界があることが指摘されている。また，社会の少子高齢化により労働者の引退時期が後ずれする中，中高年の再就職支援の重要性も増している。こうした情勢を踏まえ，教育省は「成人にとって都合のよい時間・場所で，必要な能力を身に付けることができるよう，新たな技術を活用した柔軟な形態の教育プログラム」が必要であるという認識の下，アメリカのナノディグリーを参考にしつつ，今回の計画を策定した。

　韓国版ナノディグリー事業には，当該分野を代表する企業，専門大学や大学，生涯学習施設，職業訓練機関などの教育・訓練機関が参加する。各組織・機関の役割は，次のとおりである。

○政府及び政府の外郭団体
- 教育省の外郭団体である国家生涯教育振興院に，教育・訓練の対象となる産業分野及びその代表企業について協議・選定する諮問機関を組織・運営する。
- 上記の諮問機関とは別に，代表企業や経済界関係者，教育関係者，政府関係部署の人員から構成される常設の協議会を設置し，プログラムや教育・訓練機関の選定，履修者の評価認証などについて審議する。
- 「韓国版ナノディグリー運営システム」を構築し，同事業に関する各種情報を発信する。

○代表企業
- 当該分野で重要となる職務能力及びその評価方法について提示する。
- プログラムの履修者に対して筆記試験（オンライン試験を含む）やプレゼンテーションなどの評価を実施し，一定基準に達した者については当該企業の名義で職務能力認証書を発給する。

○教育・訓練機関
　企業側が提示した職務能力や評価方法を踏まえ，教育・訓練プログラムを開発する。6か月程度の短期プログラムを原則とする。学習者の利便性を考慮し，K-MOOC[注2]などを利用したオンラインのプログラムを積極的に採用する一方，実務的な能力を涵養するための実習も教育内容に組み込むことが求められる。

　韓国版ナノディグリーの利用者として想定されているのは，大学生や失業者，転職・再就職希望者である。低所得層に対しては，政府が「生涯学習バウチャー」を優先的に給付する。利用者は，K-MOOCなどを通してナノディグリー対象のプログラムを履修した後，該当する企業の評価（テスト）

を受けて認証書を取得する。認証書は，就職や昇進などの際に能力証明書として活用できるほか，単位銀行制度との連携により単位として認定・蓄積が可能である。累積された単位は，最終的に学士や専門学士（Associate's Degree）の取得につながりうる。

　教育省は，今後代表企業の選定などを行い，2018年7月から教育・訓練プログラムの利用が可能になるよう，整備を進めるとしている。また，国民への周知を図るため，仮称としている「韓国版ナノディグリー」の親しみやすい名称を公募するという。

【注】
1．1ウォン＝0.1円で換算。
2．K-MOOCでは，2017年現在，70校以上の大学が約300の講座を開設・運営中で，約26万人（延べ数）が受講あるいは受講申請中である。

【資料】
教育省報道資料 2017年11月8日／教育省「韓国版ナノディグリー（仮称）の運営基本計画」2017年

4　初等中等教育

　幼児教育に関しては、無償化の安定的な実施を保証すべく、公的支援の改善案が示された。初等中等教育では、高校教育改革を目指す文在寅政権の意向を反映し、単位制導入の準備計画や、中等教育段階の職業教育の充実策が整えられた。教育の特別なニーズへの対応も重要な課題であり、「第5次特別支援教育発展計画」の策定や課外活動における貧困層への支援、外国人児童・生徒に対する韓国語教育支援、中高生アスリートの教育機会の保障などの各施策が行われた。そのほか、全国学習到達度調査の悉皆調査から抽出調査への再変更は、9年振りの政権交代の象徴的な出来事として、社会の注目を集めた。

4.1　教育省，幼児教育に対する公的支援の拡大プランを策定

　教育省は，2017年12月27日，公立幼稚園の拡大や社会的弱者層に対する支援の強化を骨子とする「公共性の強化を通した幼児教育革新プラン」（以下「革新プラン」という。）を発表した。革新プランは，2018年から2022年までの5年間を対象とする中期計画の体裁をとっている。計画のビジョンとして「幼児教育に対する国の責任の強化と教育文化の革新」を掲げ，4分野にわたる政策課題の達成を通して，幼児期における教育機会の平等性の確保を目指している。設定された政策課題に数値目標が盛り込まれ，幼児教育改革の具体的な展望が示されている一方で，必要な予算額などは明らかにされていない。また，革新プランには幼保共通課程の改革案も盛り込まれているが，英語の学習活動などを禁じる方向性も含まれていたため，保護者の間で反発が広がった。反発が予想以上に大きかったため，教育省が改革案の再検討の姿勢を明らかにするなど，内容をめぐっては一部で混乱も生じている。

　幼児教育に関する5か年計画は，「幼児教育法」でその策定が義務付けられており，直近のものは2013年2月策定の「幼児教育発展5か年計画」である。幼保共通課程や幼児教育無償化の導入時期[注1]と重なった同計画は，これらの制度の普及・充実が中心的な内容であった。今回の革新プランが次期5か年計画に当たるものであるかどうかは，明らかにされていない。

　今回発表された革新プランの主な内容は，次のとおりである。

○幼児教育の公共性の強化を通した「教育希望のはしご」の整備
- 公立幼稚園の新増設により，2017年現在25％の公立幼稚園利用率を2022年までに40％へ引き上げる。
- 私立幼稚園を利用する保護者の経済的負担を軽減するため，私立幼稚園への財政支援を拡大する「公営型私立幼稚園」を導入する。
- 異文化を背景とする幼児や障害のある幼児に対する支援の拡大，公立幼稚園における低所得層の幼児の優先的な受入れなど，多様なニーズへの対応を充実させる。

○教室革命を通した幼児中心の教育文化の醸成
- 初等教育の準備課程としての性格が強く，固定的な活動に終始しがちな教室運営について，幼児の多様性を生かす活動を促すことができるよう改編する。
- ハングルや英語の学習など，教科学習に類似する内容は課程から除外する。

○教育共同体とともに幼児の健康な発達の支援
　施設・設備や安全管理，給食管理などに関する評価認証制度を導入し，保護者の安心向上に努める。

○幼児教育を革新する行政システムの構築
- 地域別，規模別に調整した評価内容・方法を導入する。
- 公立幼稚園教師と比べ，月額で30万ウォン（約3万円）[注2]ほど低い私立幼稚園教師の賃金を段階的に引き上げ，両者の賃金格差を解消する。

　以上のような革新プランについて，報道各社はその主要内容を伝えているが，特に英語学習の禁止に対する保護者の反発の広まりに焦点を当てているものが多い。こうした批判の高まりを受け，教育省は，幼稚園の課程外活動[注3]においても英語学習を禁止するかどうか，改めて検討することを表明せざるをえなくなった。報道によると，幼稚園における英語教育・学習活動の是非について，教育省は検討の上で新たな方針を今後発表するという。

【注】
1．5歳児対象の共通課程や無償化が2012年に導入されたのに続き，3・4歳児についても2013年から導入された。
2．1ウォン＝0.1円で換算。
3．「放課後課程」と呼ばれ，いわゆる預かり保育も含まれるが，英語を含む様々な学習や体験プログラムが実施されている。

【資料】
　教育省報道資料 2017年12月26日／教育省報道説明資料 2017年12月28日／教育省「公共性の強化を通した幼児教育革新プラン」2017年／東亜日報 2017年12月28日，2018年1月8日，17日

4.2　全国学習到達度調査を9年振りに悉皆調査から抽出調査へ変更

　教育省は，2017年6月14日，2008年以来悉皆方式で行われてきた全国学習到達度調査について，2017年度調査から再び抽出方式とすることを明らかにした。その理由について，教育省は，地域あるいは学校間の競争の激化や，調査対策を意識したカリキュラム運営の氾濫などを挙げている。対象となる学年や教科は従来と変わらないものの，調査対象となる生徒は全体の約3％へ縮小する。ただし，

対象校以外でも，各地方の裁量で調査に参加させることが可能である。教育省から突然示された今回の決定に対して，教育界は賛否両論の反応をみせている。

　1986年に始まった全国学習到達度調査は，対象学年や教科，調査方法を何度も変更しながら今日に至っている。直近で抽出調査から悉皆調査に変更されたのは，李明博政権期（2008～2013年）の2008年で，生徒の学力の正確な把握と適切な支援を目的とすると同時に，学校間の競争を喚起して学力を向上させることも意図されていた。続く朴槿恵政権（2013～2017年）は，児童の負担軽減を理由に初等学校第6学年を調査の対象から外したものの，悉皆調査は維持した。今回の調査方法の変更は，競争主義に批判的な立場を取る革新派の文在寅政権（2017年5月～）の成立による影響が大きい。

　全国学習到達度調査の対象となる学年は，中学校第3学年と高校第2学年で，教科は韓国語と数学，英語である。また社会と科学についても，中学校第3学年の一部を対象に調査が行われる。抽出方式で行われる2017年度調査の対象となるのは，中学校476校の1万3,649人と，高校472校の1万4,997人であり，これは全国の中学校と高校の生徒の約3％に相当する。対象校は，教育省が選定する。また，各地方の教育庁の判断で，対象校でなくても調査に参加させることができる。調査対象校及び自由参加校のうち採点を希望する学校に対しては，採点及び評価結果[注1]が提供される。評価結果について，従来は「全国学校情報ウェブサイト」（http://www.schoolinfo.go.kr/）などでの公開が義務付けられていたが，今後の措置については検討中である。

　地方教育行政の執行機関である教育監[注2]で構成される全国教育監協議会は，革新派に近い考え方を持つ教育監が多いこともあって，今回の決定を歓迎する意思を明らかにした。一方，一部の教員団体からは，生徒の学力を把握し，適切できめ細かい指導を行うシステム[注3]が失われることを危惧する声も聞かれた。

【注】
1．学校ごとの教科別成績の分布状況（「普通学力以上」「基礎学力」「基礎学力未達」の各割合）や，学力向上度など。
2．独任制の執行機関で，住民の直接選挙によって選出される。
3．「基礎学力未達」の生徒が多い学校に対しては，学習補助や保護者相談などを内容とする総合的な支援が行われていた。今後，これらの支援策がどのように展開されるかは未定である。

【資料】
　教育省報道資料 2017年6月14日／朝鮮日報ウェブサイト版（http://news.chosun.com/）2017年6月15日

4.3　教育省，全ての高校を単位制に転換する計画を発表
——2022年度からの導入を目標

　教育省は，2017年11月24日，2022年度から全ての高校を単位制に転換する内容の「単位制高校の推進方針及び研究校の運営計画」を発表した。現行制度下の高校は，日本の多くの高校と同様に，学年ごとに課程の修了が認定されるが（学年制），単位制が導入されると，学年の枠に囚われることなく，生徒が個人の進路志望に合わせて自由に科目を選択・履修し，必要単位を累積して卒業が認定されるシステムとなる。生徒は各自の時間割に従って教室を移動し，異なる学年の生徒と学習活動を行うなど，日常の学校生活にも大きな変化が生じる。同国の高校教育にとっては大きな改革となるため，2018年度から2021年度末まで研究校を指定し，2022年度からの全面導入に向けて制度設計や運営方法の検討を重ねていく計画である。

これまでも高校のカリキュラムについては，「教育課程」の改訂の度に選択科目の数を増やすなど，生徒の進路や適性に合わせた教育の実現に向けた改善が重ねられてきた。しかし，それらはあくまでも，学年によってカリキュラムの区分が定められるシステムを前提としていた。それに対して今回の改革は，各学校におけるカリキュラムの学年区分を取り払い，生徒の自主性をより高め，促す措置である。教育省がこうした改革に乗り出す背景には，技術革新の進展に伴い産業社会や雇用環境が大きく変化する中，既存の画一的な教育体制では対応が困難なことがある。すなわち，産業や社会の急速な変化に対応する思考力や判断力，創造性に優れた人材育成の促進のため，より柔軟で多様な教育体制の整備の必要性が課題として認識されている。また，生徒の自発的な学習を妨げているとされる大学入試準備中心の高校教育からの脱却も視野に入れている。

　今回発表された「単位制高校の推進方針及び研究校の運営計画」によると，生徒は自身の進路設計に基づき履修計画を定めて受講を申請し，履修する。卒業要件となる基準単位数など，制度の詳細な内容や運営方法はまだ定まっていない。2018年度から4年間，研究校を60校（普通高校30校，専門高校30校）指定し，問題点や課題の発見及び検討を行うとともに，優秀なモデル・ケースの開発に努めていくという。

　単位制の導入に当たっては，多様な科目の担当教師の確保や施設の整備，都市部と地方の格差解消などが大きな課題になるとみられている。社会の関心は，特に学業成績の評価方法と大学入試への影響に集中しており，保護者の間では，入試制度や選抜方法の変化に対する警戒心が高まっている。

【資料】
　教育省報道資料 2017年11月24日／教育省「単位制高校の推進方針及び研究校の運営計画」2017年／東亜日報 2017年11月28日

4.4　教育省，専門高校の魅力度向上へ向けた施策を推進
――「魅力的な専門高校育成事業」の発表

　専門高校卒業者の就職率の向上を目指す教育省は，2017年3月13日，専門高校のイメージ改善策などを盛り込んだ「魅力的な専門高校育成事業」を発表した。大卒者の就職率の低迷や生産年齢人口の減少などを背景に，政府は，2008年頃から高卒者の就職促進策を進めてきた。その結果，専門高校卒業者の就職率は大きく上昇したが，2014年以降はその伸びが鈍化している。教育省は，専門高校間で広がる格差が就職率伸び悩みの要因の1つとみており，専門高校のインフラ整備や基礎学力向上，地域との連携強化などを通して，専門高校の魅力を高め，専門高校全体のレベルを底上げする方針を明らかにした。教育省は，関連事業のために，今後3年間で総額600億ウォン（約60億円）[注1]を投入する計画である。

　全国に2,353校設置されている高校のうち，約2割を占める専門高校は，2000年代に入って大学等進学率が就職率を上回る傾向が続いていた。しかし，大企業志向が強い大卒者の就職率の低迷や，少子高齢化に伴う生産年齢人口の減少などが社会問題として焦点化されるようになると，その解決策の1つとして，高校卒業者の就職率の向上策が進められることになった。例えば，マイスター高校[注2]の導入や職業基礎能力評価テスト[注3]，官公庁や企業への高卒者採用拡大の奨励などが積極的に取り組まれてきた。これら諸施策の結果，専門高校卒業者の就職率は一転向上し，2014年には就職率が進学率を12年ぶりに上回った。しかし，それ以降の専門高校の就職率は，2014年44.2％，2015年

46.6％，2016年47.2％と，微増は維持しているものの，停滞感が否めない。教育省は，2014年10月に「雇用率70％達成と能力中心社会の実現のための高卒者就職活性化プラン」を策定し，専門高校における実習や中小企業への就職促進などの強化を図ったが，大きな成果は得られていない。今回の事業は，魅力ある専門高校の育成を通じて，より優秀な人材を取り込もうという意図がある。

「魅力的な専門高校育成事業」の主な内容は，次のとおりである。

○**教育ビジョンの明示**
　地域社会や学校の状況に合わせた学科再編などを通して，特色ある学校の発展像を提示する。
○**実践的な授業**
　問題解決能力の伸長に主眼を置き，プロジェクト型学習を積極的に導入する。教科教室の運営に対しても支援を強化する。
○**魅力的な校舎**
　学校のイメージ向上のため，校舎の美化に努めるほか，施設・設備の充実を進める。
○**地域に開かれた学校**
　校内の実習室を「生涯学習室」として地域住民に開放するなど，地域社会との連携を強化する。
○**人格教育，基礎学力向上支援の強化**
　生徒の学習到達度や学業不振の要因などを明らかにした上で，個々人に合った教育プログラムの開発・運営を支援する。
○**効果的な就職支援**
　就職経路の開発や，職務能力伸長を意識した授業改善，教師の実技指導力の向上などを通して，就職率の向上に努める。

これら支援に必要な経費の補助として，教育省は専門高校100校を対象に，2017年から2020年までの3年間で総額600億ウォン（1年当たり200億ウォン）を支援する計画である。1校当たりの支援額は，事業内容などにより1億～3億ウォン（約1,000万～3,000万円）になるという。対象校は，学校規模や学校運営計画などに基づき選定される。

教育省は，専門高校が自律的な教育・学習環境の改善を進めることで，最終的には国の政策課題である能力中心社会の実現を目指すという。専門高校側では，政府の支援事業を歓迎する一方で，一部の学校では学校の評価を高めるため，アルバイトなどで就職率を不正に引き上げることも行われているとされる。未成年者が劣悪な労働環境に置かれているという報告もあり，政府は，高卒者の就職率の上昇とともに新たな課題を抱えている。

【注】
1．1ウォン＝0.1円で換算。
2．特殊目的高校の一種であるマイスター高校は，柔軟なカリキュラム運営と企業との連携強化により，実践的な職務能力を備えた人材育成を目的とする。
3．普通高校で実施されている全国学習到達度調査（韓国語，英語，数学）に代わり，専門高校では同評価が2015年度から本格的に導入されている。「意思疎通－韓国語」「意思疎通－英語」「数理活用」「問題解決」「職場適応能力」の5領域について評価を行い，結果は就職活動などの際に活用できる。

【資料】
教育省報道資料 2017年3月13日／ハンギョレ新聞ウェブサイト（http://www.hani.co.kr/）2017年3月28日

4.5　教育省，「第5次特別支援教育発展5か年計画（2018～2022年）」を発表
　　――障害者のキャリア教育，高等教育，生涯学習の強化など

　教育省は，2017年12月4日，「第5次特別支援教育発展5か年計画（2018～2022年）」（以下「第5次計画」という。）を発表した。この計画は，法律に基づき5年ごとに策定される中期計画で，1997年以来5度目となる。特別支援教育の量的・質的な向上を目指している点ではこれまでの計画と同様であるが，今回の第5次計画は，障害者の生涯学習の振興を重点的に取り上げているのが特徴である。そのため，初等中等教育段階だけでなく，大学生や成人に対する支援も内容に含まれている。「生涯段階に応じた教育を通した特別支援教育対象者の社会的統合の実現」をビジョンに掲げる同計画は，4つの領域にわたる政策課題を定め，2022年までの達成目標などを盛り込んでいる。教育省は，今回の計画を通して，障害者の学びがより充実することを期待するとしている。

　2017年現在，特別支援教育の対象となっている児童・生徒数は8万9,353人で，近年微増傾向にある。「障害者等に対する特別支援教育法」第5条は，特別支援教育に関する総合計画の策定を義務付けており，前回の第4次計画では，支援体制の高度化など，特に質的側面に焦点が当てられた。その成果として教育・学習環境の向上などが挙げられる一方，特別支援教育の教師の配置が不十分であることや，成人障害者に対する教育的支援の不足などが課題として挙げられた。今回の第5次計画では，2016年に「生涯教育法」が大幅に改正された際，障害者の生涯学習に関する規定が幅広い項目で新設されたことが反映され，前計画と比べて障害者の生涯学習の振興に力点が置かれた内容となっている。

　第5次計画の主な内容は，以下のとおりである。

○平等で公正な教育機会の保証
- 2022年までに特別支援学校を22校以上，特別支援学級を1,250クラス新設する（2017年現在，特別支援学校は174校，特別支援学級は1万325クラス）。
- 特別支援教育の資格を所持する教師の配置率（2017年現在，67.2％）を大幅に引き上げる。
- 特別支援教育に従事する教師研修の対象を年間4,000人以上に拡大する。

○統合教育及び特別支援教育支援の充実
- 統合教育における支援教師の配置を拡大する。
- 統合的に行われるスポーツや文化・芸術プログラムの運営支援を強化する。

○キャリア教育，高等教育及び生涯学習の支援強化
- 特別支援学校における自由学期制度[注1]の運営校を2022年までに139校へ拡大するとともに，全ての特別支援学校に進路進学相談教師[注2]を配置する。
- 障害のある大学生に対する相談人員を拡大配置し，就職支援を強化する。
- 特に障害者を対象とする多様な形態の生涯学習プログラムの運営などを支援し，5年間でプログラム数を約2倍に拡大する（2018年現在，650プログラム）。

○障害者の福祉文化の普及及び支援体制の強化
- 幼稚園を含む初等中等教育機関で，障害理解教育の年間2回以上の実施を義務化する。

【注】
1. 自由学期制度は，中学校の教育課程のうち特定の1学期間を「自由学期」と定め，職業体験など，多様な体験活動を重点的に行うほか，普通教科の授業を討論や実習中心に運営する。中間・期末考査など，教科試験は原則として行わない。
2. 主に中学校でキャリア教育関連の授業や学習活動を受け持つ教師で，研修により資格取得が可能である。

【資料】
教育省報道資料 2017年12月1日／東亜日報 2017年12月21日

4.6　貧困層などを対象とする科学サークル事業が本格的に始動
——「はしごプロジェクト」協力団体の決定

　教育省は，2017年4月14日，貧困家庭の生徒を対象に科学の学習機会を提供する「はしごプロジェクト」に関連し，その協力団体の選定結果を発表した。同プロジェクトは，科学に対する夢や才能を持つ子供が，置かれた環境に関係なく，学校外でも優れた科学の学習活動に参加できるよう，始まったものである。科学は，国の競争力を高めることに繋がる分野として政策的に重要視されており，科学教育の振興に関する中期計画も策定されている。「はしごプロジェクト」は，2016年に策定された第3次中期計画に基づいて進められるもので，科学サークルの形態で実施される。教育の提供者となる協力団体は大学の研究室などで，公募を通じて選定される。今回選定されたのは，全国で70団体である。1団体につき，年間約250万ウォン（約25万円）[注1]が補助金として給付される。

　2016年2月に発表された「科学教育総合計画」は，「科学教育振興法」に基づき策定される科学教育の中期振興計画で，科学教育を通した未来世代の基本能力の強化に重点が置かれている[注2]。同計画において示された「はしごプロジェクト」は，困難な状況にある子供にも科学者への道を開くという理念の下，2016年からモデル事業が開始された。同事業には全国から選ばれた30の協力団体が参加しており，質問調査の結果によると，参加者の満足度も概ね高く，2017年度から規模を拡大して継続実施されることとなった。

　「はしごプロジェクト」は，放課後や週末，長期休暇などを活用して，大学の研究室や民間の科学教室などが主体となって科学学習プログラムを提供する事業である。対象となるのは，経済状況が困難な家庭の中学生と高校生で，中学生向けプログラムは自身の興味・関心を明確にすること，高校生向けプログラムは各人の興味・関心に応じた研究活動を通して能力を育むことにそれぞれ重点が置かれている。事業に参加する協力団体の選定は，公募を通して行われ，2017年度事業では104の応募があり70団体が選ばれた。教育省は，今回の事業を通じて，生徒が置かれた環境に関係なく夢と才能を発揮することができるよう，持続的に支援していくとしている。

【注】
1. 1ウォン＝0.1円で換算。
2. 教育省策定の「科学教育総合計画」は，2002年の「科学教育の活性化計画（2003～2007年）」，2007年の「科学教育の充実計画（2008～2015年）」に続く第3次振興計画であり，「楽しい科学学習体験の拡大」「創造経済実現のための科学技術人材の養成」「創造融合型の科学教育の活性化」「IDEA (Interest, Development, Engagement, Association) 型科学教師像の実現」「科学教育支援インフラの強化」「社会に身近な科学教育の実現」「共に行う科学文化の整備」の7分野について15の課題が設定されている。

【資料】
　教育省報道資料 2017年4月14日／教育省「『未来世代の夢と幸せのための科学教育』を実現するための科学教育総合計画」2016年

4.7　外国人児童・生徒などを対象とする韓国語指導を改善
——「韓国語教育課程」の改訂

　教育省は，2017年9月29日，外国人児童・生徒など，異文化を背景とする児童・生徒のための「韓国語教育課程」の改訂版を公示した。これは，外国人児童・生徒などが近年増加の一途をたどり，第2言語としての韓国語教育・学習の充実に対するニーズが高まっていることを受けた措置である。同教育課程は，韓国語による意思疎通に不自由がある児童・生徒対象の教育・学習内容を規定するもので，他の教科の教育課程と同様に位置付けられている。旧課程に代わり，2019年度（3月〜）から導入される。教育省関係者は，増加する外国人児童・生徒に対して，より体系的な韓国語教育の提供を目指すとしている。

　「異文化を背景とする児童・生徒」（韓国語では「多文化児童・生徒」と呼ばれる。）は，自身が外国籍である場合だけでなく，保護者のどちらかが外国籍である児童・生徒も含まれる概念である。教育省によると，こうした児童・生徒のうち，正規の学校の在学者（すなわち政府が把握している数）は，2006年の9,389人から2017年の10万9,387人へと，この10年間で約10倍に増加した[注1]。こうした情勢に対応するため，政府は2012年に国家生涯教育振興院（教育省の外郭団体）の下に中央多文化教育センターを設置し，異文化を背景とする児童・生徒のための教育プログラムを開発，普及させている。また同年，韓国語を第2言語とする児童・生徒のための正規教育課程として初めて，「韓国語教育課程」を公示した。

　「韓国語教育課程」は，「多文化予備学校」と呼ばれる，外国人児童・生徒から編制される特別な学級で主に運営されている。同学級では，一般的な教科教育だけでなく，「韓国語教育課程」に基づく韓国語や韓国文化に関する教育も提供される。「多文化予備学校」は，あくまでも通常学級への編入を前提とする準備学級であり，その在籍期間は当該校の長の判断による。全ての学校で運営されているわけではなく，特定の地域をカバーする拠点校に集約される形になっている。2017年現在，全国の165校に設置されている。

　今回改訂された「韓国語教育課程」の主な内容は，次のとおりである。

○教育対象の明示
　旧版で「異文化を背景とする児童・生徒」と定められていた対象を「韓国語の意思疎通能力の涵養が必要な児童・生徒」とする。
○学習領域の再編
　旧版の学習領域の1つである「学習韓国語」を「学習道具としての韓国語」と「教科韓国語」の2つに分割，再編する。学習道具としての韓国語は，全ての教科の学習にとって基本的な表現などを学ぶ領域である。一方，教科韓国語は，各教科別の語彙などを学習する内容となっている。
○韓国文化の学習内容を充実
　文化領域の学習内容や方法をより詳細に定めている。

今回の改訂に当たり，教育省は，地方教育を所管する広域市・道の教育庁及び学校の担当者を対象とする研修の実施を予定している。同省は，今後も異文化を背景とする児童・生徒の特性に合った教育を支援し，全ての子供の教育に対する国としての責任を果たしていくとしている。

【注】
1．教育省によると，異文化を背景とする児童・生徒の保護者（どちらか一方だけの場合も含む）の出身国で最も多いのはベトナムで，全体の26.5％を占める。ただし，朝鮮族を含めた場合，中国が33.5％と最も多くなる（朝鮮族11.3％＋朝鮮族以外22.2％）。以下，フィリピン（22.2％），日本（10.5％）と続く。ベトナム出身の保護者が多い背景としては，韓国農村部における韓国人男性とベトナム人女性の国際結婚の急増が指摘されている。

【資料】
　教育省報道資料 2017年9月29日／中央多文化教育センター（http://www.nime.or.kr/）／慶尚南道教育庁「2016年多文化予備学校運営計画」2016年／白井京「韓国の多文化家族支援法―外国人統合政策の一環として」『外国の立法』第238号，2008年，153～157頁

4.8　中等教育段階のスポーツ選手の教育機会を充実
――e-School事業の運営成果発表会の開催

　教育省と韓国教育開発院は，2018年1月24日，ソウル市内で「2017年中高生アスリートのe-School運営事業成果発表会」を開催した。e-School事業は，各スポーツ種目の第一線で活躍する中高生が，練習や競技出場のために生じるカリキュラムの未履修を防ぐ目的で開始された。インターネットを活用した遠隔教育システムで，通常の授業時間で学習できなかった単元を補習し，履修の認定を受けることができる。今回の成果発表会では，事業に対する満足度調査の結果や利用者のスピーチが発表された。教育省は，e-Schoolが中高生アスリートの学習権を保障することで，運動部の更なる充実・発展が期待されるとしている。

　中等教育段階では，体育中学校や体育高校といった特殊な学校のほか，一般の中学校や高校でも，少数の優れた生徒を対象とする運動部[注1]などで将来のアスリート養成が行われている。こうした学校の一部の生徒は，練習や競技大会への出場を理由に授業を欠席することがしばしばだが，それによって学力低下が生じているという指摘がある。こうした中，2012年に制定された「学校体育振興法」第11条は，「学校の長は，中高生アスリートが一定水準の学力基準に到達できない場合，基礎学力を保障するプログラムを別途運営し，最低学力を保障できるよう努力しなければならず，必要な場合には競技大会への出場を制限することができる」と定めており，これを機に中高生アスリートの学習権を保障する動きが強まった。そして，2015年3月に策定された「学校スポーツ主要業務計画」により，e-School事業が導入されることとなった。

　e-Schoolは，インターネットを通じて教科学習プログラムを配信し，学習状況に応じて当該教科の履修を認定する制度である。政府の外郭団体である韓国教育開発院（Korean Educational Development Institute：KEDI）が運営する。e-Schoolの利用に当たっては，各学校において，利用する生徒のほか，責任教師と教科教師をウェブサイト上の学習システムに登録する必要がある。責任教師は，主任級の教師が担当し，当該校におけるe-Schoolの総括管理を行う。教科教師は，それぞれの担当教科についてe-Schoolで学習している生徒の学習状況を管理する。開設されている教科は，中学校，高校ともに韓国語，英語，数学，社会（中学校は道徳も含む），科学の5領域である。学習する

時間や場所は，主に放課後の学校のコンピュータ室が想定されているが，教科教師の指導・管理の下，家庭での学習も可能である。2017年現在，全国2,300校の中学校及び高校で約4万人の生徒がe-Schoolを利用している。

　2018年1月24日に開催された成果発表会では，生徒や保護者，教師などを対象とする満足度調査の結果が発表され，「補習効果が高い」「学習が習慣化した」「成績向上にもある程度役立つ」など，e-Schoolに対する肯定的な意見が示された。そのほか，e-Schoolの優秀事例として，学習ノートの定期的な点検や担当教師の研修強化，学内におけるe-School賞の創設なども紹介された。同発表会において，教育省関係者は，e-Schoolが生徒の学習権を保障する先進的な学校運動部の育成につながることを期待するとともに，生徒がプロのスポーツ選手だけでなく，より多様な進路を考える機会となるよう，今後も積極的に支援する方針を明らかにした。

【注】
1. 韓国の学校運動部は，課外活動ではあるものの，将来のアスリート養成を第一の目的としている点で，日本の部活動とはやや趣を異にする。

【資料】
　教育省報道資料 2018年1月24日／韓国教育開発院e-Schoolウェブサイト（https://hs.e-school.or.kr/）

5　高等教育

　大学構造改革をめぐる動きとして、改革の第2次計画や2018年度の評価計画が策定された。また、教育部の閉鎖命令に基づく大学の閉鎖が3年振りに行われ、国内外の注目を集めた。一方、大学入試改革については、修能試験の評価方法の変更に対する不安などから、各方面から批判が噴出した。これを受けて教育省は、計画の見直しを迫られた。職業教育に関しては、専門大学の改革計画や支援事業計画、現場実習マニュアルの改訂、起業促進事業の導入など、幅広く取り組まれた。政権交代後も引き続き重要課題に位置付けられる学生の経済的負担の緩和に関連して、給付型奨学金の拡大や貸与奨学金の負担軽減のほか、成績優秀者対象の奨学金事業計画や大学入学金の縮小・廃止計画が発表された。そのほか、多様な言語の教育振興計画が初めて策定された。

5.1　教育省，評価と連動した大学定員削減，統廃合促進策を更新
　　　――「第2期大学構造改革基本計画」の発表

　教育省と韓国教育開発院（日本の内閣府に相当する国務調整室の外郭団体）は，2017年3月9日，「第2期大学構造改革基本計画」を発表した。これは，2014年発表の「大学構造改革の推進計画」で示された目標「2023年までに入学定員16万人削減」を達成するための事業の第2期計画に当たる。第1期事業では，目標を4,000人上回る4万4,000人の定員削減を実現しており，第2期は5万人の定員削減を目指す。そのほか第2期計画には，評価方法や結果の反映方法などの変更が盛り込まれた。教育省は，18歳人口の急減という危機を踏み台とし，世界水準の大学へ跳躍する機会となるよう，大学構造改革を推進していくとしている。

　大学構造改革[注1]は，大学や学部の特性化や統廃合を進める施策として，関連する計画の随時策定

を経ながら，10年以上にわたって続いている。一連の計画に基づき，2004年から2014年までに50校が25校に統合され，7校が廃止された。一方，少子化傾向は歯止めがかからないまま，18歳人口は2023年には2013年現在よりも25万4,000人少ない43万3,000人にまで急減することが予測されている。こうした中，2014年1月に「大学構造改革の推進計画」が発表され，大学評価を通して2023年までに入学定員を16万人削減する方針が明らかにされた。今回発表された第2期計画は，2017～2019年を対象期間とするもので，第1期事業よりも1万人多い5万人の定員削減目標が定められている。

「第2期大学構造改革基本計画」の主な特徴は，次のようにまとめられる。

○評価方法
- 4年制大学と専門大学で別に定められた指標を用いて，韓国教育開発院に設置された大学評価本部が評価を担う。
- 第1期事業においては，2段階にわたる評価を通して，対象大学を5等級に分類していた。第2期事業では，2段階評価は変わらないが，1次評価で上位グループに分類された大学には等級を付与せず，「自律的な改善促進大学」とする。1次評価で下位グループに分類された大学は，2次評価を通して3等級（X，Y，Z）に分類する。

○評価指標

評価指標の内容も大きく変わった。1次評価は「自律能力」について，2次評価は「持続可能性」について評価するという趣旨に基づき再構成された。これに伴い，2次評価では地域との連携や大学運営の健全性に関する指標が新たに導入された（**表1**，**表2**参照）。

表1：4年制大学評価の項目と配点

	評価項目	指標内容
1次評価	大学特化戦略	戦略計画の策定・推進・成果（5点），定員調整との連動性（3点）
	講義，教育課程の運営	教育課程や講義の改善（10点），講義管理及び学生評価（11点）
	教育環境	教員確保率（8点），校舎確保率（3点），教育費の還元率（5点）[1]
	教育成果	学生充足率（8点），就職率（5点），学習者の満足度管理（2点）
	学生支援	学生の学習支援（5点），進路・心理相談支援（3点），奨学金支援（5点），就職・起業支援（2点）
2次評価	専攻及び教養教育課程	教養教育課程（キー・コンピテンシーの向上）（5点），専攻教育課程（専門能力の向上）（5点）
	地域社会との連携	地域社会との協力，地域への寄与（5点）
	大学運営の健全性	構成員間の意思疎通（5点），財務状況，法人のアカウンタビリティ（5点）

表注1：「教育費の還元率」とは，学生が大学に納付する額に対し，大学がどれだけ教育に支出しているかを算出したものである。

表2：専門大学評価の項目と配点

	評価項目	指標内容
1次評価	大学特化戦略	戦略計画の策定・推進・成果（5点），定員調整との連動性（3点）
	学事運営	講義管理及び学生評価（10点）
	産学連携	産学連携能力（3点），産学連携の教育・活動（5点）
	教育環境	教員確保率（7点），校舎確保率（3点）教育費の還元率（4点）
	教育成果	学生充足率（7点），就職率（9点），学習者の満足度管理（2点），
	学生支援	学生の学習支援（4点），進路・心理相談支援（4点），奨学金支援（4点），就職・起業支援（5点）
2次評価	専攻及び教養教育課程	職業基礎・教養教育課程（4点），現場中心の専攻教育課程（8点）
	地域社会との連携	地域社会との協力，地域への寄与（3点）
	大学運営の健全性	構成員間の意思疎通（5点），財務状況，法人のアカウンタビリティ（5点）

〇結果の活用
- 「自律的な改善促進大学」に対しては，定員削減の目標値は課されない。各大学の発展計画に基づき，学部・学科の再編を自律的に進めることが求められる。
- 下位グループに分類されるX, Y, Zの各級大学は，等級に応じて**表3**のようなペナルティが課せられる。等級に応じた定員削減の幅は，今後示される予定である。

表3：X, Y, Z級大学に対するペナルティ

等級	定員削減	政府財政支援事業	給付型奨学金事業		貸与型奨学金事業	
			I類	II類	一般	ICL[1]
X級	等級に応じて削減	参加不可	—	—	—	—
Y級			—	上限額あり	上限額あり	—
Z級			上限額あり[2]		利用不可	

表注1：Income Contingent Loanの略（日本語では所得連動返還型奨学金と呼ばれる）。卒業後の所得に応じて返還が開始する。
表注2：表中の「上限額あり」や「利用不可」は，新入生や編入生のみを対象とし，現在利用中の学生は継続可能。

今回の計画に，大学統廃合に関する具体的な目標は盛り込まれていないが，教育省は統廃合を積極的に促進する姿勢を明らかにしており，統廃合に着手する大学については，第2期事業の対象から外す予定である。教育省は，大学の特性化と自律的な発展のために最大限の支援を行い，大学が持続的に改革を進めることができる環境整備に努めるとしている。

【注】
1. 1997年のアジア通貨危機以降，IMFの管理の下で各種規制緩和が進められると，一連の改革で用いられた「構造調整」という用語が大学改革でも使われるようになり，近年は「構造改革」という用語も散見される。

【資料】
教育省・韓国教育開発院報道資料 2017年3月9日／教育省「第2期大学構造改革基本計画－未来の競争力確保に向けた大学の体質改善－」2017年／東亜日報 2017年1月19日

5.2　教育省，大学構造改革における評価などを改善
——「2018年大学基本能力診断推進計画案」と「大学財政支援事業改編計画案」の発表

近年政府主導で進められてきた大学の統廃合促進政策において，若干の修正が行われる。教育省は，2017年11月30日，従来の大学構造改革の改革案として「2018年大学基本能力診断推進計画案」と「大学財政支援事業改編計画案」を同時に発表した。両計画の骨子は，評価結果に基づく定員削減措置を縮小するとともに，政府の大学支援事業との連動方法についても改善を図ることにある。これらの改編は，政府による大学の序列化や性急な定員削減の推進への批判を受けたもので，評価結果に基づく強制的な定員削減の推進は緩和されることになる。それでも，新たに導入される基本能力診断で最低評価を受けた大学は，政府の財政支援事業や奨学金事業の対象から外されるなど，低評価の大学を「締め出す」政策の基本的な方向性に変更はない。新たな制度は，2018年度から実施される。

運営上問題のある大学を政府が「認定」し，ペナルティとして財政支援などを制限しつつ，運営の改善もしくは大学の統廃合を促す大学構造改革は，これまで15校の閉鎖に繋げるなどの「成果」をあげてきた。朴槿恵政権期（2013～2017年）には2023年までに入学定員を16万人削減する計画も策定され，大学構造改革の評価事業の結果と定員削減の規模を連動させる仕組みが導入された。しかし，

これらの厳しい施策に対して大学側の不満は強く，また地域間の環境の違いが評価に十分反映されていないなどの問題点が浮上していた。こうした中，2017年5月に文在寅政権が発足すると，前政権までの様々な教育政策が見直されるようになり[注1]，大学構造改革についても従来の強硬的な措置の改善策が模索されることになった。

今回示された計画それぞれの主な内容は，次のとおりである。

○「2018年大学基本能力診断推進計画案」
- 従来は，評価結果に応じて「A」～「E」の5段階の等級を付与していたが，新たな制度では，評価結果に基づく分類を「自律改善大学」「能力強化大学」「財政支援制限大学」の3つに単純化する（**表**参照）。

表：大学基本能力診断の結果に基づく大学分類

結果の活用 \ 大学の分類	自律改善大学	能力強化大学	財政支援制限大学 I類	財政支援制限大学 II類
一般財政支援事業	無条件に対象	対象外		
特殊目的支援事業	参加可能		対象外	
貸与・給付型奨学金事業	無条件に対象		新入生のみ	対象外
学生定員削減の義務付け	対象外	対象		

- 定員削減の義務付けは能力強化大学と財政支援制限大学を対象とし，その規模は当初計画よりも3万人少ない約2万人とする（詳細は未定）[注2]。全大学の60％強を指定する予定の自律改善大学については，ペナルティ等の措置は特にない。能力強化大学は，政府の財政支援事業のうち，特殊目的支援事業（BK21など。詳細は後述）のみに参加できる。
- 財政支援制限大学は，政府財政支援事業のいずれにも参加できない。評価結果に応じてI類とII類に分類され，I類は新入生のみ政府の貸与・給付型奨学金の受給が可能で，II類は奨学金事業から全面的に除外される。
- 評価は，2段階に分けて行われる。第一次評価では書類及び聞き取り調査が行われ，地域間のバランスを考慮して，全国を5つに分けた5圏域ごとに自律改善大学が指定される。能力強化大学と財政支援制限大学については，自律改善大学以外の大学を対象に行われる第二次評価（書類及び現地調査）の結果と第一次評価の結果の総合的な判断に基づき，それぞれ指定される。評価内容については，旧制度と同様である。

○「大学財政支援事業改編計画案」
- 大学に対する政府支援事業を「一般財政支援事業」と「特殊目的支援事業」の2類型に再編する。
- 「一般財政支援事業」は，「国立大学育成事業」と「自律協定型大学支援事業」から成り，大学運営に係る基礎的な経費の支援に当たる。事業費の使用目的に特に制限はなく，各大学の中長期的な計画に基づき使用可能である。自律改善大学の全てを対象とし，別途評価は実施しない。
- 「特殊目的支援事業」は，BK21事業やLINC事業など[注3]，競争的な資金に基づく支援事業から成る。自律改善大学と能力強化大学が参加可能で，支援対象校は各事業の評価に基づき選定される。

このように，新たな政策には定員削減の縮小など，若干の緩和策も盛り込まれているが，大学関係者の間では，大学統廃合の流れは今後も継続するとみられている。同一法人が運営する私立大学の一

部では，既に統合に関する具体的な検討が進んでいるとされるが，一般財政支援事業に参加できる自律改善大学が全体の60％程度しか選定されないことを鑑みれば，統廃合の流れは変わらないと受け止められている。

【注】
1. 例えば，朴槿恵政権期に国定に変更された歴史教科書の再度の検定教科書化や，李明博政権期（2008～2013年）以来悉皆調査であった全国学力テストの抽出調査への転換などがある。
2. 教育省が2013年に発表した「大学構造改革の推進計画」では，2018年から2020年の間で5万人の定員削減目標が定められていた。
3. BK21 (Brain Korea 21) 事業は大学の研究支援事業，LINC (Leaders in INdustry-university Cooperation) 事業は産学連携推進事業である。

【資料】
教育省報道資料 2017年11月30日／教育省「2018年大学基本能力診断推進計画案」2017年／教育省「大学財政支援事業改編計画案」2017年／東亜日報 2017年12月1日，14日／韓国大学新聞ウェブサイト版 (https://news.unn.net/) 2017年12月21日

5.3　大学構造改革に基づく大学閉鎖が進行──3大学に対し3年振りの閉鎖命令

　教育省は，2017年10月27日，私立4年制大学2校に対し，「高等教育法」に基づく学生募集の停止及び大学の閉鎖を命じた。さらに同年12月13日には，私立4年制大学1校に対しても同様の学生募集停止及び閉鎖命令を発出した。これら3大学は2017年度末（2018年2月28日）をもって閉鎖される。今回の命令は，問題のある大学の淘汰を目的に歴代政権が進めている「大学構造改革」の一環として行われるもので，いずれの大学も評価で最低ランクの「E」に分類されていた。前回の閉鎖命令から3年振りとなる今回の措置だが，教育省は，今後も評価を中心とする関連施策を進めるとしている。

　2000年代以降，散発的に行われてきた大学構造改革は，李明博政権期（2008～2013年）になると，政府の財政支援の制限など，厳しい措置を伴う評価事業と一体化して進められるようになり，その結果閉鎖を余儀なくされる大学が続出した（表参照）。朴槿恵政権期（2013～2017年）の2014年には，18歳人口の急減に備え，2023年までに大学等の入学定員を16万人削減する計画が策定され，大学構造改革は更に厳しさを増すこととなった[注1]。

　今回閉鎖が命じられたのは，韓中大学と大邱外国語大学，そして西南大学である。いずれも地方に所在する私立4年制大学で，2015年に行われた大学構造評価事業で「E」ランクに分類された13校のうちの3校である。韓中大学と西南大学は創立者などによる運営費の横領や不正な使用など，大邱外国語大学は収益用財産の未確保や法人運営費の不正な使用など，3大学とも10件以上の不正が判明しており，それらに対する是正命令に従わなかったことが閉鎖命令の直接的な理由である。また，「E」ランクの大学は政府の大学財政支援事業の対象から外されるため，財政的に厳しい状況に置かれている。韓中大学の場合，学生納付金への依存度がほぼ100％という極端に高い状態にあるが（私立大学の学生納付金平均依存率は約55％），学生の定員充足率は約33％で（2017年現在），教職員の給与の遅配も深刻であった。西南大学も，ほぼ同様の重大な財務問題を抱えていた。

　閉鎖される3大学の在学生については，近隣の大学に編入学させる特別な措置が講じられる予定である。教育省は，質の高い高等教育機会の保障及び学生の学習権の保護という理念を前面に出しつつ，今後も大学構造改革を推進する意向を改めて強調している。

表：2000年以降の大学の閉鎖状況

	学校種	大学名	閉鎖年	閉鎖理由
命令による閉鎖	大学	光州芸術大学	2000年	創立者の不正などにより，正常な大学運営が不可能
		アジア大学	2008年	財産出捐の虚偽，贈収賄の疑いのほか，監査結果に基づく是正命令の不履行
		明信大学	2012年	収益用財産の無断処分，学事や人事の不正，是正命令の不履行
		宣教庁大学	2012年	学事や人事，財務の不正，是正命令の不履行
		国際文化大学院大学	2014年	学事の不正，是正命令の不履行
		韓中大学	2018年（予定）	財務の不正などにより，正常な大学運営が不可能
		大邱外国語大学	2018年（予定）	財務の不正などにより，正常な大学運営が不可能
		西南大学	2018年（予定）	財務の不正などにより，正常な大学運営が不可能
	専門大学	成和大学	2012年	学事，財務の不正，是正命令の不履行
		碧城大学	2014年	学事，財務の不正，是正命令の不履行
	各種学校	改革神学校	2008年	法人役員の不正などにより，正常な大学運営が不可能
自発的な閉鎖	大学	建東大学	2013年	定員充足の困難，財務の悪化など
		慶北外国語大学	2014年	定員充足の困難，財務の悪化など
		仁済大学院大学	2015年	財務の悪化など
	各種学校	韓民学校	2013年	定員充足の困難，財務の悪化など

【注】
1．2014年12月に発表された「大学構造改革評価の基本計画」は，政府の評価に基づき大学を「A」から「E」の5段階の等級に分類し，等級に基づく定員削減を課した。特に「D」と「E」の大学に対しては，給付型奨学金を含む政府の財政支援事業から締め出すなど，厳しい措置が取られた。

【資料】
教育省報道資料 2015年8月31日，2017年9月4日，27日，12月13日／東亜日報 2017年5月30日

5.4　大学入学の全国統一試験改革を巡って混乱
——「2021年度修能改革案」は見直し

　新しい教育課程の導入を前に進められている，大学入学の全国統一試験の改革案を巡る混乱が広がっている。教育省は，2017年8月10日に大学修学能力試験（以下「修能試験」という。）の改革案を発表したが，その内容に対する世論や与党の批判を受け，同月31日に改革の実施を少なくとも1年間猶予する方針を明らかにした。当初発表された改革案には，従来の相対評価中心の評価方式を絶対評価中心に転換することが盛り込まれていたが，これに批判が集中した。教育省は，実施の猶予とともに改革案の見直しを表明したが，入試改革に対する受験生や学校の視線は厳しさを増している。

　現行の修能試験[注1]は，英語を含む全ての教科の判定が相対評価で行われ，試験結果は科目ごとに「標準点数」「百分位数」「等級」で示される。選抜の際に参考資料となる「等級」は9段階[注2]で表示されることになっている。今回行われようとした修能試験改革は，2017年から段階的に導入されている「2015年改訂教育課程」に対応するためのもので，当初は2017年現在の中学校3年生が受験する2021年度試験（実施は2020年11月）から適用される予定であった。しかし，その中心的な内容が絶対評価への転換であることがわかると，修能試験の急激な変化を不安視する受験生及び学校側から多くの批判が上がった。さらに，2018年6月に地方選挙を控えている状況下で，世論の反発を招くような入試改革案を公表することに対して与党側からも強い反発が起こった。

　当初の修能試験改革案の骨子は，次のとおりである。

○ 高校第1学年の必修科目として新たに導入される「統合社会・統合科学」を受験科目として新設する。
○ 従来は最大2科目を選択できた「社会探求／科学探求」領域について、選択は1科目とする。
○ 従来は10科目の中から1科目を選択していた「職業探求」領域について、選択科目を廃止し、「成功する職業生活」という科目に統合する。
○ 従来は相対評価であった「第2外国語／漢文」領域を絶対評価とする。
○ 絶対評価方式の対象領域（科目）を拡大する。次の2つの案のどちらかを採用する。
  • 上述の「第2外国語／漢文」と、既に絶対評価に転換している「英語」に加え、「韓国史」と「統合社会・統合科学」を絶対評価方式とする（合計4領域）。
  • あるいは、全ての領域を絶対評価とする（合計7領域）。
○ 2011年度試験から導入されている、EBS[注3]の教材内容を出題内容の7割に反映させる仕組みについて、次の2つの案のどちらかを採用する。
  • EBS教材の反映を廃止あるいは縮小する。
  • 現状を維持あるいは反映方法を改善する。

　これらの改革案のうち、特に批判が集中しているのは相対評価から絶対評価への転換で、修能試験の選抜機能の低下に対する懸念のほか、急激な変化への不安が背景にある。例えば、評価方法が変わることにより、受験準備・対策においてこれまで蓄積されてきた手法が通用しなくなることなどへの懸念である。ある調査報告によると、保護者の8割が修能試験の現状維持を望んでいるという。また、入試改革は必要であるが、喫緊の課題は修能試験改革ではなく、高校内申書や入学査定官による選抜[注4]の改革であるという主張も根強い。こうした批判を受けて、教育省は、修能試験だけではなく、大学入試全体について、より包括的な改革案を改めて検討するとしている。

【注】
1. 修能試験は、設置主体を問わず全ての大学がその結果を入学者の選抜資料の1つとして活用している。入試の多様化が進む近年は、書類選考と面接だけでの入試など、修能試験の結果を参考としない選抜も増えているが、それでも毎年ほぼ全ての入学志願者が修能試験を受験している。現行では「韓国語」「数学」「英語」「社会探求／科学探求／職業探求」「第2外国語／漢文」の各領域について、各大学の募集要項に従って受験生が受験科目を選択し、受験する。
2. 9段階の等級は、表の基準に基づいて決定する。

表：修能試験結果の等級基準

等級	1級	2級	3級	4級	5級	6級	7級	8級	9級
基準割合	4%	7%	12%	17%	20%	17%	12%	7%	4%

3. 韓国教育放送公社（Korean Educational Broadcasting System：EBS）は、公営の教育専門放送局で、テレビやラジオのプログラムの開発・放送のほか、各教育段階の教科教材の作成・出版も行っている。
4. 入学者選抜に関する専門職として入学査定官（Admission Officer）を置き、内申書を含む書類審査や面接などを中心的な参考資料として選抜する制度。2015年度試験からは「学校生活記録簿総合選考」と呼ばれている。

【資料】
　教育省報道資料 2017年8月10日、31日／教育省「2021年度修能改編案」2017年／東亜日報 2017年8月12日、19日、22日、9月1日、2日

5.5 教育省，専門大学の自律性と競争力の強化を推進
――「専門大学の制度改善推進プラン」の策定

　職業教育機関である専門大学に関する文在寅政権の政策の方向性が示された。教育省は，2017年12月22日，「専門大学の制度改善推進プラン」（以下「推進プラン」という。）を発表した。推進プランは，「専門大学の自律性及び競争力強化の基盤整備」を目的に，4つの政策課題を設定している。制度の大きな方向転換になるような改革案は含まれておらず，基本的には従前の政策の方向性を維持して施策の充実・拡大を図る内容となっている。教育省は，労働関係の他の政府部署とも協力しながら，専門大学への支援を進めていくとしている。

　2～3年制の短期高等教育機関である専門大学は，主に職業教育を提供し，修了者に準学位相当の専門学士（Associate Degree）を授与する。2017年現在，全国に138校（国立2校，公立7校，私立129校）設置されている。在学生は約67万8,000人で，全高等教育機関（大学院を除く）の在学者の約2割を占めている。1979年の導入以来，専門大学は中堅レベルの人材育成と供給に寄与し，近年においても実践的な職業教育機関としての地位を確固たるものとしている。例えば，「能力中心社会」の実現を目指した朴槿恵前政権（2013～2017年）は，専門大学の機能強化を通して，産業界のニーズに応じた人材育成や，成人学習者の職業教育・訓練機会の拡大を企図した。2014年2月発表の「専門大学育成事業施行計画」は，こうした朴槿恵政権のビジョンの下で策定された中期計画で，5年間で1兆5,000億ウォン（約1,500億円）[注1]を投入するものであった。今回の推進プランは，2017年5月発足の文在寅政権の専門大学政策を示したものであるが，その方向性はほぼ前政権のものを踏襲している。

　推進プランの主な内容は，以下のとおりである。

〇NCS[注2]に基づくカリキュラムの改善
- カリキュラム運営上の大学の自律性を強化することで，NCSに基づくカリキュラムの画一的な導入に対する大学側の不満を緩和する。
- NCS基盤のカリキュラムに対する評価システムを改善し，教育省による評価と第三者評価機関による評価の重複を避ける。

〇未来社会に向けた教育の充実
- 各大学における専攻分野や学事運営の柔軟性を高め，大学間の人的・物的資源の共同活用も活発化させる。
- 産業界のニーズに応じた人材開発を進めるため，国と地方，大学間の協力体制を強化し，生涯職業教育課程の開発・運営を一層進める。
- K-MOOCへの専門大学の参加を拡大させる。

〇4年制大学と専門大学の「格差」是正
- 4年制大学と同様に，専門大学も編入学者を「定員外」の入学者として受入れ可能にする。
- 専門大学が積極的に活用している「産学協力重点教授」の資格規定[注3]を緩和し，文化・芸術関連の多様な職務の従事者も資格を得ることができるようにする。
- 専門大学生対象のメリット・ベースの給付型奨学金を新設する。

○政府財政支援事業の改善と拡大

- 一定の質的保証のある専門大学を対象に，特に目的を定めず，大学の裁量で活用可能な財政支援事業を導入する。
- 雇用労働省など，他省庁による専門大学支援事業を拡大する。

【注】
1．1ウォン＝0.1円で換算。
2．NCS (National Competency Standards)は，企業が必要とする人材の知識や技術，素養などについて，産業分野別・水準別に体系化したもので，教育訓練課程の開発・運営や資格種目の開発などに用いられる。
3．「産学協力重点教授」は，教育省の指針によると，企業就労経験者として産学協力を通した教育，研究，起業・就職支援活動を重点的に推進し，産学協力実績を中心に評価される教師で，その認定基準は次の3点全てを満たす者である。①企業経歴が10年以上の者，②学則又は定款の定めに従って産学協力重点教授として任用されたり，指定されたりした者，③産学協力に集中することができる環境を整備するため，学則で定められた責任講義時数を30％以上減免された者。

【資料】
［教育省報道資料 2017年12月22日／教育省「専門大学の制度改善推進プラン」2017年

5.6 専門大学に対する政府支援事業が持続的に推進

　教育省と韓国研究財団は，2017年6月29日，「世界的水準の専門大学育成事業（World Class College）」（以下「WCC事業」という。）の2017年度事業成果の評価結果を発表した。これに先立つ同年3月には，「特性化専門大学育成事業（Specialized College of Korea）」（以下「SCK事業」という。）の2017年度計画を発表しており，対象を専門大学に特化した政府支援事業の2017年度の体制が整った。専門大学に対する政府の二大支援事業である両事業の予算規模は，合計で2,640億ウォン（約264億円）[注1]程度となる。教育省は，これらの事業を通して，高等職業教育機関としての専門大学の機能を高めるとともに，より優れた取組のモデルを開発・普及していくとしている。

　専門大学は，2〜3年制の短期高等教育機関で，主に職業教育を提供し，修了者には準学士に相当する専門学士を授与する。2016年現在，全国に138校設置されており，学生約69万7,000人が在学している。40年以上にわたって中堅の専門職業人を輩出してきた歴史と実績があるが，18歳人口が減少する中，4年制大学との競合が激しくなっており，特に地方の専門大学が危機に直面しているという認識は社会において共有されている。こうした中，教育省は「選択と集中」に基づく支援を通して専門大学の役割と機能を強化しようとしている。2011年に開始されたWCC事業は，高度な専門職業人を養成する世界水準の専門大学の育成を目的とする。SCK事業は，社会や産業界のニーズに合った専門人材の養成機関の育成を目的に2014年に開始された。

　各事業の2017年度の概要は，以下のとおりである（**表**参照）。

表：専門大学に対する政府支援事業の規模

	WCC事業	SCK事業			
		Ⅰ類	Ⅱ類	Ⅲ類	Ⅳ類
事業大学数	18校	23校	43校	7校	10校
年間予算規模総額	60億ウォン	2,110億ウォン		100億ウォン	370億ウォン

○WCC事業
- SCK事業に参加する専門大学のうち,より優れた成果を収めた専門大学が対象となる。SCK事業の年度評価で上位50％に属する専門大学から,事業計画やこれまでの成果（継続校のみ）に基づき18校を選出する。2017年から2018年の2年間を事業期間とし,1校当たり年間平均3億3,000万ウォン（約3,300万円）を支援する。
- 留学生の誘致や韓国人学生の海外就職など,これまで職業教育の国際化に重点を置いてきたが,これらに加え2017年度事業からは,第4次産業革命で求められる人材の育成や地域社会との連携などのモデルの創出も重視する。

○SCK事業
- 事業内容は,これまでと同様に,4類型に分かれている。Ⅰ類は「特定の産業と連携する1つの学科・専攻を特性化」,Ⅱ類は「特定の産業と連携する2つ以上の学科・専攻を特性化」,Ⅲ類は「優秀な高等職業教育プログラムを開発」,Ⅳ類は「成人を対象とする実務型の非学位及び学位課程の統合運営」をそれぞれ骨子とする。
- 2017年度事業では,「専門大学の競争力強化」「NCS[注2]に基づくカリキュラムの運営の充実」「生涯職業教育大学の活性化」「SCK事業の成果の普及」が重点課題として設定された。

【注】
1. 1ウォン＝0.1円で換算。
2. NCS（National Competency Standards）は,企業が必要とする人材の知識や技術,素養などについて,産業分野別・水準別に体系化したもので,教育訓練課程の開発・運営や資格の開発などに用いられる。

【資料】
教育省・韓国研究財団報道資料2017年6月30日／教育省「2017年特性化専門大学育成事情基本計画」2017年

5.7 教育省,大学カリキュラムにおける現場実習の改善に向けて努力
── 「大学生現場実習運営マニュアル」の改訂

　大学カリキュラムの一環として運営されるインターンシップの充実・改善に向けた制度整備が進められている。教育省は,2017年6月1日,「大学生現場実習運営マニュアル」を改訂し,全国の大学に公示したことを明らかにした。「現場実習」と呼ばれる単位認定型のインターンシップは,ほとんどの4年制大学や専門大学で行われているが,これまで運営方法の基準の曖昧さが指摘されてきたほか,一部の企業での不適切な労働条件が問題視されてきた。こうした中,教育省は,2016年2月公示の「大学生現場実習運営規程」[注1]により,現場実習の運営に関する全国基準を定めるとともに,各大学の担当部署向けの運営マニュアルを改訂して,より適切で円滑な実習運営を促している。

　政府は,学生の就職支援や産学連携の推進などを目的に,大学生の現場実習を奨励している。全国大学情報ウェブサイトによると,4年制大学の約9割とほぼ全ての専門大学が現場実習を実施している（2015年現在）。現場実習の運営には企業側の協力が不可欠であるが,単位を取得したい学生の弱みに付け込み,悪条件の下で労働を課す企業の事例が報告されていた。教育省は,現場実習の充実と改善のため,実習の全国的な基準として「大学生現場実習運営規程」を定めるとともに,2013年策定の「大学生現場実習運営マニュアル」の改訂に着手していた。

　「大学生現場実習運営マニュアル」は,現場実習に関する各種の基準や運営上の手続,必要な書類

の様式などが掲載されたもので，主に大学の現場実習担当部署（「現場実習センター」など）での使用が想定されている。今回の改訂の主な内容は，次のとおりである。

○現場実習運営の基本的な方向
　現場実習制度の基本的な趣旨を理解するため，同制度の目的や機能，関連法規の解説などの内容を拡充。
○現場実習運営の事例
　優秀な事例や，実際に生じた問題とその解決方法の紹介。
○大学生の現場実習の運営手続及び契約書等の各種様式
- 現場実習の運営計画策定から事後の評価まで，各段階の手続について解説。
- 契約書や計画書，評価シートなど，各種書類の様式を提示。

　教育省は，今回のマニュアル配布を通して，より多様な現場実習が適切に運営されることを期待するとともに，産学連携の強化という趣旨に合った実習が行われるよう，今後も継続的にモニタリングしていくとしている。

【注】
1. 「大学生現場実習運営規程」には，「目的」「定義」「優先的な適用」「現場実習の区分」「現場実習の運営の原則」「現場実習の運営時間」「現場実習支援費」「現場実習生」「実習内容の変更等」「現場実習の評価等」「実習学期制の区分」「実習学期制と学則」「実習学期制の運営方法」「実習学期制と協定」「実習機関の管理及び点検」「学生の保護」「大学別の規則」「支援センター」「指導・監督等」に関する規定が盛り込まれている。

【資料】
　教育省報道資料 2017年6月2日／教育省・産学協力政策研究所「大学現場実習の運営マニュアル」2017年／教育省「大学生現場実習運営規程」（教育省公示第2016-89号）

5.8　教育省，大学発ベンチャーの拡大を積極支援
——「大学起業ファンドの整備推進計画」の発表

　学生や大学教員が設立した企業や，産学連携組織の傘下企業などへの出資を活性化させる取組が進められている。教育省は，2017年4月5日，「大学起業ファンドの整備推進計画」を発表した。これは，大学関連ベンチャー企業のより積極的かつ挑戦的な活動を支援するため，政府が中心となって出資するファンドを組成し，大学発ベンチャーの活性化を促すことを目的とする。ファンドの規模は，大学同窓会など民間からの出資も含めて総額160億ウォン（約16億円）[注1]程度という。教育省は，今回整備するファンドを大学発ベンチャーにとっての安全網とすることで，より挑戦的な試みを喚起，促進していくとしている。

　大学発ベンチャーの活性化は，「創造的な青年起業家の発掘・養成」という方向性の下で，政府の重点課題に位置付けられている。大学が保有する優秀人材や研究設備，特許などを活用した起業の促進のため，政府はこれまで，「産学連携先導大学育成事業（LINC）」（教育省）や「起業先導大学育成事業」（中小企業庁）などの事業を通じて支援してきた。これらの事業により，学生による起業家サークルや起業休学制度[注2]などが活発化したとされる。一方，政府の支援対象から外れている大学では依然として起業活動が低調で，大学資源が有効活用されていない現状が指摘されていた。こうした中，

教育省は関係省庁と共同で起業関連の各種大学支援事業に着手するなど[注3]，起業への呼びかけを拡大，強化している。今回のファンド形成も，こうした流れに位置付けられるものである。

　今回発表された「大学起業ファンドの整備推進計画」によると，整備される起業ファンドの規模はおよそ160億ウォンで，そのうち政府の出資は75％を占める。残りの25％は，大学や当該大学の同窓会，民間団体などから出資を募る。ファンドの組成及び運営の仕組みをより詳細に示すと，**図**のようになる。

図：大学起業ファンドの組成及び運営の仕組み

教育省は母体ファンドを通して出資し，その管理は株式会社韓国ベンチャー投資が担う。大学技術持ち株会社[注4]が業務執行者として設立する大学起業ファンドは，原則として学生や教職員が代表などを務めるベンチャー企業[注5]を対象に投資する。ただし，場合によってはその他の企業への投資も可能とする。教育省は，優れた起業家は成功までに起業を2回以上失敗した経験があるという話を引用しつつ，ベンチャー企業が失敗を恐れずに挑戦を繰り返すことができるような体制の整備を目指すとしている。

【注】
1. 1ウォン＝0.1円で換算。
2. 起業休学制度は，起業を理由とする休学について，一般の休学制度とは別枠で休学可能期間を設け，長期間の休学を可能とするものである。
3. 例えば，教育省と中小企業庁は2016年4月に共同で，「青年・女性の就職連携強化プラン」を策定し，大学起業支援モデルの開発・普及や学生向けの起業相談体制の整備などを推進している。
4. 大学が保有する技術の事業化を目的に，各大学に置かれる産学協力機関が設置する持ち株会社。
5. 当該大学の学生（大学院生及び5年以内の卒業者を含む。）や教職員が代表理事や役員を務め，同企業株式の持分が50％以上である場合に限られる。

【資料】
　教育省報道資料 2017年4月5日／教育省・中小企業庁報道解説 2016年4月27日／教育省・韓国研究財団等「大学起業教育運営マニュアル2.0」2015年／東亜日報 2017年3月27日

5.9 教育省，給付型奨学金の給付額の引上げや成績基準の緩和などを発表
――「2018年国家奨学金運営の基本計画」

　教育省は，2018年2月6日，政府の代表的な給付型奨学金事業の2018年度計画として，「2018年国家奨学金運営の基本計画」を発表した。同発表によると，一部の所得層に対する大学の給付型奨学金の給付額を引き上げることや，低所得層や障害のある学生を対象とする成績基準の緩和や廃止などを骨子としている。教育省は，今回の給付額の引上げや各大学の校内奨学金の充実措置により，全大学生の28％に相当する学生の学費負担が実質的に半減するという。

　2008年に生活保護受給者を対象とする給付型奨学金制度が導入されて以降，ニードベースの奨学金制度は拡大の一途を辿っている。既存の制度を再編する形で2012年に導入された国家奨学金制度は，より幅広い層を対象に，所得水準に応じた奨学金を給付してきた。2012年以降の制度拡大は，「半額授業料」の実現という，国政選挙を前にした政治的な動きが直接的な発端であるが，学生の経済的負担の軽減に対する社会的な要求は強く，その後も拡大が継続している。今回の計画により，2017年5月に政権が交代した後も，給付型奨学金の拡充という基本的な方向性に変化がないことが明らかになった。

　今回の「2018年国家奨学金運営の基本計画」の主な内容は，次のとおりである。

○国家奨学金Ⅰ種の給付額の引上げ

- 所得連動型の給付型奨学金事業で，政府が最も重点的に整備を進めている国家奨学金Ⅰ種について，その対象のうち所得「水準3」から「水準7」までの給付額をそれぞれ引き上げる（**表**参照）。
- 所得水準の「水準5」を中央値（100％）として定める。「水準5」の基準月所得[注1]の金額は，2018年3月現在，未公表。

表：国家奨学金Ⅰ種の給付額（年額）の変化（2012～2018年度）　　（単位：ウォン）

所得水準	生活保護	水準1	水準2	水準3	水準4	水準5	水準6	水準7	水準8
	―	30%	50%	70%	90%	100%	120%	150%	200%
2012年度	450万	225万	135万	90万	―	―	―	―	―
2013年度	450万	450万	270万	180万	135万	112.5万	90万	67.5万	67.5万
2014年度	450万	450万	450万	337.5万	247.5万	157.5万	112.5万	67.5万	67.5万
2015年度	480万	480万	480万	360万	264万	168万	120万	67.5万	67.5万
2016年度	520万	520万	520万	390万	286万	168万	120万	67.5万	67.5万
2018年度	520万	520万	520万	520万	390万	368万	368万	120万	67.5万

表注1：2017年度の給付額は2016年度から変化がなかったため，記載していない。
表注2：表中の下線部は，2018年度から増額された箇所を示す。

○第3子以降対象の奨学金を拡大

　従前は第3子以降が大学に進学する場合，第3子以降である学生本人のみ給付対象であったが，2018年度からは3人以上の兄弟姉妹である進学者は全員給付の対象となる。給付額は従前と同じで，「水準3」以下は年額520万ウォン（約52万円）[注2]，「水準4」～「水準8」は年額450万ウォン（約45万円）。

○国家奨学金Ⅱ種の配分方法の改善
　大学に直接配分され，対象や支援額など各大学が自己裁量で運営できるⅡ種について，低所得層の学生が多い大学に対してより多くの予算が配分されるよう改善する。
○社会的弱者に対する成績基準の緩和
　奨学金を受給するための成績基準（一般的に上位から順にA, B, C, D, Fの5段階。Fは落第）は，通常B以上であるが，生活保護受給者などの低所得層はC以上とする。また，障害のある学生については成績基準を適用しない。

　教育省は，初等教育から高等教育までの公教育における福祉制度をより一層整備し，低所得層の学生が経済的な理由で夢を諦めることがないよう，行政的な努力を重ねていく意思を改めて明らかにした。

【注】
1．所得水準別の基準月所得は，2016年1月現在の数値。基準月所得は，学生本人及び保護者，配偶者の給与所得のほか，不動産や自動車，金融財産など，各種財産の評価額などを対象とする計算式で求められる所得の合計額。
2．1ウォン＝0.1円で換算。

【資料】
教育省報道資料 2018年2月6日

5.10　貸与奨学金の利率は持続的に引下げ――2017年度後期から利率2.25％へ

　教育省と韓国奨学財団は，2017年7月12日，貸与奨学金の利率（年利）を従来の2.5％から2.25％へ引き下げることを発表した。学生の経済的負担の軽減を重点課題とする政府の方針に基づき，貸与奨学金の利率は年々引き下げられており，この8年間で利率は半分以下に低下している。2017年5月に成立した文在寅政権も「貸与奨学金に係る学生の利子負担の軽減」を公約に掲げており，今回の引下げ措置はこうした動きを背景としたものである。

　政府の奨学金事業には，貸与型奨学金と給付型奨学金がある。給付型奨学金は，2008年に生活保護受給者を対象とする奨学金の導入以降，対象や給付額を拡大させてきた。一方，貸与奨学金についても，従来の制度に加えて所得連動返還型奨学金（Income Contingent Loan，以下「ICL」という。）が2010年に導入されるなど，利用者の負担緩和策が推進されてきた。こうした各種奨学金制度の充実と，各大学の授業料引上げの凍結などにより，学生の経済的負担は徐々に改善をみせているが，政府は更なる負担軽減を目指している。

　貸与奨学金制度は，一般貸与奨学金とICLに分けられる（**表1**参照）。ICLを利用できるのは学部生のみで，また一定の所得基準を満たす必要がある。両者ともに同じ利率が適用されるが，一般貸与奨学金に固定金利が適用されるのに対し，ICLは変動金利が適用される。利率は学期ごと（2学期制）に見直される。2009年後期に5.8％であった利率は年々低下し，2017年後期は2.25％が適用されている（**表2**参照）。

表1：貸与奨学金制度の対比

	一般貸与奨学金	ICL
対象	・大学生，大学院生 ・55歳以下 ・当該大学の最低取得単位を満たすとともに，GPAの評価基準で70点（C）以上の成績を収めた者 ・所得制限なし	・大学生 ・35歳以下 ・当該大学の最低取得単位を満たすとともに，GPAの評価基準で70点（C）以上の成績を収めた者 ・所得水準下位80%以下の家庭出身
適用金利	固定金利（2017年後期は2.25%）	変動金利（2017年後期は2.25%）
貸与金額	・貸与総額の限度は4,000万ウォン。一部の学部や機関は6,000～9,000万ウォン ・生活費として年間200万ウォン	・授業料全額 ・生活費として年間300万ウォン
返還方法	返還期間は，最長20年間	年間所得が基準所得額（2017年は1,856万ウォン）以下の場合，返還猶予が可能

表2：貸与奨学金の利率（年率）の推移

年度	2009	2010		2011	2012	2013	2014	2015		2016		2017	
学期	後期	前期	後期	前後期				前期	後期	前期	後期	前期	後期
利率	5.8%	5.7%	5.2%	4.9%	3.9%	2.9%		2.7%		2.5%		2.25%	

　教育省によると，今回の利率引下げにより，貸与奨学金の利用者約135万人にとって，年間総額で184億ウォン（約18億4,000万円）[注1]の利子負担の軽減が期待できるという。教育省は，経済的な困難を抱える学生が学業に専念できるよう，今後も貸与奨学金や給付型奨学金の充実に努めるとしている。

【注】
1. 1ウォン＝0.1円で換算。

【資料】
教育省報道資料 2017年7月12日／韓国奨学財団ウェブサイト（http://www.kosaf.go.kr/）

5.11　成績等優秀者に対する政府各種奨学金事業の2017年度計画の発表

　2017年2月から3月にかけて，特定の分野で才能がある高校生や大学生を対象とする政府の各種奨学金事業の計画が相次いで発表された。いずれも既存の事業であり，新規事業は含まれていない。全体的な事業規模は，前年度と同程度を維持している。教育省は，これらの奨学金事業を通して，各分野の中核的な人材の養成に寄与していくとしている。

　国の奨学金事業は，大きく給付型と貸与型の2つに分けられ，更に給付型は所得に応じて給付されるもの（ニードベース）と，成績などに応じて給付されるもの（メリットベース）に分けられる。2008年に導入されたニードベースの給付型奨学金は，経済格差の二極化を背景に急速に拡大し，韓国の主要な奨学金事業に成長した[注1]。一方，メリットベースの給付型奨学金は，早いものでは2003年から導入されており，実技を含む特定の分野で優れた成績を収めた者が受給の機会を得てきた。社会的にはニードベースの給付型奨学金の急拡大が注目されているが，メリットベースの給付型奨学金も，その規模を縮小することなく継続されている。

　政府の主なメリットベースの奨学金事業は，表のとおりである。

表：政府の主なメリットベースの奨学金事業の概要（2017年度）

事業名	目的及び支援対象	給付額	定員
人文100年奨学金	人文科学及び基礎学問分野における優秀人材が学業に専念できる環境を整備し，学問の後継者を育成する。対象は，4年制大学の人文・社会科学系の学部・学科への進学予定者及び在学者のうち，優秀な者。	大学授業料の全額のほか，奨励金として1学期当たり300万ウォン（約30万円）を給付。生活保護受給者には，1学期当たり180万ウォン（約18万円）を給付。	新規を含め，2,400名程度
芸術・体育奨学金	芸術及び体育界をリードする優秀人材を育成する。対象は，4年制大学の芸術あるいは体育系の学部・学科の在学者のうち，優秀な者。	大学授業料の全額。また，予算残額の範囲内で，奨励金として1学期当たり150万ウォン（約15万円）を給付。生活保護受給者には，1学期当たり180万ウォン（約18万円）を給付。	新規を含め，280名程度
国家優秀奨学金（理工系）	優秀人材を理工分野に誘導し，国の中核的な人材の育成と学問の発展に寄与する。対象は，国内4年制大学の自然科学・工学系の学部・学科への進学予定者及び在学者のうち，優秀な者。	大学授業料の全額。生活保護受給者に対しては，1学期当たり180万ウォン（約18万円）を給付。	新規を含め，1万75名
大統領科学奨学金	創造的で潜在力が豊富な科学技術分野の最優秀人材を発掘し，世界水準の科学者を育成する。対象は，国内外4年制大学の自然科学・工学系の学部・学科への進学予定者及び在学者のうち，優秀な者。	大学授業料の全額のほか，奨励金として1学期当たり250万ウォン（約25万円）を給付。生活保護受給者には，1学期当たり180万ウォン（約18万円）を給付。	新規を含め，507名
優秀高校生海外留学奨学金	学業に対する意思と熱意がある低所得の優秀な高校生に留学機会を提供し，グローバル人材としての成長を支援する。対象は，生活保護受給者あるいは潜在的貧困世帯の高校2～3年生のうち，成績優秀な者。	留学希望者に対しては，学習や受験費用などとして，毎月50万～70万ウォン（約5万～7万円）を給付。留学中の者に対しては，年間最大5万USドル（約500万円），及び旅費を給付。	新規20名程度
大学院生支援奨学金	人文・社会科学及び芸術・体育分野の優秀な大学院生の個人研究を支援する。対象は，関連分野の修士あるいは博士課程の在学者のうち成績優秀な者。	1学期当たり授業料の範囲内で最大400万ウォン（約40万円）を給付。	新規を含め，700名程度

表注1：1ドル＝100円で換算。

　いずれの奨学金事業についても，生徒や学生の所属教育機関長の推薦や面接，各種の学業成績に基づいて受給者の選抜が行われる。受給中の奨学生についても，毎学期の成績において一定基準以上の成績を収めることが求められる。

【注】
1．最も予算規模が大きい「国家奨学金Ⅰ」は，家庭の所得に応じて年間最大520万ウォン（約52万円，1ウォン＝0.1円で換算）を給付する給付型奨学金である。

【資料】
　教育省報道資料 2017年3月22日／韓国奨学財団，2017年度各奨学金事業業務処理基準 2017年／韓国奨学財団ウェブサイト（http://www.kosaf.go.kr/）

5.12　学生の経済的負担の緩和のため，大学の入学金徴収額を段階的に縮小

　大学入学金の廃止若しくは縮小の動きが強まっている。2017年8月17日，国公立大学総長協議会は，授業料とは別に徴収していた入学金の制度の廃止を決定した。さらに，2017年10月13日，教育省と私立大学総長協議会は，入学金のうち入学手続などに実際に係る経費を除いた額を段階的に削減していく方針に合意した。一連の動きは，学生の経済的負担の緩和を重視する文在寅政権の公約に沿って行われたもので，2018年度（3月～）から実施に移される予定である。しかし，特に私立大学にとって学生納付金は大学運営の重要な財源であり，一部の私立大学の間ではなおも教育省に対する反発が強い。教育省は，入学金収入の約3割が入学関連業務とは関係のない目的で使われているという調査結果を示すとともに，入学金収入の縮小の穴埋めとして国庫財政支援の拡大案を提示することで，私立大学総長協議会側の合意を取り付けた。教育省によると，大学に対する財政支援の拡大に関するより具体的な内容は，今後検討していくとしている。

大学の学生納付金は，国公立大学，私立大学ともに，入学金と授業料から成る[注1]。全国紙の中央日報によると，全国の4年制大学の入学金の平均額（2017年度）は，国公立大学で14万5,900ウォン（約1万5,000円）[注2]，私立大学で72万1,200ウォン（約7万2,000円）だという[注3]。これまで授業料については，教育省による引上げ凍結及び引下げの要請などが行われてきたが，入学金に対して焦点が当てられたことはなかった。こうした中，2017年5月発足の文在寅政権が同年8月に公表した公約集「100大国政課題」に，大学入学金の段階的な廃止が盛り込まれたことから，教育省は今回の事案について大学側との折衝を重ねてきた。

　大学の入学金制度は，法的には「大学の設立者・経営者は，授業料とその他の納付金を…受け取ることができる」（「高等教育法」第11条）を根拠とするのみで，その使途など詳しいことは定められていない。教育省は今回の措置の過程で，私立大学の入学金を対象に入学金収入の使途に関する調査を初めて行ったところ，収入の33.4％が入学関連業務とは関係がないことに使われていることがわかった（図参照）。また，「広報費」のように，入学者への支援・サービスに直接的には結びつかない事業に使われていることも判明するなど，同調査は入学金の廃止・縮小の根拠を示す結果となった。

図：私立大学の入学金収入の用途

- 印刷出版費，0.9％
- 行事費（入学式など），5.0％
- 学生支援費，8.7％
- 入学関連部署の運営費，14.2％
- 広報費，14.3％
- 新・編入生対象の奨学金，20.0％
- その他，3.5％
- 大学運営一般，33.4％

　こうした経緯を経て，2018年度から国立大学の入学金は廃止，私立大学の入学金についても段階的に縮小していく方針が，教育省と大学側双方の合意の下，定められた。入学金の縮小による大学運営の財源の代替として，教育省は国家奨学金Ⅱ種[注4]やその他の大学財政支援事業を充実させることで，私立大学の入学金の縮小を誘導していくとしている。2017年11月2日には，私立大学の現行の入学金収入のうち，実質的な入学関連事業費と見なされる20％程度以外は5～7年をかけて段階的に縮小していく案が教育省から示された。しかし，一部の私立大学は入学金の縮小を拒否する姿勢を強めている。また，学生側は，段階的ではなく即時の入学金廃止若しくは縮小を求めており，今後の展開は流動的である。

【注】
1. 従来，国公立大学には「期成会費」という名目で大学が徴収する納付金制度があったが，2015年に授業料に統合された。
2. 1ウォン＝0.1円で換算。
3. 授業料を含む学生納付金（年額）の全体規模の平均は，国公立大学で413万3,000ウォン（約41万3,000円），私立大学で735万5,000ウォン（約73万6,000円）である（いずれも2017年度）。
4. 学生の所得に応じて給付される国家奨学金Ⅰ種に対し，国家奨学金Ⅱ種は，各大学の裁量で運営できる奨学金事業である。国家奨学金Ⅰ種の2017年度予算は2兆8,917億ウォン（約2,900億円），Ⅱ種は4,800億ウォン（約480億円）である。

【資料】
教育省報道資料 2017年9月16日，10月10日，13日，23日，11月2日／東亜日報 2017年10月16日／中央日報ウェブサイト版（http://joongang.joins.com/）2017年8月15日，18日／全国大学情報ウェブサイト

5.13 多様な言語に関する教育振興計画を初めて策定
——「特定外国語教育振興5か年基本計画（2017～2021年）」の発表

韓国においてこれまであまり注目されてこなかった言語の教育を強化する動きが，高等教育段階を中心に進められている。教育省と国立国際教育院[注1]は，2017年3月27日，「特定外国語教育振興5か年基本計画（2017～2021年）」を発表した。同計画は，特定の地域に対する企業の海外進出を戦略的に促進するため，当該地域の言語に通じた人材を高等教育機関で養成することを趣旨としている。政府レベルで長期的・戦略的な促進計画を整備することで，国の競争力の強化が目指されている。

今回の計画は，2016年2月に制定された「特定外国語教育振興に関する法律」に基づき策定されたものである。同法は，韓国企業の海外の新たな地域への進出や，韓国民の海外における就職や起業が増加する中，言語学習に対する新たなニーズの高まりを受けて制定された。特定外国語[注2]の教育に関する国の責務や振興計画，専門教育機関の指定や業務などについて定めている。英語やフランス語，中国語などに比べて，教育・学習インフラが十分に整っていない言語の教育・学習機会を整備し，必要な専門人材を養成・輩出することが主な目的である。

「特定外国語教育振興5か年基本計画（2017～2021年）」の主な内容は，次のとおりである。

○特定外国語の実態調査及びニーズ分析
　　政府は公共部門や産業部門，学術・教育部門別に言語の需要調査を行い，ニーズが高い言語の教育・学習環境が優先的に整備されるよう，調査・分析内容を大学に提供する。

○大学学部における特定外国語教育の充実
- 教員の専門性確保のため，教員の国内外研修を強化する。また，当該言語のネイティブスピーカーである留学生をTAとして活用する。
- 特にニーズが高い言語については，単独の学科の開設や，関連科目を新設する。
- ニーズが高い言語の教育課程の標準化を優先的に進めるとともに，評価・認証システムも整備し，教育の体系化を図る。

○社会的な需要を踏まえた人材養成及び活用
　　大学は，附属研究所などで研究者を育成する。また，通訳・翻訳者を養成するため，大学院に特定外国語の専攻科を開設する。

○特定外国語学習者の拡大及びインフラ構築
- 大学は，K-MOOCなどを通して特定外国語の講義を発信し，学習者や言語の社会的認知の拡大を図る。
- 政府や大学，企業が共同で特定外国語教育振興総括センターを設置し，教育・学習インフラの構築に努める。

　国立国際教育院は今後，今回の基本計画に基づき2017年度の施行計画と，専門教育機関の指定基準及び運営計画を策定する予定である。

【注】
1. 政府派遣及び招へい留学生事業のほか，外国語教育支援事業や韓国語能力検定試験などを所管する政府機関。
2. 韓国語を直訳すると「特殊外国語」と表現され，「特定外国語教育振興に関する法律施行令」において，次の53言語が指定されている。中東・アフリカ地域12言語（アラビア語，トルコ語，アゼルバイジャン語，ペルシャ語，パシュトー語，ダリー語，ヘブライ語，ハウサ語，スワヒリ語，ズールー語，ルワンダ語，アムハラ語），中央ユーラシア地域7言語（カザフ語，ウズベク語，キルギス語，ウクライナ語，トルクメン語，タジク語，モンゴル語），南・東南アジア地域14言語（ヒンディー語，ウルドゥー語，サンスクリット語，ネパール語，ベンガル語，シンハラ語，ベトナム語，マレー語，インドネシア語，タイ語，ミャンマー語，クメール語，ラオス語，フィリピノ語），欧州地域18言語（ポーランド語，ルーマニア語，ハンガリー語，チェコ語，スロバキア語，セルビア語，クロアチア語，ラトビア語，ベラルーシ語，ジョージア語，ギリシャ語，ブルガリア語，イタリア語，オランダ語，ノルウェー語，デンマーク語，スウェーデン語，フィンランド語），中南米地域2言語（ブラジルポルトガル語，イベリアポルトガル語）。

【資料】
教育省・国立国際教育院報道資料 2017年3月27日

6 教　師

6.1　国公立学校の非正規教職員の待遇改善を促進
——「教育分野の非正規職改善プラン」の発表

　労働者の雇用形態の改善に対する政府の取組の一環として，非常勤講師など教育関係機関の非正規教職員の待遇改善策が進められている。教育省は，2017年9月11日，「教育分野の非正規職改善プラン」を発表した。同プランには，国公立学校の非正規教師や職員の賃金や手当の引上げ，福祉の充実などが盛り込まれたが，注目が集まっていた非常勤講師の無期契約職への転換は見送られたため，当事者や関係団体の反発が強まっている。今後教育省は，広域市・道の教育庁がより詳細な基準を策定できるよう，適切な支援を行っていくとしている。

　1997年から1998年にかけて生じたアジア通貨危機を背景に，労働市場の構造改革が進められたことにより，非正規労働者[注1]の割合が増加した。社会における経済格差の両極化を懸念する政府は，増加した非正規労働者の生活向上のため，正規職への転換を含む待遇改善を政策課題の1つとしている。まずは公的部門における非正規労働者の待遇改善策に着手したが，その対象が限定的であることが問題として挙げられていた。2017年5月に発足した革新系の文在寅政権は，こうした課題を踏まえた新たな計画として，「公共部門における非正規職ゼロ」を掲げる「公共部門における非正規職労働者の正規職転換推進計画」を同年7月に発表した。今回教育省が策定した「教育分野の非正規職改善プ

ラン」は，7月の政府計画に基づく分野別計画として策定されたプランである。
　「教育分野の非正規職改善プラン」の主な内容は，次のとおりである。

○非正規職員の無期契約職への転換拡大と待遇改善
- 無期契約職への転換を促す対象者の基準について，従来は対象外であった週当たり15時間未満勤務の職員や55～60歳の職員にも拡大する。
- 公立学校に比べて待遇の低さが指摘されていた国立学校の非正規職員について，時給や手当を引き上げる。

○非正規教師の待遇改善に関するガイドラインの策定
- フルタイムの非正規教師について，手当の充実を図る。英会話専門講師[注2]などについては，時給の引上げも努力する。
- 預かり保育を含む幼稚園の放課後課程の講師については，無期契約職への転換を進める。

　こうした内容に対し，非正規教職員の各組合から構成される全国学校非正規職連帯会議は，特に非正規教師の無期契約職への転換が盛り込まれなかったことに焦点を当て，文在寅政権による公約違反であるとして，批判を強めている。

【注】
1．政府による定義に従うと，有期契約労働者やパートタイム労働者，派遣労働者などが該当し，民間の労働者に占めるその割合は32.8％（2016年）。
2．コミュニケーション能力の向上を目指す英語教育の一環として，主に初等学校に配置されている英会話講師である。

【資料】
　教育省報道資料 2017年9月11日／関係部署合同「公共部門における非正規職労働者の正規職転換推進計画」2017年／東亜日報 2017年9月12日

オーストラリア

1 オーストラリア

1.1 連邦政府が高等教育の持続的な発展を推進するための政策文書を公表――教育訓練省，授業料の学生負担分の増加や，奨学金返還開始の最低所得額の引下げなどを決定

　教育訓練省は2017年5月，高等教育の持続可能性を強化するための方針を示した政策文書「高等教育改革総合計画（The Higher Education Reform Package）」を公表した。同文書は，急拡大した高等教育により財政負担が急拡大し，政府が実施している所得連動返還型奨学金制度「高等教育融資プログラム」（以下「HELP」という。）[注1]が危ぶまれているとし，学生の授業料負担の増加や返還が始まる最低所得額の引下げなどを提案している。

　1989年以降に導入された高等教育拠出金制度（Higher Education Contribution Scheme：HECS）やHELPなどの所得連動返還型奨学金制度及び，2009年以降に導入された学生の需要に基づく資金配分制度（Demand Driven System，以下「DDS」という。）[注2]によって，1989年から2014年までの間に留学生を含んだ高等教育在学者が約3倍に増加した。このような高等教育の規模の急拡大は，HELPを運用する上での財政負担を増大させており，持続可能な高等教育の発展に疑念が生じていた。高等教育の発展が社会経済の発展につながると考える政府は，こうした疑念を解消するため，HELPの改革や公平性の増大，学生へのより多様な進路選択の提供などの観点からHELPの改革に関する計画を策定し，意見募集を行った。同募集には高等教育機関や各種業界から1,218件の意見が出され，それらを踏まえて教育訓練省は再度計画を検討し，2017年5月「高等教育改革総合計画」として公表した。

　「高等教育改革総合計画」の主な内容は，以下のとおりである。

〇2018年1月1日より返還対象の実質的な学生負担額が2018年から2021年まで各年1.8%，2021年までに全体で7.5%引き上げられる。同措置は2018年に連邦政府支援枠（Commonwealth Supported Places）[注3]で入学した学生から適用される[注4]。

表1：2018年度入学者の専攻分野別授業料における学生負担額と連邦政府負担額の内訳 （単位：豪ドル）

学科名	課程の期間	課程修了に要する授業料総額	うち学生負担額（2017年度からの増加額）	うち連邦政府支援額
人文・芸術	3年	36,800	20,400（700）	16,400
看護	4年	83,500	27,800（1,250）	55,700
科学	3年	81,900	29,100（1,000）	52,800
医学	6年	209,200	71,900（3,900）	137,300（+手当8,500）
教育	4年	69,500	27,800（1,250）	41,700

〇2018年より，HELPの返還開始の最低所得額が変更される（**表2**参照）。
〇2017年現在，外国籍の永住者及びニュージーランド国民は連邦政府支援枠で高等教育機関に入学でき，連邦政府分担金を受け取ることができるが，HELPを使用することはできない。2018年1月1日からは，外国籍の永住者及びニュージーランド国民は連邦政府支援枠で高等教育機関に入学できなくなり，授業料納付学生としてFEE-HELPを使用できるようになる。
〇学生がより多様な進路を選択できるように，DDSの対象者を2018年1月1日から準学士レベルのディ

プロマ，上級ディプロマ，準学士のコースに拡大する。

表2：返還開始の最低所得額（年間）

（単位：豪ドル）

年収における返還額の比率(%)	現行(2018年度)	改正後(2018年度)	消費者物価指数に基づく予定額(2019年度)
1.00	―	42,000	42,840
1.50	―	44,520	45,410
2.00	51,957	47,191	48,135
2.50	―	50,022	51,023
3.00	―	53,024	54,084
3.50	―	56,205	57,329
4.00	57,730	59,577	60,769
4.50	64,307	63,152	64,415
5.00	70,882	66,941	68,280
5.50	74,608	70,958	72,377
6.00	80,198	75,215	76,719
6.50	86,856	79,728	81,323
7.00	91,426	84,512	86,202
7.50	100,614	89,582	91,374
8.00	107,214	94,957	96,857
8.50	―	100,655	102,669
9.00	―	106,694	108,829
9.50	―	113,096	115,358
10.00	―	119,882	122,279

表注：改正後の返還開始額は，「高等教育改革総合計画」に基づき，2018年7月1日から適用される予定である。

【注】

1. 連邦政府は，2005年度より高等教育融資プログラム（Higher Education Loan Programme：HELP）という所得連動返還型奨学金制度を実施しており，公立大学の学生は，HELPを利用すれば在学中に学生分担金や授業料を支払う必要はない。連邦政府から支援を受けられる連邦政府支援枠で入学した連邦政府支援学生に対してはHECS-HELP（Higher Education Contribution Scheme-HELP）という学生分担金の支払を援助する制度があり，授業料全額を負担する授業料納付学生には，FEE-HELP（Fee-paying stundens-HELP）という授業料の全額又は一部の支払を援助する融資制度がある。両者とも収入が一定以上に達した場合に課税システムを通じて強制的に返還される仕組みになっている。なお，HECS-HELPには利子は付かないが，FEE-HELPでは，融資額の25％を加算した額を返還する必要がある（大学改革支援・学位授与機構「諸外国の高等教育分野における質保証システムの概要：オーストラリア」第2版（2015年版）（http://www.niad.ac.jp/n_kokusai/info/australia/overview_og_j_ver2.pdf）/StudyAssistウェブサイト（http://studyassist.gov.au/）2017年6月28日閲覧）。
2. 2009年に導入され，2012年から本格的に実施されたDemand Driven Systemは，連邦政府による関与を一定レベル残しつつも入学者の定員の管理を廃止し，各公立大学が定員数を決定できるようにした。これにより，定員によって制限されていた進学希望者も高等教育機関に入学できるようになった。
3. 連邦政府支援枠は，連邦政府助成制度（Commonwealth Grant Scheme：CGS）を通じて連邦政府分担金（Commonwealth contribution ammounts）という連邦政府からの助成金を受け取れる定員枠。オーストラリアの高等教育機関の授業料は，連邦政府支援学生（Commonwealth-supported students）として入学したか，授業料納付学生（fee paying students）として入学したかで異なる。前者には，連邦政府助成制度を通じて給与型の連邦政府分担金が各高等教育機関に支払われる。各高等教育機関は，連邦政府支援学生に対して全体の授業料から連邦政府分担金を差し引いた実質的な学生負担として学生分担金を求める。後者の授業料納付学生は，連邦政府分担金を受け取ることなく，授業料の全額を支払う。
4. 「高等教育改革総合計画」は，授業料を引き上げる理由として，高等教育卒業者は，高収入，失業のリスクの低減などの経済的利益と，より個人の興味にあった仕事，高い地位，健康，全体的な満足感の向上などの非経済的な利益の2つを得られることを挙げている。

【資料】
　教育訓練省ウェブサイト, *The Higher Education Reform Package*, (https://www.education.gov.au/) 2017年5月3日, 2017年6月21日閲覧

資 料

資料1

見習い訓練の拡大に関する大統領令（仮訳）〈アメリカ〉

　トランプ大統領が2017年6月15日に発表した見習い訓練の拡大に関する大統領令（Presidential Executive Order：Expanding Apprenticeships in America）は，次のとおりである。

　合衆国憲法及び合衆国の法律によって大統領である私に与えられた権限に基づき，米国の労働者に対して適正な価格の教育と割に合った職を振興するため，ここに次のように命ずる。

第1章　目的

　米国の教育制度及び労働力開発事業は改革を必要としている。今日の急速に変化する経済情勢の中で，労働者が既存のあるいは新しく創出された職のポストを埋め，将来の仕事のために備えることがこれまで以上に重要になっている。しかしながら，高等教育はますます手の届かない価格となっている。加えて，多くのカレッジや大学は，今日の労働力において高給を獲得できるような職に必要な能力を持った学生を卒業させられていない。あまりに多くの学生が，押しつぶされるほどの学生ローンを抱え，職との直接の繋がりを持たずに卒業しているのが現状である。

　こうした状況に対して，連邦予算で提供されている教育及び労働力開発事業は米国の労働者に効果的に寄与できていない。納税者が納めた数十億の税金がこれらの事業に毎年投入されているにも関わらず，多くの国民は常勤の仕事を探すことに苦労している。これらの連邦事業は，約35万人の製造職をはじめとする，現在空きのある求人と米国の失業人口とのマッチングにおいて，より高い成果を上げなければならない。

　見習い訓練を拡充し，効果の薄い教育及び労働力開発事業を改善していくことは，より多くのアメリカ人が仕事に直結する技能および高給職を獲得することにつながるものであり，これらの課題への取組となりうるものである。見習い訓練は，給料の発生する，仕事に直結した経験と，雇用者が重視する能力向上の機会を提供する。さらに，割に合った職への道，ひいては生涯の仕事を提供する。

　最後に，現在連邦予算で行われている教育及び労働力開発事業の中で機能していないものは，改善あるいは削減することで，税がより効果的に使われるようにしなければならない。

第2章　方針

　連邦政府は，安定した高給職への道をより手の届く形で提供するため，見習い訓練や効果的な労働力開発事業を推進し，かつそれらの事業に関する規制緩和や，効果の低い事業の削減及び撤廃を行っていくことを方針として掲げる。

第3章　定義

本大統領令のために，

(a) 「見習い訓練（apprenticeship）」という語は，有給労働である要素，及び教育的あるいは指導的要素を含むもので，個人が職場で重視される知識及び技能を得る場として配列されたもの，と定義する。

(b) 「職業訓練事業（job training programs）」という語は，能力開発あるいは職業準備を促進し，労働者の給与や就業可能性を高めることを目的として設計された連邦事業であり，連邦奨学金制度や貸与奨学金事業を除くもの，と定義する。

第4章　産業界承認見習い訓練制度の確立

(a)　労働長官は，教育長官及び商務長官と協議して，第三者機関による見習い訓練プログラムの開発を促進するため，合衆国法典第29編第50条を含む適用法令に則した規則の提言を検討しなければならない。ここでいう第三者機関には，産業団体，企業，非営利団体，労働組合，生涯労務管理機関が含まれる。提案された規則は，法が許し，政策が支援する範囲内において，以下に関する評価を反映するものとする。

(i) 権限を有する第三者機関が（産業界が承認した見習い訓練のプログラムにおいて）質の高い見習い訓練のプログラムを承認する方法を決定すべきか。

(ii) 承認する見習い訓練プログラムが質的基準に達していることを保証するために，権限を有する第三者機関が守るべき，あるいは守らねばならない指針や必要条件を設定すべきか。

(iii) 全ての産業界承認見習い訓練プログラムが，労働省が所管する登録見習い訓練制度の下で，迅速で合理的な登録の対象となるべきか。

(iv) 登録見習い訓練制度の利用を続ける雇用主が同制度に登録する場合，現行の手続を維持すべきか。

(v) 適用法に即して，以下に関する見直しのための過程を構築すべきか。

　(A)　効果的で実質的に広まっている見習い訓練のプログラムが既に労働省に登録されている民間部門においては，本条（a）項の（iii）で言及されている，労働省の登録見習い訓練制度における迅速で合理的な登録を否定すべきか。

　(B)　権限を有する第三者機関によって承認された，産業界承認見習い訓練のプログラムの登録を，必要に応じて停止すべきか。

(b)　労働長官は，最終的な規則を発令する前に，本条（a）項に関して提案されたあらゆる規則についてパブリックコメントを考慮し，評価するものとする。

第5章　見習い訓練振興のための財政支援

労働長官は，現行の予算の枠組みの中で，合衆国法典第29編第3224条（a）項を含む適用法令に則して，特に，適格認定を受けた中等教育機関及びコミュニティカレッジを含む中等後教育機関の在学者の見習い訓練へのアクセスと参加を拡大し，現時点で見習い訓練が十分機能していない産業分野での見習い訓練のプログラムを増やし，若者の見習い訓練事業への参加を増大するよう，見習い訓練振興に向けて予算を使うものとする。

第6章　見習い訓練へのアクセス拡大

　防衛長官，労働長官，教育長官及び司法長官は，適用法令に則して，互いに協議しながら，アメリカのハイスクールの生徒やジョブコアの参加者，現在収監されている者あるいは過去に収監されていた者，現在ハイスクールあるいは適格認定を受けた高等教育機関に在籍していない者，米軍従事者及び退役軍人を対象とする見習い訓練及び予備的見習い訓練を促進するものとする。商務長官及び労働長官は，製造，インフラ，サイバーセキュリティ，ヘルスケアを含む，緊要な産業部門のビジネスリーダーに対する見習い訓練を振興するものとする。

第7章　カレッジ及び大学における見習い訓練の振興

　教育長官は，コミュニティカレッジや2年制及び4年制高等教育機関が見習い訓練のプログラムを自身のカリキュラムに取り込もうとする取組を支援するものとする。

第8章　見習い訓練拡大に関する作業部会の設置

(a)　労働長官は，労働省内に見習い訓練制度拡充のための作業部会を設置するものとする。

(b)　作業部会の使命は，特に現時点において見習い訓練事業が十分に機能していない産業分野で，制度を振興させるための戦略と提言を担うことである。作業部会は，これらの戦略や提言に関して，以下のことを盛り込んだ報告書を大統領に提出するものとする。

　(i)　見習い訓練振興のための連邦によるイニシアチブ

　(ii)　見習い訓練制度の構築とその成功を容易にするような行政及び法的改正

　(iii)　産業界承認見習い訓練制度を創出する上で最も効果的な戦略

　(iv)　見習い訓練を振興するための民間のイニシアチブを増幅し促進する上で最も効果的な戦略

(c)　労働省は，法が許可する範囲内，及び現行予算の範囲内で，作業部会への行政的支援及び資金を提供するものとする。

(d)　労働長官は作業部会の議長を務めるものとする。また，教育長官及び商務長官は作業部会の副議長を務めるものとする。労働長官は，米国企業や産業関係団体，教育機関，労働組合に所属する，あるいはその視点を代弁する代表者，そのほか労働長官がその時々に指定する個人を含む計20人以下を，作業部会のその他の構成員として任命する。

(e)　（合衆国法典第5編で）改定された連邦政府諮問委員会法（Federal Advisory Committee Act）が作業部会に適用される限りにおいて，本法に定められた大統領の役割は，連邦議会への報告を除き，総務局長官の発する指針に沿って，議長によって果たされるものとする。

(f)　作業部会の構成員は，作業部会で働く上で追加報酬はないが，合衆国法典第5701～5707条に定められる官庁で断続的に務める個人に許される範囲内及び現行予算の範囲内で，収入に代わる日当（par diem in lieu of subsistence）を含む旅費を受け取ることができる。

(g)　作業部会の構成員は，自らの組織の上司を作業部会会議の参加者として指定することができる。

(h)　作業部会は，大統領に報告書を提出した後，30日間機能を停止する。

第9章　優秀見習い訓練プログラム

　大統領令発出日から2年以内に，労働長官は，法に基づき，教育長官及び商務長官と連携しながら，

任意の情報提供を求め，推薦された雇用主，産業団体，企業，非営利団体，労働組合，生涯労務管理機関の見習い訓練制度の導入に関する努力を認めるべく，優秀見習い訓練プログラムへの表彰制度（Excellence in Apprenticeship Program）を設立することとする。

第10章　労働力開発事業の効果の改善

(a) 行政管理予算局（OBM）長官への概算要求と連動して，各政府機関の長は，それぞれの機関が所管している既存の能力開発あるいは職業準備を振興するための事業のリストを提出する。これらの事業に関して，各政府機関は以下の情報を提供する。
 (i) 事業の効果に関する，関連データの分析評価（プログラムの雇用実績を含む）
 (ii) 米国の労働者や雇用者に対する事業の成果や効果を改善するような行政及び法的改正の提言
 (iii) 非効果的，余剰あるいは不要な事業の削減に関する提言

(b) OBM長官は，各政府機関によって提供された本条の小項目（a）の情報を，2019会計年度の予算策定の参考とする。

(c) 1つあるいはそれ以上の職業訓練事業を所管している各政府機関の長は，適用法令に則して，現行予算の範囲内で，事業効果に関する分析が最近実施されていない場合に限り，経験に基づいた厳格な評価の実施を命じるものとする。可能であれば，評価は第三者である評価者によって事業に対し適当で実現できる最も厳密な方法で行われなければならない。さらに，こうした評価は複数の地点における無作為対照化実験として行われることが望ましい。

(d) OMB長官は，各政府機関に対し，本章で述べた義務を遂行するにあたっての指導を与えるものとする。

第11章　一般規程

(a) 本大統領令が定めるいかなる内容も，以下の項目について，損なったり，影響を及ぼすように解釈されるものではない。
 (i) 連邦の省庁及びその長に対して法によって付与された権限
 (ii) 予算，行政，法に関する提案に関する行政管理予算局長官の機能

(b) 本大統領令は，適用法令に則して，予算の範囲内で施行される。

(c) 本大統領令は，アメリカ合衆国や連邦省庁，その他の政府機関，組織，そこで働く公務員，従業員，代理人，あるいは他のいかなる者に対しても，法律上若しくは衡平法上，実質的，手続的，あるいは強制的な利益や恩恵を生み出すことが，誰かによって意図されているものではなく，生み出すこともない。

【資料】
　The White House, "Executive Order: Expanding Apprenticeships in America," June 15, 2017（https://www.whitehouse.gov/the-press-office/2017/06/15/presidential-executive-order-expanding-apprenticeships-america）

（お茶の水女子大学インターンシップ生堀井美幸氏協力）

資料2

メディカルスクールにおける研修受入れ学生の予定人数(2016年度)〈イギリス〉

以下は,2016年度にイングランドの各大学における受入れ予定の医学生の人数を表したものである。

大学名	受入れ予定合計数(人)	英国及びEU内(人)	EU外(人)
バーミンガム大学	374	346	28
ブライトン大学・サセックス大学	138	128	10
ブリストル大学	251	232	19
ケンブリッジ大学	292	270	22
イーストアングリア大学	167	154	13
ハル大学・ヨーク大学	141	130	11
インペリアル・カレッジ	322	298	24
キール大学	129	119	10
キングズ・カレッジ・ロンドン	403	373	30
ランカスター大学	54	50	4
リーズ大学	258	239	19
レスター大学	241	223	18
リバプール大学	307	284	23
マンチェスター大学	371	343	28
ニューキャッスル大学	343	317	26
ノッティンガム大学	327	302	25
オックスフォード大学	184	170	14
プリマス大学	86	80	6
エクセター大学	130	120	10
クイーン・メアリー (ロンドン大学)	316	292	24
セント・ジョージズ・ホスピタル医科大学	259	240	19
シェフィールド大学	237	219	18
サウサンプトン大学	242	224	18
UCL (ユニバーシティ・カレッジ・ロンドン)	322	298	24
ウォリック大学	177	164	13
計(人)	6,071	5,615	456

表注1:イングランドの大学に限る。
表注2:上記は政府からの助成対象となる各大学の受入れ枠。教育規則2011 (Education Regulations 2011) に基づいて学生支援をすることになっているメディカルスクールの場合,英国及びEU圏内の学生であれば学生ローンを申請でき,このようなケースでは上記受入れ枠とは別に,当該校にて学生を受け入れることが可能となる。

【資料】
HEFCE ウェブサイト 2017年5月30日 (http://www.hefce.ac.uk/)

資料3

2016年度の各教育段階の公財政における教育事業費及び公用経費の支出状況〈中国〉

以下は，2017年10月に教育部が公表した2016年度の各教育段階の公財政における教育事業費及び公用経費の支出状況である。

○各教育段階の公財政における学校教育費等を含む教育事業費の支出は，**表1**のとおりであり，全教育段階で主な増加がみられる。

表1：各教育段階の教育事業費支出

	児童・生徒・学生1人当たりの支出	前年からの増加率	最大増加率を示した地域（増加率）
小　学　校	9,558元	8.1%	雲南省　（18.6%）
初 級 中 学	1万3,416元	10.8%	広東省　（19.8%）
高 級 中 学	1万2,315元	13.8%	湖南省　（26.6%）
中等職業学校	1万2,228元	11.6%	青海省　（22.2%）
高 等 教 育	1万8,748元	3.3%	青海省　（25.7%）

○公財政における教育機関の業務費，経常費，施設設備費，修繕費等を含んだ機関運営に用いる「公用経費」の支出は，**表2**のとおりであり，高等教育段階で減少している以外は増加している。

表2：各教育段階の公用経費支出

	児童・生徒・学生1人当たりの支出	前年からの増加率	最大増加率を示した地域（増加率）
小　学　校	2,611元	7.3%	浙江省　（23.0%）
初 級 中 学	3,562元	6.0%	海南省　（20.6%）
高 級 中 学	3,198元	9.4%	湖南省　（38.1%）
中等職業学校	4,779元	9.9%	福建省　（42.0%）
高 等 教 育	8,067元	−2.6%	青海省　（19.9%）

【資料】
教育部ウェブサイト 2017年10月10日（http://www.moe.edu.cn/）

資料4

改正「障害者教育条例」(仮訳) 〈中国〉

以下は，2017年2月に国務院 (内閣) が発表した改正「障害者教育条例」の仮訳である。

目次
第1章　総則
第2章　義務教育
第3章　職業教育
第4章　就学前教育
第5章　普通教育を行う高級中学以上の教育及び継続教育
第6章　教員
第7章　条件の保障
第8章　法律に対する責任
第9章　附則

第1章　総則

第1条　障害者の教育を受ける権利を保障し，障害者の教育事業を発展させるため，「中華人民共和国教育法」「中華人民共和国障害者保護法」に基づいて本条例を制定した。

第2条　国は障害者が平等に教育を受ける権利を保障し，障害に基づくいかなる教育の差別も禁止する。

　　　障害者教育は国の教育の方針を貫徹し，並びに障害者の心身の特性と必要に基づいて，全面的にその資質を向上させ，障害者が平等に社会生活に参加できるための条件を創造しなければならない。

第3条　障害者教育は国の教育事業の構成要素である。

　　　障害者の教育事業を発展させ，普及と向上を共に行いつつ，普及を主要な方針として，義務教育を保障し，職業教育を発展させることに重きを置き，積極的に就学前教育を展開し，高級中学以上の教育を次第に発展させる。

　　　障害者教育は教育の質を向上させ，統合教育を積極的に展開し，障害者の障害の種類及び物事を受け入れる能力に基づいて普通教育の方式か特別支援教育の方式をとり，優先的に普通教育の方式を採用する。

第4条　県レベル以上の人民政府は障害者教育事業の指導を強化しなければならず，障害者教育を教育事業発展計画に含ませ，統一して実施を手配し，合理的に資源を配置し，障害者教育の予算の投入を保障し，学校運営条件を改善する。

第5条　国務院の教育行政部門は，全国の障害者教育事業を主管し，規則を統一化し，全国の障害者

教育事業を協調させ，管理する。国務院のその他の関連機関は，国務院が規定する職責の範囲内で関連する障害者教育事業に責任を負う。

　　　県レベル以上の地方人民政府の教育行政部門は，本行政区域内の障害者教育事業を主管する。県レベル以上の地方人民政府のその他の関連部門は，各自の職責とする範囲内で障害者教育事業に責任を負う。

第6条　中国障害者連合会及びその他の地方組織は積極的に障害者教育事業を促進・展開し，関連部門が障害者教育を実施することを助け，障害者が教育を受けるためのサポートと援助を提供する。

第7条　就学前教育機関，各種の学校及びその他の教育機関は本条例及び国の関連する法令に則って，障害者教育を実施する。法令の規定に合った条件の障害者の入学申請に対して，受入れを拒んではならない。

第8条　障害者がいる家庭は，障害者が教育を受けることを援助しなければならない。

　　　障害のある子供の父母あるいはその他の保護者は，障害のある子供が教育を受ける権利を尊重し，保障しなければならず，積極的に家庭教育を展開し，障害のある子供に必要な時にリハビリテーション訓練・教育を受けさせ，並びに関連する教育機関の教育活動を助け，参加し，障害のある子供が教育を受けるためのサポートを提供する。

第9条　社会各界は，障害者の教育事業に関心を持ち，サポートしなければならない。障害者がいるコミュニティ，関連する社会組織，企業・事業単位は，障害者が平等に教育を受け，社会に溶け込めるようにサポートと援助をしなければならない。

第10条　国は，障害者教育事業で突出した貢献をした組織や個人に対して，関連する規定に基づいて表彰と奨励を与える。

第11条　県レベル以上の人民政府は，教育視学の機関が障害者教育の実施状況並びに障害者の教育関連の法令の執行状況，障害者教育の質及び予算の管理と使用状況等の実施に関する専門の視学を視学の範囲に含めなければならないことに責任を持つ。

第2章　義務教育

第12条　各レベルの人民政府は，法に基づく職責を履行し，障害のある学齢期の子供の義務教育を受ける権利を保障しなければならない。

　　　県レベル以上の人民政府は，義務教育事業の実施に対して監督，指導，検査を行い，障害のある子供に対して実施する義務教育事業には監督，指導，検査を含めなければならない。

第13条　障害のある学齢期の子供の保護者は，法に基づいて障害のある子女あるいは被保護者の義務教育への就学及び修了を保障しなければならない。

第14条　障害のある子供が義務教育を受ける就学年齢及び年限は，当地の子供が受ける義務教育の就学年齢及び年限と同一にし，必要な時は，就学年齢及び年限を遅らせることができる。

第15条　県レベルの人民政府の教育行政部門は，衛生行政部門，行政事務部門，障害者連合会と協力し，新生児の疾病抽出調査と学齢前児童の障害抽出調査，障害者統計等の情報に基づいて義務教育段階の障害のある学齢期の子供に対して入学前の登記を行い，本行政区域内の義務教育段階の障害のある学齢期の子供の数と障害の状況を全面的に把握しなければならない。

第16条　県レベルの人民政府は，本行政区域内の障害のある子供の数，種類，分布状況に基づいて，統一的に計画し，優先的に一部の普通学校の中に設立された特別支援教室に必要な設備と障害者教育に従事する専門の教員や専門人員を配置し，障害のある子供の就学先に指定する。並びにその他の普通学校は，必要な場合，特別支援教室を設立するか，相応の教育資源を設置する。条件の整った学校は，障害のある児童・生徒を就学させるため，その他の普通学校に必要なサポートを提供する。

　県レベルの人民政府は，義務教育の特別支援学校のために必要な障害者教育，リハビリテーション評価，リハビリテーション訓練等の機器や設備を配置しなければならない。並びに9年一貫制の義務教育段階の特別支援学校の建設を強化しなければならない。

第17条　障害のある学齢期の子供のうち，普通学校の学習生活に適応し，普通教育を受けることのできる者は「中華人民共和国義務教育法」の規定に基づいて，学区内の普通学校に入学し，義務教育を受ける。

　障害のある学齢期の子供で，普通教育を受けることはできるが，学習生活に特別な支援が必要な者は，身体の状況に基づいて，県レベルの人民政府の教育行政部門が一定区域内で指定した相応の資源，条件を備えた普通学校に入学し，義務教育を受ける。

　障害のある学齢期の子供で普通教育を受けられない者は，県レベルの人民政府の教育行政部門が特別支援学校で義務教育を受けるよう手配する。

　障害のある学齢期の子供のうち専門の看護人が必要で，学校で就学できない者は，県レベルの人民政府の教育行政部門が教員の派遣や遠隔教育等の方法で義務教育を実施し，並びに学籍管理に含める。

第18条　特別支援学校で学習する障害のある子供で，教育，リハビリテーションを通じて，普通教育を受けることのできる者については，学校はその保護者に対して普通学校で義務教育を受けるように転学及び就学を提案することができる。

　普通学校で学習する障害のある子供で，普通学校の学習生活に適応することが難しい者は，学校が，その保護者に指定した普通学校あるいは特別支援学校に転学して義務教育を受けるように提案することができる。

第19条　障害のある学齢期の子供の教育を受ける能力及び学校生活に適応できる能力は，障害の種類，程度，補装具等の支援を受けている程度及び学校の運営条件等の要素に基づいて判断されなければならない。

第20条　県レベルの人民政府の教育行政部門は，衛生行政部門，行政事務部門，障害者連合会と協力し，教育，心理，リハビリテーション，社会福祉等の専門家からなる障害者教育専門家委員会を形成する。障害者教育専門家委員会は，教育行政部門の委託を受けて，障害のある学齢期の子供の身体的状況，教育を受ける能力，学校生活に適応する能力について評価を行い，就学・転学の提案を行い，障害者の義務教育問題について諮問し，意見を提供する。

　前項の規定に則って行われた評価結果のうち，障害のある子供の個人情報に属するものは，障害のある子供の教育やリハビリテーションを実施することにだけ用いられる。教育行政部門，障害者教育専門家委員会，学校及びその事業に関連する人員は，事業の中で，障害のある子供の評価結果を理解し，その他の個人情報は秘密にする義務を負う。

第21条　障害のある子供の保護者と学校との間で，就学及び転学の手配で争議が発生した時は，障害のある子供の保護者は，県レベルの人民政府の行政部門に処理を申請することができる。

　　　　申請を受けた県レベルの人民政府の教育行政部門は，障害者教育専門家委員会に委託し，障害のある子供の身体的状況，教育を受ける能力，学校生活に適応する能力について評価し，就学・転学の提案を行わなければならない，並びに障害者教育専門家委員会の評価結果と就学・転学の意見に基づいて，学校の運営条件と保護者の希望を総合的に考慮して障害のある子供の就学・転学の手配について決定をしなければならない。

第22条　障害のある児童・生徒を受け入れる普通学校は，障害のある児童・生徒を合理的に学級に編入しなければならない。障害のある児童・生徒が比較的多い学校は，専門の特別支援学級を設置することができる。

　　　　障害のある児童・生徒を受け入れる普通学校は，特別支援教員あるいは経験豊富な教員を配置し，障害のある児童・生徒を通常学級に在籍させ，他の児童・生徒とともに授業を受ける教育方法（原語で「随班就読」。以下「随班就読」という。）に関する業務，あるいは特別支援教育学級の教育業務に当たらせる。また，適当に学級数を縮小させ，障害のある児童・生徒の就学後の学習及び生活のため，便宜及び条件を提供し，障害のある児童・生徒が平等に教育及び学校組織の各種活動に参加することを保障する。

第23条　普通学校で「随班就読」を行う場合は，普通義務教育の課程設置のガイドライン，課程基準及び教材を用いることができる。しかし，それらは，その学習の必要性に応じて適度に変更できる。

第24条　特別支援学校（学級）は，思想教育，文化教育，労働教育及び心身の補償を結びつけることを堅持し，並びに児童・生徒の障害の状態及び補償の程度に基づいて，異なる教育を実施し，必要な時に保護者の意見を聞き取り，障害のある児童・生徒の心身の特性と必要にあった個別の教育プランを制定し，個別の教育を実施しなければならない。

第25条　障害のある子供の特別支援学校（学級）の課程設置のガイドライン，課程基準及び教材は，障害のある子供の心身の特性と必要に適合しなければならない。

　　　　特別支援学校（学級）の課程設置のガイドライン，課程基準は，国務院の教育行政部門によって制定される。教材は省レベル以上の人民政府の教育行政部門が，国の関連する規定に則って検定する。

第26条　県レベルの人民政府の教育行政部門は，本行政区域内の障害のある子供に対して義務教育事業の指導を強化しなければならない。

　　　　県レベル以上の地方人民政府の教育行政部門は，特別支援学校をサポートする特別支援教育資源センターを設立し，一定区域内で特別支援教育の指導とサポートサービスを提供する。特別支援教育資源センターは，教育行政部門の委託を受けて以下の事業を担当する。

（1）　指導・評価区域内の「随班就読」事業。
（2）　区域内で「随班就読」を担う教員に研修を提供。
（3）　教員と関連する専門の人員を派遣し，「随班就読」をサポートし，教員派遣による教育や遠隔教育を受ける障害のある子供に補助とサポートを提供。
（4）　障害のある児童・生徒の保護者へのコンサルタント。

（5）　その他の特別支援教育に関連する事業。

第3章　職業教育

第27条　障害者の職業教育において，中等教育段階を大いに発展させ，高等職業教育を早急に発展させ，実用的な技術を主とする中期・短期の職業訓練や，就職できる能力の向上を主とする技術技能人材の育成を積極的に展開し，障害のある児童・生徒に対する就職指導を強化する。

第28条　障害者の職業教育は，普通職業教育機関及び特別支援教育対象者の職業教育機関によって実施され，普通職業教育機関を主とする。

　　　県レベル以上の地方人民政府は，必要に基づいて，特別支援教育対象者の職業教育機関を合理的に設置し，学校運営条件を改善し，障害者の中等職業教育機関の規模を拡大させる。

第29条　普通職業教育機関は国の規定する入学基準に合致した障害者の入学を拒否してはならず，積極的に障害者を入学させなければならない。

　　　県レベル以上の地方人民政府は，普通職業教育機関が積極的に障害のある児童・生徒を入学させるような措置，奨励，サポートをしなければならない。

第30条　障害者の職業教育を行う学校及び訓練機関は，社会の必要及び障害者の心身の特性に合わせて合理的に専門分野を設置し，企業と連携して実習・実地訓練の基地を設立し，あるいは，教育の需要と条件に基づいた実習基地を運営しなければならない。

第4章　就学前教育

第31条　各レベルの人民政府は，障害のある幼児が就学前教育を受ける比率を次第に高めるように積極的に措置しなければならない。

　　　県レベルの人民政府及びその教育行政部門，行政事務部門等の関連部門は，普通幼稚園が障害のある幼児を受け入れる条件を作り出すことや，特別支援学校，教育を実施する条件を備えた障害のある児童のための福祉施設やリハビリテーション機関が就学前教育を実施することをサポートしなければならない。

第32条　障害のある幼児の教育は保育及びリハビリテーションと結合させて実施しなければならない。

　　　障害のある幼児の就学前教育機関は自身の条件に基づいて必要なリハビリテーション施設・設備及びリハビリテーションの専門人員を整備し，あるいは，その他のリハビリテーション施設・設備及びリハビリテーションの専門人員を備える特別支援教育機関やリハビリテーション機関と連携して障害のある幼児にリハビリテーション訓練を実施する。

第33条　衛生保健機関，障害のある幼児を受け入れている就学前教育機関，児童福祉機関及び家庭は，障害のある幼児の早期発見，早期リハビリテーション，早期教育を重視しなければならない。

　　　衛生保健機関，障害のある幼児を受け入れている就学前教育機関，児童福祉機関は，障害のある幼児の早期発見，早期リハビリテーション，早期教育を行うために，障害のある幼児の家庭に諮問と指導を提供しなければならない。

第5章　普通教育を行う高級中学以上の教育及び継続教育

第34条　普通教育を行う高級中学，高等教育機関，継続教育機関は，国の規定する入学基準を満たした障害者の受験・入学を受け入れなければならず，その障害を理由に受験・入学を拒むことはできない。

第35条　区を域内に持つ市レベル以上の地方人民政府は，実際の状況に基づいて，高級中学以上の教育を行う特別支援学校を運営し，高等教育機関が特別支援教育学院あるいは関連する専門分野を設置することを支持し，障害者の教育を受けるレベルを向上することができる。

第36条　県レベル以上の人民政府の教育行政部門及びその他の関連部門，学校は，現代の情報技術を十分に利用して遠隔教育等の方式で障害者が成人高等教育，高等教育，高等教育独学試験等を受けるため，便宜とサポートを提供しなければならない。実際の状況に基づいて，障害者の学習に適した専門分野，課程を開設し，活発で開放的な教育及び管理モデルを採用し，障害者が順調に学業を終えられるようにサポートする。

第37条　障害者が所属する事業単位は，当該単位の障害者に対して，文化知識教育と技術研修を展開しなければならない。

第38条　識字教育は満15歳以上の学習能力を失っていない非識字及び半非識字の障害者を含まなければならない。

第39条　国及び社会は，障害者が自ら学んで能力を身に付けることを奨励し，助けなければならない。

第6章　教員

第40条　県レベル以上の人民政府は，障害者教育に従事する教員の養成，研修を重視しなければならず，並びに，彼らの地位と待遇を次第に高め，業務環境や条件を改善し，教員が生涯にわたって障害者の教育事業に従事するように奨励する措置をとらなければならない。

　　　　県レベル以上の人民政府は，無償や学費減免，修学支援ローンの代理の返済等の措置を取り，条件を備えた高等教育機関卒業者が特別支援学校やその他の特別支援教育機関で教員となることを奨励することができる。

第41条　障害者教育に従事する教員は，障害者教育の事業を愛し，社会主義の人道主義的精神を持ち，障害のある児童・生徒・学生を尊重・配慮し，障害者教育の専門的知識と技能を把握していなければならない。

第42条　専門に障害者教育に従事する教員（以下「特別支援教員」という。）は，以下の条件に適合しなければならない。

（1）『中華人民共和国教師法』の規定する教員資格を取得していること。

（2）特別支援教育の専門課程を卒業あるいは，省・自治区・直轄市人民政府の教育行政部門が組織する特別支援教育専門の研修及び審査に合格した者。

　　　聴力に関係した特別支援教育に従事する教員は，国の規定する手話の等級基準に到達しなければならず，視力の特別支援教育に従事する教員は，国の規定する点字の等級基準に到達しなければならない。

第43条　省・自治区・直轄市の人民政府は，障害者の教育の発展の必要に基づいて，当地の実際の状況と結びつけて特別支援学校及び指定された障害者を受け入れる普通学校の教職員の編成基

準を制定しなければならない。

　県レベル以上の地方人民政府の教育行政部門は，その他の関連機関と協同で決定した編成委総人数のうち，特別支援学校のために教育及びリハビリテーションを担当する「特別支援教員」及び関連する専門の人員を配置するとともに，指定された障害者を受け入れる普通学校で「特別支援教員」等の専門職の職位を設置する。

第44条　国務院の教育行政部門及び省・自治区・直轄市の人民政府は障害者教育の発展の必要性に基づき，計画的に「特別支援教員」を養成する高等教育機関を運営し，一般の教員養成機関及び総合大学が関連する学院・学部あるいは専門分野を設置することを支持し，「特別支援教員」を養成する。

　一般の教員養成機関及び総合大学の教員養成課程は，特別支援教育課程を設置しなければならず，学生に特別支援教育に必要な基本知識及び技能を把握させ，「随班就読」を行っている障害のある児童・生徒・学生の教育の必要に対応する。

第45条　県レベル以上の地方人民政府の教育行政部門は「特別支援教員」の研修を教員の研修計画に含め，多種の形式で現職の「特別支援教員」が専門のレベルを高める研修を組織し，普通教員の研修中に一定の割合で特別支援教育及び関連の知識を加え，普通教員の特別支援教育の能力を高める。

第46条　特別支援教育の教員とその他の特別支援教育に従事する関連の専門人員は，国の規定に基づいて特別な職員の給与補助，手当及びその他の待遇を得る。普通学校の教員で，「随班就読」の教育や管理事業を担う者については，その業務を手当支給のための評価内容に含め，給与の待遇及び職務・任用を決定する上での重要な根拠とする。

　県レベル以上の人民政府の教育行政部門や人的資源社会保障部門は，職務・任用，研修，表彰・奨励等の方面で，「特別支援教員」のために優遇政策を制定し，専門の機会を提供しなければならない。

第7章　条件の保障

第47条　省，自治区，直轄市の人民政府は，障害者教育の特殊事情に基づいて，国務院の関連する行政主管部門の指導的な基準に依拠して，本行政区域内の特別支援教育学校の建設基準，経費支出の基準，教育器具・設備の配置基準等を制定する。

　義務教育段階の普通学校で障害のある児童・生徒を受け入れるものは，県レベルの人民政府の財政部門及び教育行政部門が特別支援学校の児童・生徒1人当たりの予算内の「公用経費」[訳注]基準に基づいて費用を支出する。

　　訳注：公用経費は，業務費，経常費，施設設備費，修繕費等を含んだ機関運営に用いられる費用。

第48条　各レベルの人民政府は，関連する規定に基づいて，障害者の教育予算を配分し，並びに必要な予算を同レベルの政府の予算に組み込まなければならない。

　県レベル以上の人民政府は，必要に基づいて，特定のプロジェクトを補助する予算を設立し，障害者教育の発展に用いる。

　地方の各レベルの人民政府は，義務教育の予算と教育費付加[訳注]を用いて，一定の割合で障害のある子供の義務教育を発展させることに用いなければならない。

訳注：地方教育費付加は，増値税，営業税，消費税を納める機関・個人の納税額に一定比率を付加して教育経費として徴収するものであり，主に当該地域内の教育事業に使用される。

　　　地方各レベルの人民政府は，関連規定に基づいて，法に基づいて徴収した障害者の就職保障金を特別支援学校が展開する障害者用の職業教育に用いることができる。

第49条　県レベル以上の地方人民政府は，障害者教育の発展の必要に基づいて，特別支援学校を統一的に計画し，合理的に分布させて，配置しなければならない。並びに国の関連規定に基づいて必要な障害者教育，リハビリテーションの評価，リハビリテーション訓練等の器具と設備を配置しなければならない。

　　　特別支援学校の設置は教育行政部門が国の関連規定に基づいて審査する。

第50条　新築，改築，増築について，各種の学校は「バリアフリー環境建設条例」の要求に符合しなければならない。

　　　県レベル以上の地方人民政府及びその教育行政部門は，各種学校がバリアフリーの校内環境を建設することを推進しなければならない。

第51条　障害のある児童・生徒・学生を受け入れる学校は経済的に困難な障害のある児童・生徒・学生に対して，国の関連する規定に基づいて，学費及びその他の費用を減免し，並びに国の支援政策に照らして優先的に補助を与える。国は条件の整った地方が，経済的に困難な障害のある幼児・生徒に無償の就学前教育及び後期中等教育を優先的に提供することを奨励し，次第に障害のある生徒に対して無償の後期中等教育を実施する。

第52条　国の教育試験に参加し，必要なサポートと合理的な便宜を必要とする障害者は，申請を提出できる。

　　　教育試験機関及び学校は国の規定に基づいてそれらを提供しなければならない。

第53条　国は民間が特別支援教育機関を運営あるいは寄附による修学支援を行うことを奨励し，私立学校及びその他の教育機関が障害のある児童・生徒・学生を入学させることを奨励し，支持する。

　　　県レベル以上の地方人民政府及びその関連機関は，私立の特別支援教育機関及び障害のある児童・生徒・学生を入学させる私立学校に対して，国の関連する規定に照らしてサポートを与えなければならない。

第54条　国は障害者教育の科学的研究を展開し，点字，手話の研究及び応用を組織・支援し，特別支援教育の教材の編集・出版をサポートする。

第55条　県レベル以上の人民政府及びその関連部門は優遇政策及び優遇措置を取り，研究を支持し，障害者教育専用の器具や設備，教具，学用品，ソフトウェア及びその他の補助用品を生産し，特別支援教育機関が福祉企業や補助的就職機関を運営することをサポートしなければならない。

第8章　法律に対する責任

第56条　地方各レベルの人民政府及びその関連部門で本条例の規定に違反し，障害者教育関連の職責を履行しない者は，上級の人民政府あるいはその関係部門が期限を設けて改正するように責任をもって命じる。状況が重大な場合は，けん責を通達し，直接の責任を負う主管の人員及び

その他の責任者を法に基づいて処分する。

第57条　就学前教育機関，学校，その他の教育機関及びその事業人員が本条例の規定に違反し，以下の状況の1つに該当した場合，その主管行政部門は責任をもって是正を命じ，直接責任を負う主管の人員及びその他の直接的な責任者に対して法に基づいて処分を与える。治安管理に違反した行為を構成する者は，公安機関が法に基づいて治安管理の処罰を与え，犯罪を構成する者は，法に基づいてその刑事責任を追及する。

（1）　法令の規定する条件に合致した障害のある児童・生徒・学生の入学を拒む者。

（2）　障害のある児童・生徒・学生を差別，侮辱し，体罰を与え，あるいは障害のある児童・生徒・学生に対する差別的言動を放任し，障害のある児童・生徒・学生の心身に傷害を与えた者。

（3）　国の関連する規定に基づいて経済的に困難な障害のある児童・生徒・学生の学費あるいはその他の費用の減免を行わない者。

第9章　附則

第58条　本条例の用語の意味は，以下のとおりである。

　　　統合教育（原語：融合教育）は，障害のある児童・生徒・学生の教育が普通教育に最大限参入している教育を指す。

　　　特別支援教育の資源教室は，普通学校に設置された設備で，特別支援教育及びリハビリテーション訓練の施設・設備を持つ専用の教室を指す。

第59条　本条例は2017年5月1日から施行される。

【資料】
　人民日報 2017年3月28日

資料5

「普通高級中学課程プラン（2017年版）」に示された課程の設置・評価方法（抄訳）〈中国〉

　以下は，2017年12月公表された「普通高級中学課程プラン（2017年版）」において示された課程の設置・評価方法の抄訳である。

「普通高級中学課程プラン（2017年版）」課程の設置・評価方法

1．学制
　学制は3年間であり，毎学年の52週の内，年間の授業週数は40週，それ以外に社会実践1週及び冬休み，夏休み・祝祭日・農繁期の休みが11週ある。毎週の総授業時間は35時間，1授業時間は45分，18授業時間を1単位とする。

2．課程の3分類
○必修課程：生徒全員が必ず学ぶ課程。
○選択性必修課程：高等教育全国統一入学者選抜試験を受験する者は，試験に関連する教科を必修。それ以外の生徒は，卒業単位を得るために希望する教科を履修。
○選択課程：学校が自らの判断で開設して，生徒が自主的に選択する課程。必修課程や選択制必修課程を基礎として内容を発展・高度化した課程や現地の社会・経済・文化に対応して学校が独自に開発した課程（原語：校本課程）。

3．設置する教科と取得できる単位
　教科は，言語・文学，数学，外国語，思想政治，歴史，地理，物理，化学，生物学，技術（情報技術及び一般技術），芸術（又は音楽，美術），体育・健康，総合実践活動の，国が定める13の教科と，学校が独自に開発した教科の14教科から成る。

4．教科の配分
○必修課程の教科は，学期あるいは学年ごとに配分。選択制必修や選択課程は1モジュール18授業時間から成り，それぞれ内容が独立したモジュールを基に配分される。
○外国語は，英語，日本語，ロシア語，ドイツ語，フランス語，スペイン語から成り，学校は第1外国語を選択するとともに，可能であれば第2外国語を開設する。
○芸術の教科は，音楽，美術と入れ替えることができる。
○体育・健康の課程は高級中学の3年間を通じて実施される。
○総合実践活動は研究型学習，社会実践，ボランティアの3部分から成り，14単位を取得する。内訳は，研究型学習において課題研究若しくはプロジェクトデザインを2つ完成させて6単位，社会実

践において中国共産主義青年団や中国共産党関連の活動や軍事訓練，社会見学，職業体験等を行い6単位，授業時間外に3年間で40時間以上行うボランティアにおいて2単位を取得する。

5．卒業要件

卒業に必要な単位数は144。内訳は，必修課程88，選択性必修課程42，選択課程14（このうち学校が独自に開発した課程の8単位を含む）。

6．評価

○単位は，各学校が認定する。
○各学校は，成長や総合実践活動，選択課程の学習状況等の生徒の総合的な資質に関する記録をプロファイリング化する。
○各必修課程の修了は，学校が行う学力試験の合格に依拠する。高等教育機関の入学者選抜には，全国統一入学選抜試験及び高級中学の学力試験や必修課程・選択制必修課程の成績を使用し，生徒の総合的能力を考慮する。

表：設置する教科と取得できる単位

教科	必修課程の単位	選択性必修課程の単位	選択課程の単位
言語・文学	8	0～6	0～6
数学	8	0～6	0～6
外国語	6	0～8	0～6
思想政治	6	0～6	0～4
歴史	4	0～6	0～4
地理	4	0～6	0～4
物理	6	0～6	0～4
化学	4	0～6	0～4
生物学	4	0～6	0～4
技術（情報技術及び一般技術）	6	0～18	0～4
芸術（又は音楽，美術）	6	0～18	0～4
体育・健康	12	0～18	0～4
総合実践活動	14		
学校が独自に開発した課程			8以上
合計	88	42以上	14以上

【資料】
　教育部ウェブサイト「教育部関於印発『普通高中課程方案和語文等学科課程標準（2017年版）』的通知」2017年12月29日（http://www.moe.gov.cn）

資料6

改正「全日制高等教育機関学生管理規程」(抄訳)〈中国〉

以下は,2017年2月に教育部が発表した改正「全日制高等教育機関学生管理規程」の抄訳である。

目次
第1章　総則
第2章　学生の権利及び義務
第3章　学籍管理
　第1節　入学及び登録
　第2節　審査及び成績の記載
　第3節　専門分野の変更及び転学
　第4節　休学及び復学
　第5節　退学
　第6節　卒業と終業
　第7節　各種証書の管理
第4章　学内の秩序と課外活動
第5章　奨励及び処分
第6章　学生の申立て
第7章　附則

第1章　総則
第2条　本規程は,全日制高等教育機関,大学院生の教育を担う科学研究機関(以下「学校」という。)で,学歴の取得につながる高等教育を受ける大学院生,本科,専科(高等職業技術学院を含む)の学生の管理に適用される。

第2章　学生の権利及び義務
第6条　学生は在学期間に,法に基づいて,以下の権利を有する。
（1）　学校の教育計画に基づく各種活動への参加,及び学校が提供する教育資源の使用。
（2）　社会実践,ボランティアサービス,学業を補助するためのアルバイト,文化的な娯楽・スポーツ及び科学技術・文化関連の活動に参加し,就職・起業に関する指導及びサービスを受けること。
（3）　奨学金,修学支援金,及び修学支援ローンの申請。
（4）　思想・品徳,学業成績等の方面で科学的,公正に評価され,学校が規定する学業を終えた後に相応の学歴に関する証書,学位証書を取得すること。
（5）　学内の組織で,学生団体に参加し,適切な方法で学校の管理に参加すること,学校及び学生

の権益に関連する事務に対して知る権利，参加権，表現権，監督権を持つこと。
（6）　学校が与える処理あるいは処分に異議を唱え，学校，教育行政部門に申立てを提出し，学校，教職員が人身権，財産権等の合法的な権益を侵犯する行為に対して，申立ての提出や法に基づく提訴を行うこと。
（7）　法令及び学則が規定するその他の権利。

第7条　学生は在学期間に，法に基づいて，以下の義務を負う。
（1）　憲法・法令の遵守。
（2）　学校の規則・制度の遵守。
（3）　学術道徳の遵守，規定の学業の完成。
（4）　規定に基づいて授業料及び関連する費用を払い，学生ローンや就学支援金を獲得した者は相応の義務を履行する。
（5）　学生の行為規範を遵守し，教員を尊敬し，良好な思想・品徳及び行為習慣を育成する。
（6）　法令及び学則が規定するその他の義務。

第3章　学籍管理
第1節　入学及び登録

第8条　国の学生募集の規程に基づいて合格した者は，合格通知書を持って，学校の関連する要求と規定の期限に基づいて来校し，入学手続を行う。故あって規定の日までに入学の処理ができない者は，学校に休学を申し出なければならない。休学の申出をしなかった者，期日を過ぎて休学を申し出たものは，不可抗力等の正当な理由を除いて入学資格を放棄したとみなされる。

第9条　学校は，入学申請を受けた時に，申請者の入学資格の初歩の審査をしなければならず，合格者に対して，入学手続を処理し，登録した学籍を与える。申請者の合格通知，受験者情報等の資料で，本人の実際の状況との不一致，あるいは，その他項目での国の入学者選抜の規程に違反した者は，入学資格を取り消す。

第11条　学生の入学後，学校は，3か月以内に国の学生募集の規定に基づいて，再審査を行う。再審査の主な内容は以下のとおりである。
（1）　合格の手続及び手順が国の学生募集の規程に合致しているか。
（2）　獲得した合格資格が真実か，関連規定と合致しているか。
（3）　本人及び身分証明，合格通知，受験者のプロファイル（原語：「档案」）が一致しているか否か。
（4）　心身の健康状態が入学申請した専攻若しくは学問分野に対応した身体検査の要求を満たしているか，学校での正常な学習，生活を保障できるか。
（5）　芸術，体育などの特殊な分野で合格した学生の専門のレベルが合格基準を満たしているか。
　　　再審査中，虚偽や不正行為が判明した場合，再審査の不合格を確定し，学籍を取り消す。状況が深刻な場合は，学校が関連機関に引き渡し，調査・処理する。

第12条　毎学期開始時に学生は学校の規程する方法に基づいて登録手続をする。期日までに登録できない者は，登録手続をしばらくしてから行う。学生納付金の未払及びその他の登録条件に満たない者は，登録できない。

第2節　審査及び成績の記載

第13条　学生は学校の教育計画が規定する課程と各種教育段階（以下「課程」という。）の審査に参加する。その審査結果は，成績簿及び学生の学籍を管理するプロファイルに記入される。

　　　　審査は，試験・検査の2種類である。審査及び成績評価の方法，不合格の課程の再履修あるいは追加試験の有無は，学校が規定する。

第15条　学生が毎学期あるいは毎学年履修すべき課程数及び単位数，進級，飛び級，原級留置，落第等の基準は，学校が規定する。

第16条　学生は，学校の関連規程に基づいて，学内のその他の専門分野を補助的に履修することやその他の専門分野の課程を選択して履修することを申請できる。また，他校の専門分野への履修申請や学校が認可した公開式のインターネット課程への参加ができる。学生が履修した成績・単位は学内審査の後，承認される。

第17条　学生が起業，社会実践等の活動及び論文の発表に参加して獲得した特許等及び専門分野の学習，学業の要求に関連した経歴，成果は単位として換算し，学業成績に含める。具体的な方法は，学校が規定する。

第18条　学校は，学生の学業成績及び学籍プロファイルの管理制度を整備しなければならない。

　　　　学生が退学等の状況で学業を中止した場合，在学期間に履修した課程及び取得した単位は記録されなければならない。学生が再度入学試験に参加し，合格して入学した場合は，既に獲得した単位は，合格後，学校に認定・承認される。具体的な方法は学校が規定する。

第3節　専門分野の変更及び転学

第21条　学生が学習期間にその他の専門分野に興味を持ち，専門知識を持ちたい場合は，専門分野の変更を申請できる。スポーツや芸術などの特別な学生募集方法で合格した者，国の関連規程に定める者あるいは合格の前に学校と明確に約束をした者は，専門分野を変更できない。

　　　　休学・起業・退役後に復学した学生の自身の必要による専門分野の変更については，学校は優先的に考慮する。

第22条　病気あるいは，特別な困難や必要があって，当該校で学習の継続ができない者，あるいは当該校の学習の要求に適さない者は，転学を申請できる。以下の場合は，転学できない。

（1）　入学後1学期間の学習を経ていない者，あるいは卒業まで1年以内の者。

（2）　全国統一入学試験の成績が転入先の関連する専門分野の同一の戸籍所在地の相応の年における合格の成績よりも低い者。

（3）　低い学歴より，高い学歴へ変更するなど対応しない学歴間で変更する者。

（4）　卒業後に特定の就職先に就職すると学校と約束して合格した者。

（5）　大学院生が学校に転入しようとして，専門分野の合格基準が所属する学校及び専門分野よりも高い場合。

（6）　正当な転学の理由がない者。

　　　　学校の教育条件の変化等の本人を原因としない転学が必要となった者については，学校は証明書を揃えて，所在の省レベルの教育行政部門と協力して同レベルの学校への転学を行う。

第23条　別の省に転学をする場合は，転出元の省レベルの教育行政部門が転入先の省レベルの教育

行政部門と相談をして，転学条件の確認の後，手続を行う。戸籍を移動させなければならない者は，転入先の省レベルの教育行政部門によって，関連文書を転入する学校が所在する公安機関に送る。

第4節　休学及び復学

第25条　学生は段階を分けて学業を完成できる。学校の規定する最長の学習年限（休学及び学籍の保留を含む，）のうちに学業を完成させることができる。

学生が休学を申請した場合，あるいは学校が休学を適当と判断した場合は，学校の許可を経て，休学できる。休学の回数及び期限は学校によって規定される。

第26条　学校が弾力的な学習制度を構成・実施する場合，休学して起業する学生に対しては，単独で最長の学習年限を規定でき，また休学認可の手続を簡素化できる。

第27条　新入生と在学者が中国人民解放軍（中国人民武装警察部隊を含む）に応召して参加する場合，学校はその入学資格あるいは学籍を退役後の2年まで保留する。

学生が学校間で連携して教育を行うプログラムに参加する場合，その学習期間，学校は参加した学生の学籍を維持する。

第28条　休学した学生は学校を離れる処理・手続をしなければならない。学生の休学期間，学校はその学籍を保留しなければならないが，休学した学生は，学内で学習する一般の学生としての待遇は受けられない。病気によって休学した学生の医療費は国及び当地の関連規程に基づいて処理される。

第29条　学生は休学期間の満期の前に，学校が規定する期限内で復学申請を提出し，学校の再審査に合格してから復学する。

第5節　退学

第30条　学生が以下の状況の1つに該当する場合，学校は退学の処理ができる。

（1）学業成績が学校の要求に到達していない者，あるいは学校が規定する学習年限内に修了できなかった者。

（2）休学，学籍の保留期間が満期となっても，学校が規定する期限内に復学申請を提出しなかった者，あるいは復学申請の再審査で合格しなかった者。

（3）学校指定の医療機関の診断に基づいて，疾病あるいは不慮の障害を持ち，継続して学内で学習ができない者。

（4）許可を得ずに2週間学校が規定する教育活動に参加しなかった者。

（5）学校が規定する期限を越えて登録をしなかった者。猶予を与えられたが登録手続を行わなかった者。

（6）学校規定の学業を完了できない者。退学その他の事情に該当する者。

学生本人が退学を申請する場合，学校の審査・同意を経て，退学の処理手続を行う。

第31条　退学する学生は，学校規定の期限に基づいて退学の手続をし，学校を離れなければならない。退学する大学院生で，取得した学歴及び雇用政策に基づいて就職する者は，学校所在地の省レベルの卒業生就職部門によって関連の手続を処理する。学校規定の期限内に採用する事業単位

がなかった場合，退学の手続をし，学校を離れる。

退学した学生のプロファイルは，学校によって学生の家庭の所在地に移転され，戸籍は国の関連規定に基づいて，元の戸籍地あるいは学生の家庭の戸籍地に戻される。

第6節　卒業と終業

第32条　学校が規定する学習年限内で，教育計画が規定する内容を修了し，成績が合格し，学校の卒業要件に達した者は，学校が卒業を許可する。並びに学生が学校を離れる前に卒業証書を発行する。

学位授与の条件に適合する者は，学位を授与する機関が学位証書を交付する。

学生が教育計画の規定の内容を予定期日前に終わらせ，卒業に必要とする単位を取得した場合，期日より早い形式での卒業を申請できる。学生の期日より早い形式での卒業の条件は，学校が規定する。

第33条　学生は学校が規定する学習年限内で教育計画の内容を修了したが，学校の卒業要件に満たなかった場合，学校は学生が終業したとして，終業証を発行する。

終業後，再試験，追加の履修あるいは追加の卒業設計，論文，口頭試問を行うか，及び卒業証書，学位証書を交付するかは学校が規定する。合格後に交付した卒業証書，学位証書には，卒業までの期間，学位取得までの期間が証書の発行した期日に基づいて記載される。

退学した学生に対しては，学校は，修業証書あるいは学習証明書を発行する。

第7節　各種証書の管理

第34条　学校は学生募集の時に確定した学校運営類型，学習形式，及び学生が合格した時に記入した個人情報を，発行する学歴証書，学位証書及びその他の学業証書に必ず記載しなければならない。

第35条　学校は高等教育学籍学歴電子登録管理制度を実行し，学籍学歴情報管理規則を実施し，関連規程に基づいて，期日までに学生の学籍学歴の電子登録を完了する。

第36条　本来の専門分野の学業と同時に追加で履修したその他の専門分野並びにその専門分野の追加履修の要件を満たした学生に対して，学校は追加履修の専門分野証書を発行する。

第38条　学歴証書及び学位証書の遺失あるいは損壊については，本人の申請を経て，学校は確認後，相応の証明書を発行しなければならない。証明書は元の証書と同等の効力を持つ。

第4章　学内の秩序と課外活動

第40条　学校は学生の参加と管理の組織・形式を構築・整備し，学生が法及び学則に基づいて学校の管理へ参加することを支持・保障する。

第43条　学校は教育と宗教の分離の原則を堅持し，いかなる組織・個人も学校で宗教活動をしてはならない。

第44条　学校は学生の代表大会制度を構築・運営し，学生会，大学院生会等の展開・活動に必要な条件を提供し，その学生管理における効果を発揮させることを支持しなければならない。

学生は，学内の学生団体に参加できる。学生が団体を成立させるには，学生は規定に基づい

た書面を学校に提出して許可を得て，登録と年度検査を行う必要がある。

第45条　学生が学業を助けるためのアルバイトに参加する際は，法令及び学校，雇用者の管理制度を遵守し，学業を助けるためのアルバイト関連の学校及び雇用者との取決めを守る。

第46条　学生が大規模な集会，行進，デモなどの活動を行う場合，法律の手順と関連する規定に基づいて許可を得なければならない。許可を得ていない場合は，学校は法に基づいて忠告して制止するか阻止する。

第47条　学生は国及び学校のインターネット使用に関する関連規定を遵守し，非合法のウェブサイトへの登録や非合法の文章，音楽，動画資料等を流布してはならず，虚偽，有害な情報を作成，流布してはならず，他人のコンピュータやモバイルネットワークシステムを攻撃したり，それらに侵入してはならない。

第48条　学校は学生の宿舎管理制度を構築・運営し，学生は学校の学生の宿舎管理規程を遵守する。

第5章　奨励及び処分

第49条　学校，省（自治区・直轄市）及び国の関連部門は徳・智・体・美等の方面で全面的に発達した者，あるいは思想・品徳，学業成績，科学技術の創造，スポーツ競技，文芸活動，ボランティア活動及び社会実践等の面で突出している学生に表彰と奨励を与える。

第50条　学生の表彰及び奨励に対して「三好学生」[訳注]の称号あるいはその他の栄誉称号を授け，奨学金を交付する等の多種の形式や相応の精神的な奨励あるいは物質的奨励を与える。

　　　　学校は，学生に対して表彰及び奨励を与え，及び選抜試験を免除した大学院への推薦入学，国家奨学金，公費派遣留学等の学生の利益を付与する。

訳注：「三好学生」は徳・智・体・美等の発達で優れた学生に対して与えられる称号。

第51条　法令，本規程及び学校の規律に違反のある学生に対して，学校は注意をし，状況に応じて，以下の処分を与える。

（1）　警告
（2）　厳重な警告
（3）　過失の記録
（4）　学校に留めての観察
（5）　除籍

第52条　学生が以下の状況の1つに該当した場合，学校は除籍にできる。

（1）　憲法に違反し，社会主義の堅持，プロレタリア独裁の堅持，共産党の指導の堅持，マルクス・レーニン主義及び毛沢東思想の堅持の4つの基本原則に反対し，安定と団結を破壊し，社会秩序を乱す者。
（2）　国家の法律に触れ，刑事犯罪を構成する者。
（3）　治安管理の処罰を受け，状況が深刻で性質が悪質な者。
（4）　他人に代わり，若しくは他人に自分の代わりをさせて試験に参加する者，組織的に不正を行う者，通信設備あるいはその他の機材を用いて不正をする者，他人に試験問題あるいは答案を販売して利益を得る者，その他重大な不正や試験の秩序を乱す者。
（5）　学位論文，公開発表の研究成果の剽窃，改ざん，偽造等の学術不正行為をし，状況が甚だし

い者，あるいは論文の代筆，売買をする者。
（6） 本規程及び学校の規程に違反し，学校の教育，生活及び公共の場所の秩序に重大な影響を与えた者。
（7） 他人，組織の合法的権益を侵害し，重大な結果を招いた者。
（8） 学校の規定に度々違反し，処分を受けて，教育を経ても変わらない者。

第53条　学校は学生を処分する場合，処分決定書を発行する。

第55条　学生に対して処分あるいは不利な決定をする前に，学校は学生に決定の事実，理由，根拠を告知し，学生に陳述と申立ての権利があることを告知し，学生の陳述と申立てを聞き取らなければならない。

第56条　学生の入学資格の取消し，学籍の取消し，退学，除籍あるいはその他の学生の重大な利益に及ぶ処理・処分を決定する場合，学長会や学長が権限を与えた専門家会議が検討・決定し，並びに事前に合法性の審査を実施する。

第57条　除籍を除いて，学生の処分は一般的に6〜12か月の期限で行われる。期日になったら学校規程の手順に基づいて処分を解除する。解除の後は，学生は表彰，奨励及びその他の権益を受けられ，処分の影響を受けない。

第58条　学生の奨励，処理，処分及び処分の解除等の内容は，学校の学生プロファイル及び個人のプロファイルに書き込まれる。

　　学籍を解除された学生には，学校は学習証明書を発行する。学生が学校の規定する期限内に学校を離れたら，その学生のプロファイルは学校によって学生の家庭の所在地に戻され，戸籍は国の関連する規程に従って元の戸籍地あるいは学生の家庭のある戸籍所在地に戻される。

第6章　学生の申立て

第59条　学校は学生の申立てを処理する委員会（以下「委員会」という。）を成立させ，学生の処理あるいは処分に対する決定に不服を提起する申立てを受理する責任を負わなければならない。

　　「委員会」は学校の関連する責任者，各職能部門の責任者，教員代表，学生代表，法律事務の関連機関の責任者等から構成される。学校外の法律・教育の専門家の参加もできる。

第60条　学校の処理・処分の決定に異議のある学生は，学校の処理あるいは処分の決定書が届いてから10日以内に，「委員会」に書面で申立てを提出する。

第61条　「委員会」は学生の提出した申立てを審査し，書面が届いてから15日以内に結論を出し，申立人に知らせる。期限内に結論が出せない場合は，学校の許可を得て，更に15日間延長できる。
「委員会」が必要と判断したら，関連する決定を緩やかに執行するよう学校に提案ができる。

第62条　学生は審査の結果に異議があった場合，審査の決定書を受け取ってから15日以内に学校が所在する省レベルの教育行政部門に書面で申立てができる。

　　省レベルの教育行政部門は，学生の書面の申立てを受け取って30日以内に，申立てを処理し，決定する。

第63条　省レベルの教育行政部門は，学校の処理あるいは処分の決定に対して不服を提起した学生の申立てを処理する際，学生及び学校の意見を聞き取り，並びに必要な調査を行う。

第64条　処理，処分あるいは審査の決定書が送られた日から，学生が申立期限内に申立てを提出し

なかった場合，申立てを放棄したとみなし，学校あるいは省レベルの教育行政部門は以前に提出された申立てを再度受理しない。
第65条　学生は学校及びその就業者が本規程に違反し，その合法的権益を侵害した場合，あるいは，学校が制定した学則及び法令が本規程に抵触する場合，学校の所在する省レベルの教育行政部門に訴えることができる。

第7章　附則
第66条　学校は高等教育の学歴取得につながる継続教育の学生，香港，マカオ，台湾，華僑の学生，留学生の管理について，本規程を参照して執行する。
第67条　学校は本規程に基づいて制定・改正された学校の学生管理規程あるいは規律・処分の規定は，主管の教育行政部門に報告（中央部・委員会の直属の学校は，同時に所在地の省レベルの教育行政部門に報告する），並びに学生に公布する。
第68条　本規程は2017年9月1日より施行される。前「全日制高等教育機関学生管理規程」（教育部令第21号）は同時に廃止される。

【資料】
教育部ウェブサイト「普通高等学校学生管理規定」2017年2月4日（http：//www.moe.gov.cn/）

資料7

教育省『2018年度政府業務報告』(要約)〈韓国〉

以下は,教育省が作成した『2018年度政府業務報告』で挙げられている政策課題の要約である。

Ⅰ.第4次産業革命を先導する人材養成
1.未来社会に必要な基本的能力を育む初等中等教育
(1) 児童・生徒の潜在力を育む単位制高校や自由学年制度
(2) 創造力,問題解決能力を養うソフトウェア教育,STEAM (Science, Technology, Engineering, Art and Mathematics) 教育
(3) 相互協力と人格,感受性を育む芸術・体育教育
(4) 未来教育を先導することができる教師能力の強化

2.革新成長の主導役である核心的人材を養成する高等教育
(1) 学事制度の柔軟化及び革新的なカリキュラムの運営支援
(2) 創造的な基礎研究支援の強化
(3) 産学連携の活性化及び就職・起業力の強化

3.社会変化に対応し,持続的な成長を支援する生涯・職業教育
(1) 未来に対応する能力開発のためのオンライン成人学習体系の構築
(2) 成人学習者の特性を踏まえた大学生涯学習基盤の整備
(3) 企業と連携した職務能力プログラム(「ナノディグリー」)の導入

Ⅱ.「教育希望のはしご」の復活
1.幼児教育の基盤強化
(1) 国公立幼稚園の就園率の拡大
(2) 保育所の幼保共通課程(3~5歳)運営の全額を国庫支援

2.高校無償教育の導入準備
2020年度からの高校無償化に向けて,基本計画及び法的根拠の整備

3.大学生の学費や住居費用の負担緩和
(1) 大学入学金の段階的廃止
(2) 授業料の実質半額化の対象拡大
(3) 貸与型奨学金の利率の引下げ
(4) 大学寮の拡大

4.基礎学力の保障
(1) 初等学校低学年のハングル,算数教育の充実
(2) 基礎学力診断・保障プログラムの補完及び適用拡大

5. 学業中断者の支援
   (1) 「中途退学熟慮制度」の充実
   (2) 民間委託型の公立オルタナティブスクールの設置支援
   (3) 学校外の学習プログラム・学習経験の学力認定

6. 低所得層の教育機会・環境の向上
   (1) 低所得層の子女について，国公立幼稚園への優先入学を拡大
   (2) 教育支援金の引上げ

7. 特別支援教育対象者の支援
   (1) 統合幼稚園，特別支援学校，特別支援学級の拡大
   (2) 特別支援教育教師の配置拡大
   (3) 年間2回以上の障害理解教育の実施義務化

8. 異文化を背景とする児童・生徒や脱北者の教育
   (1) 「多文化幼稚園」の拡大
   (2) 各教科と異文化理解教育の連携
   (3) 脱北児童・生徒の長期メンタリング支援の導入

9. 奨学金などの拡大
   (1) 潜在力のある学生の成長を支援する「夢のはしご奨学金」の導入
   (2) 成績優秀な高校生を対象とする「ドリーム奨学金」の拡大
   (3) キャリア開発の機会を提供する「青いはしご」の導入

10. 大学の機会均等選抜の義務化及び拡大
   (1) 2021年度から機会均等選抜の実施の義務化
   (2) 機会均等選抜による入学者の拡大

11. 地域人材及び社会的弱者の入学の拡大
   (1) ロースクールにおける地域人材選抜の義務化，社会的弱者の選抜枠の拡大
   (2) 医学・薬学系における地域人材選抜及び低所得層枠の義務化

12. 生涯学習バウチャーの新設
   低所得層5,000人程度を対象に，地方自治体や大学が設置・運営する生涯学習センターなどで利用可能な生涯学習バウチャー（1人当たり年額35万ウォン）を導入し，教育格差の解消

Ⅲ. 安全な教育環境の整備

1. 終日学童保育体制の構築
   (1) 夕方や長期休暇中も利用可能な地域単位の学童保育サービスの体制構築
   (2) 初等学校学童保育室のサービス及び施設の改善
   (3) 初等学校入学時における学童保育集中支援

2. 青少年暴力の予防強化
   (1) 全国規模の予防教育プログラムの活用
   (2) 学校暴力自治委員会の専門性の強化
   (3) 学校暴力タイプ別のワンストップ情報サービス

(4) 専門相談教師の配置拡大
3．虐待被害の点検・管理
(1) 虐待が疑われる児童・生徒の早期発見・保護体制の確立
(2) 不登校や無断・長期欠席児童に対する関係機関の合同点検の実施
4．学校の耐震性の補完
(1) 地震危険地帯の学校の耐震化促進
(2) 耐震基準及びマニュアルの整備
5．安全な通学環境の整備
(1) 通学路の工事の際に安全対策協議会の設置義務化
(2) 「幼児通園バスの位置お知らせサービス」の段階的拡大
6．老朽化施設・設備の交換
アスベストの除去，老朽化トイレの改修など
7．PM2.5対策の整備
(1) 室内体育施設，空気清浄設備の拡充
(2) 教室内のPM2.5管理基準の強化
8．感染症の管理強化
(1) 児童・生徒の予防接種歴確認の体系化
(2) 感染症対応訓練の定例化（年1回）
9．学校給食及び栄養管理の強化
(1) 学校給食における事故の予防管理の強化（マニュアルの改訂）
(2) 児童・生徒の発達段階に適した栄養管理基準の改定

Ⅳ．対話のある政策，協力する政府
1．国民が参加する「政策熟慮制」の導入
政策別に国民の意見を集め，検討し，最終決定する「政策熟慮制」の導入
2．国家教育会議の協力強化
(1) 教育省と国家教育会議間の相互補完的な協力体制の構築
(2) 政策立案早期からの持続的な対話の推進
3．ウェブサイト「On教育」の改善
(1) 政府施策に関する情報提供から討論まで，ワンストップシステムの構築
(2) 提案及申告センターの具体化，質問調査の実施
4．社会部署間の協力の活性化
(1) 社会分野の政策課題の施行計画に関する総合的な議論，調整
(2) 社会関係長官会議を通した懸案事項などの確認
(3) 教育長官が兼任する社会副総理の社会政策調整機能の強化
5．自治体・教育長との協力強化
(1) 教育庁への合理的な権限譲渡
(2) 政策課題を中心とする「地域教育革新支援事業」の推進

（3） 地域教育革新協議会の新設

【資料】
　教育省『2018年度政府業務報告』2018年1月29日

資料8

アメリカ合衆国の学校系統図

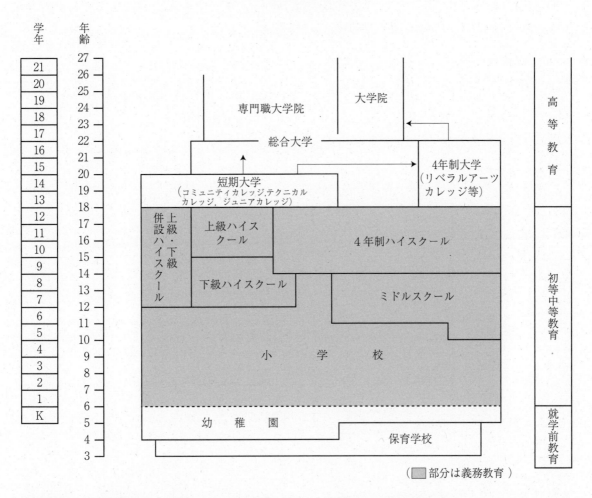

（■部分は義務教育）

就学前教育——就学前教育は，幼稚園のほか保育学校等で行われ，通常3～5歳児を対象とする。

義務教育——就学義務に関する規定は州により異なる。就学義務開始年齢を6歳とする州が最も多いが，7歳あるいは8歳とする州でも6歳からの就学が認められており，6歳児の大半が就学している。義務教育年限は9～12年であるが，12年とする州が最も多い。

初等・中等——初等・中等教育は合計12年であるが，その形態は6-3(2)-3(4)年制，8-4年制，6-6年制，5-3-4年制，4-4-4年制など多様であり，これらのほかにも，初等・中等双方の段階にまたがる学校もある。現在は5-3-4年制が一般的である。2014年について，公立初等学校の形態別の割合をみると，3年制又は4年制小学校6.8％，5年制小学校33.9％，6年制小学校13.7％，8年制小学校8.8％，ミドルスクール17.8％，初等・中等双方の段階にまたがる学校8.5％，その他10.5％であり，公立中等学校の形態別の割合をみると，下級ハイスクール（3年又は2年制）8.7％，上級ハイスクール（3年制）2.0％，4年制ハイスクール51.4％，上級・下級併設ハイスクール（通常6年）9.6％，初等・中等双方の段階にまたがる学校20.4％及びその他7.9％となっている。

高等教育——高等教育機関は，総合大学，リベラルアーツカレッジをはじめとする総合大学以外の4年制大学，2年制大学に大別される。総合大学は，教養学部，専門職大学院（学部レベルのプログラムを提供している場合もある）及び大学院により構成される。専門職大学院（学部）は，医学，工学，法学などの職業専門教育を行うもので独立の機関として存在する場合もある。専門職大学院（学部）へ進学するためには，通常，総合大学又はリベラルアーツカレッジにおいて一般教育を受け（年限は専攻により異なる），さらに試験，面接を受ける必要がある。2年制大学には，ジュニアカレッジ，コミュニティカレッジ，テクニカルカレッジがある。

資料9

イギリスの学校系統図

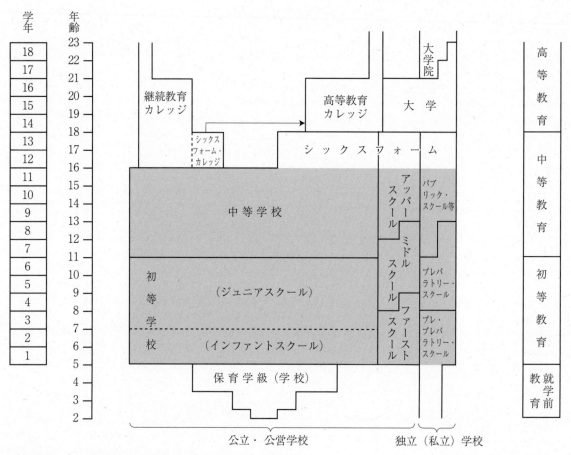

■ 部分は義務教育

就学前教育——保育学校及び初等学校付設の保育学級で行われる。

義務教育——義務教育は5〜16歳の11年である。

初等教育——初等教育は，通常6年制の初等学校で行われる。初等学校は，5〜7歳を対象とする前期2年（幼児部）と7〜11歳のための後期4年（下級部）とに区分される。両者は1つの学校として併設されているのが一般的であるが，一部には幼児学校と下級学校として別々に設置しているところもある。また一部において，幼児部（学校）・下級部（学校）に代えてファーストスクール（5〜8歳，5〜9歳など）及びミドルスクール（8〜12歳，9〜13歳など）が設けられている。

中等教育——中等教育は通常11歳から始まる。原則として無選抜の総合制学校が一般的な中等学校の形態で，ほぼ90％の生徒がこの形態の学校に在学している。このほか，選抜制のグラマー・スクールやモダン・スクールに振り分ける地域も一部にある。　義務教育後の中等教育の課程・機関としては，中等学校に設置されているシックスフォームと呼ばれる課程及び独立の学校として設置されているシックスフォーム・カレッジがある。ここでは，主として高等教育への進学準備教育が行われる。初等・中等学校は，経費負担などの観点から，地方教育当局が設置・維持する公立（営）学校及び公費補助を受けない独立学校の2つに大別される。独立学校には，いわゆるパブリック・スクール（11，13〜18歳）やプレパラトリー・スクール（8〜11歳，13歳）などが含まれる。

高等教育——高等教育機関には，大学及び高等教育カレッジがある。これらの機関には，第一学位（学士）取得課程（通常修業年限3年間）のほか，各種の専門資格取得のための短期の課程もある。1993年以前には，このほか，ポリテクニク（34校）があったが，すべて大学となった。また，継続教育カレッジ（後述）においても，高等教育レベルの高等課程が提供されている。

継続教育——継続教育とは，義務教育後の多様な教育を指すもので，一般に継続教育カレッジと総称される各種の機関において行われる。青少年や成人に対し，全日制，昼・夜間のパートタイム制などにより，職業教育を中心とする多様な課程が提供されている。

（注）本図は，イギリスの全人口の9割を占めるイングランドとウェールズについての学校系統図である。

資料10

フランスの学校系統図

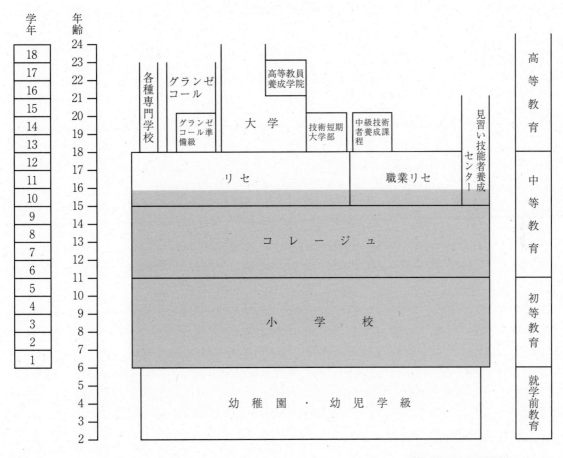

（■部分は義務教育）

就学前教育——就学前教育は，幼稚園又は小学校付設の幼児学級・幼児部で行われ，2～5歳児を対象とする。
義 務 教 育——義務教育は6～16歳の10年である。義務教育は年齢で規定されている。留年等により，義務教育終了時点の教育段階は一定ではない。
初 等 教 育——初等教育は，小学校で5年間行われる。
中 等 教 育——前期中等教育は，コレージュ（4年制）で行われる。このコレージュでの4年間の観察・進路指導の結果に基づいて，生徒は後期中等教育の諸学校・課程に振り分けられる（いわゆる高校入試はない）。後期中等教育は，リセ（3年制）及び職業リセ等で行われる。職業リセの修業年限は2～4年であったが，2009年度より2～3年に改められた。
高 等 教 育——高等教育は，国立大学（学士課程3年，2年制の技術短期大学部等を付置），私立大学（学位授与権がない），グランゼコール（3～5年制），リセ付設のグランゼコール準備級及び中級技術者養成課程（いずれも標準2年）等で行われる。これらの高等教育機関に入学するためには，原則として「バカロレア」（中等教育修了と高等教育入学資格を併せて認定する国家資格）を取得しなければならない。グランゼコールへの入学に当たっては，バカロレアを取得後，通常，グランゼコール準備級を経て各学校の入学者選抜試験に合格しなければならない（バカロレア取得後に，準備級を経ずに直接入学できる学校も一部にある）。教員養成機関として高等教員養成学院がある（2013年までは教員教育大学センター）。

資料11

ドイツの学校系統図

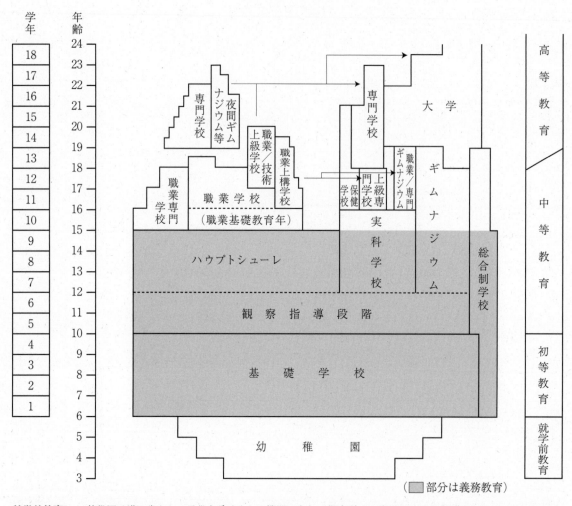

（■部分は義務教育）

就学前教育——幼稚園は満3歳からの子供を受け入れる機関であり，保育所は2歳以下の子供を受け入れている。
義務教育——義務教育は9年（一部の州は10年）である。また，義務教育を終えた後に就職し，見習いとして職業訓練を受ける者は，通常3年間，週に1～2日職業学校に通うことが義務とされている（職業学校就学義務）。
初等教育——初等教育は，基礎学校において4年間（一部の州は6年間）行われる。
中等教育——生徒の能力・適性に応じて，ハウプトシューレ（卒業後に就職して職業訓練を受ける者が主として進む。5年制），実科学校（卒業後に職業教育学校に進む者や中級の職に就く者が主として進む。6年制），ギムナジウム（大学進学希望者が主として進む。8年制又は9年制）が設けられている。総合制学校は，若干の州を除き，学校数，生徒数とも少ない。後期中等教育段階において，上記の職業学校（週に1～2日の定時制。通常3年）のほか，職業基礎教育年（全日1年制），職業専門学校（全日1～2年制），職業上構学校（職業訓練修了者，職業訓練中の者などを対象とし，修了すると実科学校修了証を授与。全日制は少なくとも1年，定時制は通常3年），上級専門学校（実科学校修了を入学要件とし，修了者に専門大学入学資格を授与。全日2年制），専門ギムナジウム（実科学校修了を入学要件とし，修了者に大学入学資格を授与。全日3年制）など多様な職業教育学校が設けられている。また，専門学校は職業訓練を終えた者等を対象としており，修了すると上級の職業資格を得ることができる。夜間ギムナジウム，コレークは職業従事者等に大学入学資格を与えるための機関である。なお，ドイツ統一後，旧東ドイツ地域各州は，旧西ドイツ地域の制度に合わせる方向で学校制度の再編を進め，多くの州は，ギムナジウムのほかに，ハウプトシューレと実科学校を合わせた学校種（5年でハウプトシューレ修了証，6年で実科学校修了証の取得が可能）を導入した。
高等教育——高等教育機関には，総合大学（教育大学，神学大学，芸術大学を含む）と専門大学がある。修了に当たって標準とされる修業年限は，伝統的な学位取得課程の場合，総合大学で4年半，専門大学で4年以下，また国際的に通用度の高い学士・修士の学位取得課程の場合，総合大学でも専門大学でもそれぞれ3年と2年となっている。

資料12

中国の学校系統図

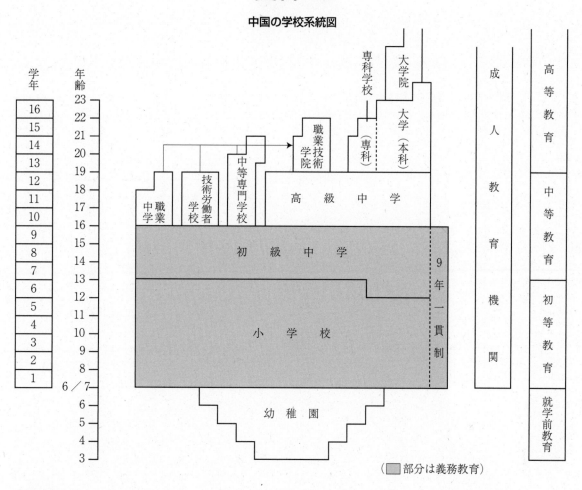

（■部分は義務教育）

就学前教育──就学前教育は，幼稚園（幼児園）又は小学校付設の幼児学級で，通常3〜6歳の幼児を対象として行われる。

義 務 教 育──9年制義務教育を定めた義務教育法が1986年に成立（2006年改正）し，施行された。実施に当たっては，各地方の経済的文化的条件を考慮し地域別の段階的実施という方針がとられていたが，2010年までに全国の約100%の地域で9年制義務教育が実施されている。

初 等 教 育──小学校（小）は，一般に6年制である。5年制，または9年一貫制も少数存在する。義務教育法では入学年齢は6歳と規定されているが，地域によっては7歳までの入学の遅延が許されている。6歳入学の場合，各学校段階の在学年齢は7歳入学の場合よりも1歳ずつ下がる。

中 等 教 育──初級中学（3〜4年）卒業後の後期中等教育機関としては，普通教育を行う高級中学（3年）と職業教育を行う中等専門学校（中等専業学校，一般に4年），技術労働者学校（技工学校，一般に3年），職業中学（2〜3年）などがある。なお，職業中学は，前期中等段階（3年）と後期中等段階（2〜3年）に分かれており，一方の段階の課程しか持たない学校が存在する。図中では前期中等段階の規模が非常に小さいため記述していない。

高 等 教 育──大学（大学・学院）には，学部レベル（4〜5年）の本科と短期（2〜3年）の専科とがあり，専科には専科学校と職業技術学院が存在する。大学院レベルの学生（研究生）を養成する課程・機関（研究生院）が，大学及び中国科学院，中国社会科学院などの研究所に設けられている。

成 人 教 育──上述の全日制教育機関のほかに，労働者や農民などの成人を対象とする様々な形態の成人教育機関（業余学校，夜間・通信大学，ラジオ・テレビ大学等）が開設され，識字訓練から大学レベルの専門教育まで幅広い教育・訓練が行われている。

資料13

韓国の学校系統図

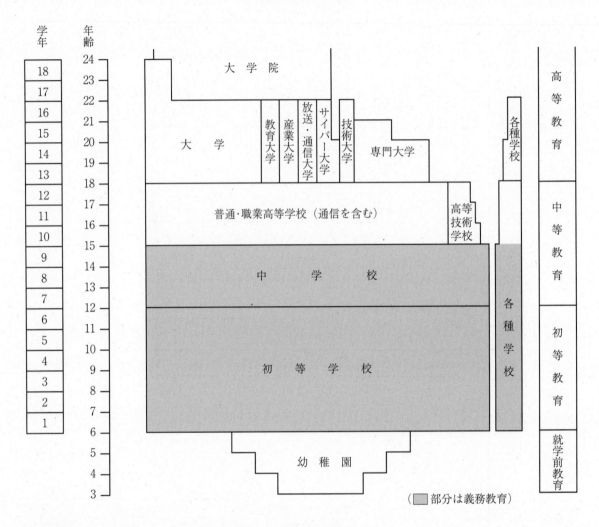

（▨部分は義務教育）

就学前教育――就学前教育は，3～5歳児を対象として幼稚園で実施されている。
義 務 教 育――義務教育は6～15歳の9年である。
初 等 教 育――初等教育は，6歳入学で6年間，初等学校で行われる。
中 等 教 育――前期中等教育は，3年間，中学校で行われる。後期中等教育は，3年間，普通高等学校と職業高等学校で行われる。普通高等学校は，普通教育を中心とする教育課程を提供するもので，各分野の英才を対象とした高等学校（芸術高等学校，体育高等学校，科学高等学校，外国語高等学校）も含まれる。職業高等学校は，職業教育を提供するもので，農業高等学校，工業高等学校，商業高等学校，水産・海洋高等学校などがある。
高 等 教 育――高等教育は，4年制大学（医学部など一部専攻は6年），4年制教育大学（初等教育担当教員の養成），及び2年制あるいは3年制の専門大学で行われる。大学院には，大学，教育大学及び成人教育機関である産業大学の卒業者を対象に，2～2.5年の修士課程と3年の博士課程が置かれている。
成 人 教 育――成人や在職者のための継続・成人教育機関として，放送・通信大学，産業大学，技術大学（夜間大学），高等技術学校，放送・通信高等学校が設けられている。

資料14

日本の学校系統図

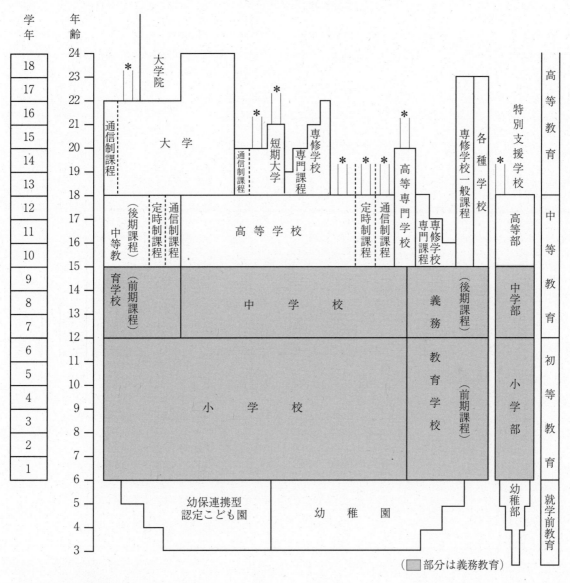

(注)(1) ＊印は専攻科を示す。
(2) 高等学校，中等教育学校後期課程，大学，短期大学，特別支援学校高等部には修業年限1年以上の別科を置くことができる。
(3) 幼保連携型認定こども園は，学校かつ児童福祉施設であり0～2歳児も入園することができる。
(4) 専修学校の一般課程と各種学校については年齢や入学資格を一律に定めていない。

「教育調査」シリーズ一覧表（昭和55年以降）

第104集	海外教育ニュース第3集（昭和55年）	昭和56.3
第105集	イギリスの「学校教育課程」	昭和56.10
第106集	海外教育ニュース第4集（昭和56年）	昭和57.12
第107集	海外教育ニュース第5集（昭和57年）	昭和58.3
第108集	シンガポールの教育	昭和58.7
第109集	マレーシアの教育	昭和58.10
第110集	海外教育ニュース第6集（昭和58年）	昭和59.3
第111集	タイの教育	昭和59.3
第112集	ソ連の入学者選抜制度	昭和59.3
第113集	海外教育ニュース第7集（昭和59年）	昭和60.3
第114集	インドネシアの教育	昭和60.6
第115集	フィリピンの教育	昭和60.9
第116集	海外教育ニュース第8集（昭和60年）	昭和61.7
第117集	海外教育ニュース第9集（昭和61年）	昭和62.3
第118集	西ドイツにおける改正大学大綱法	昭和63.5
第119集	図表でみるOECD加盟国の教育	平成元.2
第120集	主要国の教育動向・1986～1989年（海外教育ニュース第10集）	平成2.11
第121集	主要国の教育動向・1990～1991年（海外教育ニュース第11集）	平成4.3
第122集	諸外国の学校教育〈欧米編〉	平成7.11
第123集	諸外国の学校教育〈中南米編〉	平成8.1
第124集	諸外国の学校教育〈アジア・オセアニア・アフリカ編〉	平成8.9
第125集	諸外国の教育の動き1999	平成12.3
第126集	諸外国の教育行財政制度	平成12.4
第127集	諸外国の教育の動き2000	平成13.3
第128集	諸外国の初等中等教育	平成14.1
第129集	諸外国の教育の動き2001	平成14.3
第130集	諸外国の教育の動き2002	平成15.3
第131集	諸外国の高等教育	平成16.2
第132集	諸外国の教育の動き2003	平成16.3
第133集	諸外国の教育の動き2004	平成17.5
第134集	諸外国の教員	平成18.3
第135集	諸外国の教育の動き2005	平成18.8
第136集	フランスの教育基本法	平成19.3
第137集	諸外国の教育の動き2006	平成19.6
第138集	諸外国の教育動向2007年度版	平成20.8
第139集	諸外国の教育動向2008年度版	平成21.8
第140集	諸外国の教育改革の動向	平成22.4
第141集	諸外国の教育動向2009年度版	平成22.7
第142集	中国国家中長期教育改革・発展計画綱要（2010～2020年）	平成23.3
第143集	諸外国の生涯学習	平成23.8
第144集	諸外国の教育動向2010年度版	平成23.9
第145集	諸外国の教育動向2011年度版	平成24.9
第146集	諸外国の教育行財政	平成26.1
第147集	諸外国の教育動向2012年度版	平成25.11
第148集	諸外国の教育動向2013年度版	平成26.10
第149集	諸外国の教育動向2014年度版	平成27.4
第150集	諸外国の初等中等教育	平成28.4
第151集	諸外国の教育動向2015年度版	平成28.5
第152集	世界の学校体系	平成29.4
第153集	諸外国の教育動向2016年度版	平成29.8

諸外国の教育動向 2017年度版

2018年8月27日　初版第1刷発行

著作権所有：文部科学省
発　行　者：大江道雅
発　行　所：株式会社 明石書店
〒101-0021
東京都千代田区外神田6-9-5
TEL 03-5818-1171
FAX 03-5818-1174
振替 00100-7-24505
http://www.akashi.co.jp

組版：朝日メディアインターナショナル株式会社
印刷・製本：モリモト印刷株式会社

（定価はカバーに表示してあります）

ISBN 978-4-7503-4711-0

諸外国の教育動向 2013年度版

文部科学省 編著　A4判変型／並製／344頁　◎3600円

文部科学省 教育調査第148集

アメリカ合衆国、イギリス、フランス、ドイツ、中国、韓国及びその他の各国の教育事情について、教育政策・行財政、生涯学習、初等中等教育、高等教育、教員及びその他の各ジャンル別に、2013年度の主な動向をまとめた基礎資料。付録：PIAAC, PISA各国報道。

●──内容構成──●

◆アメリカ合衆国◆APテストの受験者数、合格率、平均点が向上／学校襲撃に備えることを目的とする州法の整備状況／テキサス州やフロリダ州の州立大学が「1万ドル学士」を導入予定　ほか
◆イギリス◆新しい「全国共通カリキュラム」の内容が固まる／学生ローンの返還に関する会計監査院の報告／高等教育機関教員の間で「ゼロ時間契約」が増加　ほか
◆フランス◆国民教育省、学校における情報化戦略と新学年度からの措置について報告　ほか
◆ドイツ◆国民教育研究大臣、高等教育のデジタル化のための計画を発表　ほか
◆中国◆生涯にわたる学籍番号の付与による全国統一の児童・生徒の管理に向けて／英語教育簡素化の動き、少数民族の中国語学習のための課程基準の発表／戸籍所在地以外での受験制度化の実施　ほか
◆韓国◆2016年度までに希望児童全員に無償学童保育の実施／教育部、2023年までに大学入学定員を16万人削減する方針　ほか
◆その他の国・地域◆欧州委員会、若者のデジタルコンピテンシーを促進するための新たな構想「Opening up Education」を公表（欧州）／2013年度の5歳児の無償就園について教育部が公表（台湾）／12年制義務教育（4・4・4制）の開始（トルコ）　ほか

諸外国の教育動向 2014年度版

文部科学省 編著　A4判変型／並製／260頁　◎3600円

文部科学省 教育調査第149集

アメリカ合衆国、イギリス、フランス、ドイツ、中国、韓国、その他の国々の教育事情について、教育政策・行財政、生涯学習、初等中等教育、高等教育、教員の各ジャンル別に、2014年度の主な動向をまとめた基礎資料。

●──内容構成──●

◆アメリカ合衆国◆「労働力の革新と機会に関する法律」の制定／州による理科の共通スタンダードの導入状況／習得能力判定型の教育プログラムは伝統的な教室での授業とオンライン学習等との組合せで　ほか
◆イギリス◆地方教育費の減少傾向／初等中等学校の公的財源のフローは2本化／初等学校での外国語の必修化の開始／教科「コンピューティング」の導入／92％の学生が在学中の就業体験は重要と回答　ほか
◆フランス◆スタージュ（実習）の在り方を改善するための法律の制定／子供の8人に1人が2歳で就園／教職員の12％が脅迫や侮辱を受けている　ほか
◆ドイツ◆高等教育費、2015年度よりギムナジウムを8年制から9年制に戻すザクセン州、適正な規模や管理方法を逸脱した1万人以上の学校規模を持つスーパー高級中学が増加／教育部が学校でサッカー選手の育成を目指す新たな計画を発表／教育部が海外の高等教育機関と学術研究で連携する　ほか
◆韓国◆学校における安全教育の強化に着手／地方の児童・生徒に対してオンラインキャリア教育を実施　ほか
◆その他の国・地域◆欧州連合（EU）高等教育多元ランキング「U-Multirank」が始動／外国人児童・生徒などを対象とする教育支援が拡大　ほか／高等教育規模拡大政策の継続実施に向けて専門家が意見を発表（オーストラリア）／13年制義務教育の導入（フィリピン）　ほか

〈価格は本体価格です〉

──文部科学省 教育調査第151集──

諸外国の教育動向 2015年度版

文部科学省 編著　A4判変型／並製／324頁　◎3600円

アメリカ合衆国、イギリス、フランス、ドイツ、中国、韓国及びその他の各国の教育事情について、教育政策・行財政、生涯学習、初等中等教育、高等教育、教員及びその他の各ジャンル別に2015年度の主な動向をまとめた基礎資料。

● 内容構成 ●

アメリカ合衆国◆オバマ大統領の「コミュニティカレッジ無償化構想」実現に向けた法案／公立学校はテストを「やり過ぎ」／転学者に対する関心の増大　ほか
イギリス◆子供センターの多くが予算カットによる困難を訴える／アカデミーとフリースクールの最新統計／サンドイッチコースの学生数が拡大傾向／2つの世界大学ランキングの公表　ほか
フランス◆幼稚園の学習指導要領が改訂／職業教育課程を修了した高校生の就職状況／公立学校教員の普通病気休暇の利用状況　ほか
ドイツ◆広がる教員休暇制度／学校給食の質に関する最大規模の調査の結果が公表／専門大学の学士取得者　修士課程は総合大学で　ほか
中国◆教育部が2015年度の事業目標を発表／各地でいじめが多発／教育部等が都市部と農村部の教職員配置基準を統一することを発表　ほか
韓国◆全ての教育段階でプログラミング教育などを強化／在学・就職していない青少年に対する政府間横断的な支援が本格化／大学構造改革のための新しい評価方法が決定・大学カリキュラムにおける現場実習に関する指針制定　ほか
その他の国・地域◆欧州連合（EU）の高等教育多元ランキング「U-Multirank」2015年版が公表（欧州）／就学前教育促進策の継続（オーストラリア）／小学校卒業試験（PSLE）の見直しの行方（シンガポール）　ほか

──文部科学省 教育調査第153集──

諸外国の教育動向 2016年度版

文部科学省 編著　A4判変型／並製／376頁　◎3600円

アメリカ合衆国、イギリス、フランス、ドイツ、中国、韓国及びその他の各国・地域の教育事情について、教育政策・行財政、生涯学習、初等中等教育、高等教育、教員及びその他の各ジャンル別に2016年度の主な動向をまとめた基礎資料。

● 内容構成 ●

アメリカ合衆国◆民主・共和両党の大統領候補の教育政策／公立学校の目的は学力向上だけ？／一般教育改革の焦点は知識・技能の獲得と応用の統合　ほか
イギリス◆学校のアカデミー化を促進する法律が成立／見習い訓練参入者に関する最新統計／グラマースクール（選抜校）の現状／2つの世界大学ランキングの公表　ほか
フランス◆「経験知識認証（VAE）」制度の実施状況について／新学年手当／国立文化施設を無料で観覧するための「教育パス」の対象を拡大　ほか
ドイツ◆ドイツの学力、全分野で有意にOECD平均を上回るも、大きな変化はみられず／学生は就業者よりも大きなストレスを受けている　ほか
中国◆教育部等が中国版キー・コンピテンシーである「中核的資質」を公表／上海市の教員の国際的なレベルが明らかに　ほか
韓国◆職業高校で全国学習到達度評価に代わる職業基礎能力評価を本格的に実施／大学に対する国の支援事業を再編改善する計画が浮上　ほか
その他の国・地域◆欧州諸国における高等教育授業料や奨学金の最新状況の発表／OECD「生徒の学習到達度調査（PISA2015）に関する教育省の発表（フィンランド）／連邦政府の持続的な発展を推進するための政策文書を公表（オーストラリア）／デジタルテクノロジーの必修化（シンガポール）／留学生数が初めて10万人を突破（台湾）　ほか

〈価格は本体価格です〉

諸外国の初等中等教育

文部科学省［編著］

◎A4判／並製／360頁　◎3,600円

アメリカ合衆国、イギリス、フランス、ドイツ、フィンランド、中国、韓国及び日本における初等中等教育制度の現状をまとめた基礎資料。制度の概要、教育内容・方法、進級・進学制度、教育条件、学校選択・連携について各国別に記述し、比較可能な総括表や資料を付す。

【内容構成】

◆ 調査対象国 ◆
アメリカ合衆国
イギリス
フランス
ドイツ
フィンランド
中　国
韓　国
日　本

◆ 調査内容 ◆
学校系統図／学校統計／初等中等教育制度の概要／教育内容・方法／進級・進学制度／教育条件／学校選択・連携

◆ 資　料 ◆
授業日数・休業日数／徳育／外国語教育／教科書制度／学校における国旗・国歌の取扱い／個の成長・能力に応じた教育／公立高校（後期中等教育）授業料の徴収状況／幼児教育無償化の状況

〈価格は本体価格です〉